Monika Eigenstetter und Marianne Hammerl (Hg.)

Wirtschafts- und Unternehmensethik –
ein Widerspruch in sich?

Monika Eigenstetter und
Marianne Hammerl (Hg.)

Wirtschafts- und Unternehmensethik – ein Widerspruch in sich?

Asanger Verlag • Kröning

Die Herausgeberinnen:

Monika Eigenstetter, Dipl.-Psych., ist wissenschaftliche Mitarbeiterin an der Friedrich-Schiller-Universität Jena und promoviert über Verantwortungsvolles Handeln. Sie ist geschäftsführende Gesellschafterin von PRINCIPIUM Organisationsberatung & Training.
(www.principium.info)

Marianne Hammerl, Prof. Dr., ist Inhaberin des Lehrstuhls für Psychologie V (Sozialpsychologie und Arbeits- und Organisationspsychologie), Philosophische Fakultät II der Universität Regensburg, und Vertrauensdozentin der Bayerischen Elite-Akademie.
(www-hammerl.uni-regensburg.de)

Umschlaggestaltung:
liveo grafikdesign, Angelika Krikava, Buchenweg 14a, 96164 Kemmern, Tel.: 09544/985646, Fax: 09544/985647, info@liveo.de, www.liveo.de
Satz und Layout:
A2 Die Agentur, Andrea Aumiller, Buchenweg 14, 96164 Kemmern
Tel.: 09544-9500122, Fax: 09544-9500123, info@diea2.de, www.diea2.de

Bibliographische Informationen Der Deutschen Bibliothek:
Die Deutsche Bibliothek verzeichnet diese Publikation in der Deutschen Nationalbibliographie; detaillierte bibliographische Daten sind im Internet über http://dnb.ddb.de abrufbar.

© 2005 Asanger Verlag GmbH Kröning

Printed in Germany

ISBN 3-89334-436-5

Inhalt

Spezifische Themenfelder

Integration und Ausblick

Vorwort

Ein berühmtes Bonmot, das dem Satiriker Karl Kraus zugeschrieben wird, lautet: „Sie wollen Wirtschaftsethik studieren? – Dann entscheiden Sie sich für das eine oder das andere." Dies entspricht der allgemeinen Meinung: Wirtschaft und Ethik gelten als unvereinbar. So lautet eine zentrale These neoliberaler Wirtschaftstheorien: Der Markt regelt sich selbst, wenn man ihn sich selbst überlässt. Durch unternehmerisches Handeln wird Wohlstand geschaffen, von dem nach und nach alle Menschen profitieren. Kritiker verweisen dagegen darauf, welche Probleme einseitig Gewinn maximierendes unternehmerisches Handeln nach sich zieht. Sie mahnen die zunehmende Kluft zwischen Arm und Reich in der Bundesrepublik an, die Armut in den Ländern der Dritten Welt und die irreparable Ausbeutung natürlicher Ressourcen. Gefordert wird ein Wirtschaftshandeln, das durch moralische und ethische Überlegungen gesteuert und beschränkt wird.

Die Unternehmen reagieren auf die Kritik, indem sie Verhaltenskodizes implementieren und sich gegenüber der Öffentlichkeit als zuverlässige und glaubwürdige Partner präsentieren, die Verantwortung für Gesellschaft und Umwelt übernehmen. Die Grenzen zwischen medienwirksamer Außendarstellung und echtem Engagement sind freilich fließend. Und die Frage bleibt offen, ob Unternehmen, die im marktwirtschaftlichen Wettbewerb bestehen müssen, sich Ethik „leisten" können.

Ausgangspunkt für dieses Buch war eine Vortragsreihe im Wintersemester 2003/2004 an der Universität Regensburg. Ziel dieser Vortragsreihe war, wissenschaftliche und praxisrelevante Fragestellungen zu verbinden und unter interdisziplinärer Perspektive zu diskutieren. Die Materialien zur Vortragsreihe finden Sie unter *www.wirtschaftsethik.uni-regensburg.de*. Für ein authentisches Hörerlebnis der Vorträge verweisen wir auf die Homepage von Knowledgebay, einer studentischen eLearning-Projektgruppe, der wir für die technische Unterstützung danken möchten (*www.knowledgebay.de*).

Eingeladen waren bekannte Vertreter aus dem Deutschen Netzwerk Wirtschaftsethik (*www.dnwe.de*), dem European Business Ethics Network (*www.eben.org*), dem Schweizer Netzwerk für sozial verantwortliche Wirtschaft (*www.nsw-rse.ch*) sowie Professoren der Universität Regensburg, um aktuelle wirtschaftsethische Themen zu referieren. Die Vorträge der Referenten und die sich daran anschließenden Diskussionsbeiträge mit den Zuhörern sind die Grundlage dieses Buches. Den iv

Referenten und Autoren möchten wir an dieser Stelle für Ihren uneigennützigen Einsatz herzlichst danken.

Unter den Zuhörern befanden sich Unternehmensberater, Angehörige aus regionalen Unternehmen, Gewerkschaftler, Angehörige von Nichtregierungsorganisationen und der Universität. Schnell hat sich eine engagierte und konstante Zuhörerschaft gefunden, die nahezu jeden Vortrag verfolgte. Damit gebührt den Zuhörern großer Dank, da ihre Beteiligung erst unsere Intention einlöste, nämlich Wissenschaft und Praxis in Kontakt zu bringen.

Unterstützung für die Realisierung der Vortragsreihe haben wir von allen Seiten der Universität erfahren, sei es von der Universitätsleitung, dem Studentischen Sprecherrat, der Universitätsverwaltung, Dr. Rudolf Dietze (Pressesprecher) und Robert Heinfling (Mitschauanlage). Besonderer Dank gebührt natürlich den Mitarbeitern des Lehrstuhls für Psychologie V (Christian Bäker, Stephanie Burgstaller, Jörg Oppitz) für die logistische Unterstützung bei der Bekanntmachung und Dokumentation der Vortragsreihe.

Besondere Erwähnung finden sollen auch die Sponsoren, die uns finanziell unterstützt haben. In alphabetischer Reihenfolge sind dies: Acordis, Alstom, Berufsbildungswerk Regenburg, BMW (Werk Regensburg), Scheubeck-Jansen Stiftung und Zellner Recycling sowie Herr von Seiche-Nordenheim.

Das Buchprojekt letztlich wäre nicht denkbar gewesen ohne den unermüdlichen Einsatz von Simone Zwerenz, die die ganze Transkriptionsarbeit übernommen hat. Zudem bedanken wir uns bei Regina Schwegler und Steffen Bartholomes, die unsere Texte Korrektur gelesen haben und für die unkomplizierte Zusammenarbeit mit dem Verlagsleiter Dr. Gerd Wenninger.

Die Herausgeberinnen wünschen den Lesern und Leserinnen durch die Beiträge und Diskussionen vielfältige geistige Anregung. Wir hoffen, Sie lassen sich wie die Autoren, Zuhörer und wir selbst vom Thema Wirtschafts- und Unternehmensethik ein wenig anstecken.

Jena und Regensburg, im Frühjahr 2005

Monika Eigenstetter und Marianne Hammerl

Prof. Dr. Alf Zimmer
Universität Regensburg

Grußworte des Rektors
der Universität Regensburg

Wenn im Titel der Veranstaltungsreihe der in gängigen Diskussionen immer wieder postulierte Widerspruch von wirtschaftlicher Vernunft und ethischem Handeln mit einem Fragezeichen versehen wird, dann steht meines Erachtens mehr dahinter als eine rhetorische Frage: Kann in einer Zeit der Globalisierung konkrete Verantwortung – und das heißt immer Verantwortung vor Ort und gegenüber konkreten Menschen – überhaupt noch gegeben sein?

Die so genannten Globalisierungsgegner haben darauf eine ganz eindeutige Antwort gegeben und interessanterweise werden sie eigentlich in ihrer These durch das Verhalten der Finanzminister der wirtschaftlich führenden Staaten bestärkt, die sich fast ausschließlich darauf beschränken, rechtliche Rahmenbedingungen für quantifizierbare Ziele aufzustellen. Man gewinnt bei einer Beobachtung des Verhaltens global handelnder Wirtschaftspolitiker den Eindruck, als entzögen sich diese einer ethischen Reflexion ihres Handelns dadurch, dass sie sich auf Quantifizierbares beschränken, was den Anschein der Wertfreiheit trägt. Selbstverständlich liegt aber in der Setzung des Quantifizierbaren als dem normativen Kriterium eine durchaus ethisch zu qualifizierende Position.

Sehr viel nachdrücklicher als die Globalisierungsgegner wird der Anschein der Wertfreiheit ökonomischen Handelns durch die so genannte Nachhaltigkeits-Debatte in Frage gestellt. Bei genauer Betrachtung stellt sich heraus, dass es sich bei dem Kriterium der Nachhaltigkeit keineswegs um eine „Erfindung" der 80er Jahre des vorigen Jahrhunderts mit Rückgriff auf die mitteleuropäische Forstwirtschaft handelt, sondern um einen Begriff, der zwei Grundpositionen der abendländischen Ethik zusammenfasst, nämlich um die Forderung nach Gerechtigkeit, wie sie in der goldenen Regel oder dem kategorischen Imperativ gefasst ist, und die Forderung nach Klugheit, die in den Gesta Romanorum formuliert wird: quidquid agis prudenter agas et respice finem.

Akzeptiert man dieses Kriterium der Nachhaltigkeit, dann wird deutlich, dass für eine längerfristige Sicherung des wirtschaftlichen und unternehmerischen Erfolges die Einhaltung dieser ethischen Postulate notwendig ist. Man entkommt ihr lediglich dann, wenn man die zeitliche

Perspektive auf drei Monate verkürzt und Rechenschaft auf Quartalsberichte reduziert. Das Anstreben eines schnellen Erfolges kann und wird in vielen Fällen langfristig zum Desaster führen. Ganz aktuell sind die bayerischen Universitäten dieser Situation für das Jahr 2004 ausgesetzt. In diesem Jahr sollen 10 % ihrer Ressourcen eingespart werden (in Regensburg bedeutet dies je nach Einbeziehung oder Nicht-Einbeziehung von Drittmitteln 12 bis 15 Millionen Euro). Mit dieser Vorgehensweise des Staatsministeriums der Finanzen und der Fortführung bis zum Jahr 2006 lässt sich scheinbar perfekt das Ziel des ausgeglichenen Haushalts auf das Zieljahr 2006 extrapolieren. Wie sehr hier jedoch gegen das Postulat der Klugheit verstoßen wird, kann man daran sehen, dass bei einer derartigen Reduktion der Ressourcen der Universitäten Bayerns diese nicht mehr in der Lage sein werden, wie bisher pro Jahr Drittmittel in Höhe von ca. 400 Millionen Euro einzuwerben. Fallen aber diese zusätzlichen Ressourcen für Bayern fort, dann entstehen im Bereich der Lohnsteuer gravierende Ausfälle, weil die meisten Drittmittel für Personal ausgegeben werden – und damit stimmen die Voraussetzungen für die Extrapolation nicht mehr. Abgesehen davon, dass der Wiederaufbau einer effektiven Wissenschaftsstruktur eine Generation dauert.

Es ist zu hoffen, dass diese Veranstaltung, der ich nachdrücklich eine breite Wirkung nach Innen und vor allem auch nach Außen wünsche, den qualitativen Kriterien von Gerechtigkeit und Klugheit wieder eine Position in einer Welt der scheinbar wertfreien quantitativen Bilanzen verschafft.

Regensburg, den 29. Oktober 2003

Allgemeine Einführung

Monika Eigenstetter und Marianne Hammerl

**Wirtschafts- und Unternehmensethik
und die soziale Verantwortung von Unternehmen**

Monika Eigenstetter, Friedrich-Schiller-Universität Jena
Marianne Hammerl, Universität Regensburg

Wirtschafts- und Unternehmensethik und die soziale Verantwortung von Unternehmen

Einleitung

Im öffentlichen Verständnis besteht meist die Meinung, dass Wirtschaft und Ethik, Gewinnmaximierung und Moral grundlegende Gegensätze, eben Widersprüche seien. Überspitzt könnte man formulieren: Unternehmen verhalten sich wie große Maschinerien, die nur einer Logik gehorchen, nämlich der der Gewinnmaximierung. Ethik ist etwas für Schöngeister in ruhigen Mußestunden, moralisches Handeln im wirtschaftlichen Alltag nicht zweckdienlich. In der Wirtschaft gibt es keine Ethik.

Nahrung für derartige Meinungen finden sich zuhauf in der täglichen Presse; sei es, dass Unternehmen Bilanzen fälschen, wie im Fall der Enron Corporation (vgl. das Dossier in „Die Zeit"; *www.zeit.de/2002/07/ Politik/200207_enron_haupttext.html*), oder weil Managementgehälter in den letzten Jahren massiv angestiegen sind, derweil Arbeitszeitverlängerung, eine Lockerung des Kündigungsschutzes sowie Kürzungen der Urlaubsansprüche von Politik und Arbeitgebern gefordert und teilweise durchgesetzt werden.

Bevor die Beiträge der Referenten skizziert werden, die aus verschiedenen Disziplinen und damit unterschiedlichen Blickwinkeln Themen der Wirtschafts- und Unternehmensethik diskutieren, wird ein Überblick vorangestellt, der grundlegende Theorien der Ethik, Modelle der Wirtschafts- und Unternehmensethik sowie einen Überblick über wichtige Theorien der Moralentwicklung enthält.

Diese theoretischen Modelle und Theorien werden deshalb aufgenommen, weil von den Referenten und Diskutanten immer wieder darauf Bezug genommen wird. Zudem wird eine Einführung über die aktuelle in Unternehmen freiwillig praktizierte Verantwortungsübernahme gegeben, die *Corporate Social Responsibility*.

Grundlegende Theorien der Ethik

Wenn Verantwortung von Unternehmen eingefordert wird, erfolgt dies aufgrund einer moralischen Wertung, z. B. vor dem Hintergrund eines Glaubenssystems, wie dem Christentum, oder aber einer „atheistischen" Ethik. Zunächst wird eine Unterscheidung zwischen Individual- und Institutionenethik getroffen und begründet, warum eine Organisation als moralischer Akteur wahrgenommen wird. Anschließend werden mehrere moderne Ethikkonzeptionen vorgestellt: Utilitarismus, Vernunftethik nach Kant, Diskurs- und Kommunikationsethik sowie die Theorie der Gerechtigkeit nach John Rawls.

Individual- und Institutionenethik

Ethik reflektiert darüber, welcher Art moralische Normen sind, wie sie sich begründen lassen und welche Inhalte moralische Normen haben können. Ulrich (1997) nennt vier Begründungssätze, auf denen eine humanistische Ethik basiert; er bezeichnet sie als Minimalprinzip jeder humanistischen Ethik:
- die prinzipielle Verletzlichkeit und Schutzbedürftigkeit des Menschen sowohl in physischer als auch psychischer Hinsicht,
- der gedankliche Rollentausch, d. h. die Fähigkeit, die Perspektive anderer wahrzunehmen,
- das Reziprozitätsprinzip der prinzipiellen Gleichheit und Austauschbarkeit der moralischen Ansprüche und Rechte,
- die rationale und unparteiliche Verallgemeinerbarkeit des moralischen Reziprozitätsprinzips gegenüber jedermann (Universalitätsprinzip).

Ethik reflektiert Handeln: individuelles Handeln sowie das Handeln von Gruppen und Institutionen. Die *Individualethik* rückt den einzelnen Menschen in den Mittelpunkt der Betrachtung. Die Vorstellung, dass der Mensch Träger von Tugenden wie Gerechtigkeit ist, lässt bis zu Aristoteles zurückverfolgen. Individuelle Ethik erfordert Autonomie und Freiheit im Handeln. So beschreibt Immanuel Kant das Individuum als selbst bestimmt und rational Entscheidungen treffend. Individualethik bewertet also individuell zurechenbare Handlungen, indem sie – je nach Ethikmodell – z. B. nach den Folgen oder nach eigennützigen oder uneigennützigen Motiven fragt. Die *Institutionenethik* bzw. Ordnungsethik betrachtet dagegen institutionelles Handeln, d. h. überindividuelles Handeln. Als Institution gilt eine auf „Dauer angelegte Einrichtung", die der permanenten Bedürfnisbefriedigung dient (Dietzfelbinger, 2002). Institutionen entstehen aus Regelmäßigkeiten des sozialen Handelns und dienen dazu, Komplexität zu reduzieren.

Zu Institutionen zählen z. B. Recht, Gesetz, Kultur und politische Rahmenordnungen. Institutionen eröffnen definierte Handlungs- und Verantwortungsspielräume und ermöglichen damit eine entlastende Funktion für die Menschen (Vogt, 1999). In diesen institutionellen und komplexen Zusammenhängen agierende Menschen sind mit einer rein auf das Individuum angelegten Ethik überfordert. Damit wird deutlich, dass man sich im Spannungsfeld Wirtschafts- und Unternehmensethik weder ausschließlich auf Individualethik, noch auf Institutionenethik zurückziehen kann.

Unternehmen sind *Organisationen*. Als solche bestehen sie aus Individuen. Sie sind jedoch soziale Systeme, die auf Dauer angelegte Ziele verfolgen und die auch dann bestehen bleiben, wenn einzelne Personen die Organisation verlassen (Kieser & Kubicek, 1983). Während es nicht bezweifelt würde, dass Individuen Träger von Moral sind, erscheint es weniger klar, Organisationen als Träger von Moral zu sehen. Homann und Suchanek (2000) beschreiben Organisationen als „institutionelle Arrangements", die durch ein „Netzwerk von Verträgen" gebildet werden. Damit werden Organisationen zu „entscheidungsfähigen Einheiten", zu „korporativen Akteuren" (S. 330).

Enderle (1992) begründet, dass Organisationen eigenständige moralische Akteure sind, denn die Ziele einer Organisation stellen überindividuelle Ziele dar, die nicht notwendigerweise mit individuellen übereinstimmen müssen. Er argumentiert aus dem Blickwinkel mehrerer Disziplinen (Soziologie, Philosophie, Organisations- und Wirtschaftstheorie), dass die Handlungen der Organisationsmitglieder auf diese überindividuellen Ziele hin koordiniert sind. Daraus resultieren komplexe Makrohandlungen, die von einem Einzelnen gar nicht ausgeführt werden können; dementsprechend werden z. B. auftretende Kosten auch nicht dem Einzelnen, sondern der Organisation als Ganzes zugerechnet.

Entsprechend ihrem wirtschaftlichen Potenzial wird einer Organisation eine erhöhte Verantwortung zugesprochen. Sie hat einen eigenen Rechtsstatus als sog. „juristische Person" und wird als eigenständiger Akteur in der Öffentlichkeit wahrgenommen.

Utilitarismus

Als Utilitarismus wird eine Vielfalt verschiedener Ethiken bezeichnet, die sich auf einen Kern gemeinsamer Prinzipien stützen, der den meisten Varianten zugrunde liegt. Basis ist die Frage, wie sich moralisch verbindliches Handeln *rational* begründen lässt. Höffe (1992) nennt vier Prinzipien der utilitaristischen Position:

- das *Konsequenzenprinzip*, wonach Handlungen aufgrund ihrer Folgen zu beurteilen sind (teleologisches Prinzip);
- das *Utilitätsprinzip*, ein Nutzenprinzip, nach dem die Folgen des in sich Guten (z. B. Erkenntnis, Wahrheit) gefördert werden sollen;
- das *Hedonismusprinzip*, wonach menschliche Bedürfnisse befriedigt werden sollen und damit Glück ermöglicht werden soll;
- das *Sozialprinzip*, das der Erreichung des größtmöglichen Glücks für alle von einer Handlung Betroffenen dient bzw. „deren Folgen für das Wohlergehen aller optimal ist" (Höffe, 1992, S. 11).

Der Utilitarismus verweist damit auf so etwas, wie ein höchstes Gut, nämlich das Glück. Worin aber Glück besteht, ist für jeden Menschen unterschiedlich. Beurteilungskriterium ist letztlich jedoch nicht das Glück des einzelnen Menschen, sondern das Glück aller der von Handlungen Betroffenen. Die Aggregation von Glück (u. U. auch des Unglücks) von Menschen ist aber problematisch. Nimmt man z. B. den allgemeinen oder durchschnittlichen Wohlstand als Grundlage, lassen sich auf volkswirtschaftlicher Grundlage Kennwerte, wie Gesamt- oder Durchschnittsvermögen aller Bürger, berechnen. Schwierig ist in diesem Fall jedoch die Verteilungsgerechtigkeit, da Verteilungsunterschiede in einer Gesellschaft außer Acht bleiben. Neuere Konzeptionen versuchen aus diesem Grund Aspekte wie Fairness und Verteilungsgerechtigkeit zu integrieren.

Der Utilitarismus setzt die Vorhersehbarkeit der Wirkungen von Handlungen, deren Quantifizierbarkeit und Vergleichbarkeit voraus und ist damit für viele praktische Probleme nur eingeschränkt anzuwenden. Nutzen als auch Risiken sind nicht immer quantifizierbar, vor allem wenn es sich, z. B. bei neueren Technologien, um in der Zukunft liegende, noch unbekannte Nutzen und Risiken handelt. Auch ist nicht klar, wie z. B. der Wert eines Menschenlebens quantifiziert werden kann. (Als Ausnahme mag der Versuch gelten, den Wert eines Menschen über seinen Organwert zu quantifizieren.)

Der Utilitarismus berücksichtigt weder Probleme der gerechten Verteilung von Gütern noch die individuellen Grundrechte ausreichend. Um Letzteres deutlich zu machen, kann das drastische Beispiel des Ford Pinto aus den 70er Jahren dienen: Der Benzintank des Modells war sicherheitstechnisch unzureichend konstruiert. Selbst bei leichten Unfällen konnte der Tank explodieren. Das Nachrüsten wäre um mehr als das Doppelte teurer gewesen, als was an Kosten für die Verletzten und Toten aufzubringen war. Aus Kosten-Nutzen-Überlegungen war es daher nicht rentabel, das Auto nachzubessern (nachzulesen unter: *www.ford-pinto.com/blowup.htm*).

Um der Verengung auf eine individuelle Nutzenmaximierung zu entgehen, berücksichtigen etliche Strömungen des Utilitarismus neben individuellen Handlungen (Handlungsutilitarismus) die Konsequenzen, die auftreten würden, wenn die Gesamtheit aller Menschen diese Handlung ausführen würde (Regelutilitarismus).

Vernunftethik nach Kant

Immanuel Kant begründet Handlungsnormen mit den Mitteln der Vernunft. Aufgrund der reinen Vernunft, d. h. einer von sinnlichen Empfindungen unabhängigen Vernunft, werden regulative Vernunftideen begründet. Durch Vernunft lassen sich allgemeingültige, für jede Person einsehbare, sich aber auf eine konkrete lebensweltliche Praxis bezogene Maximen formulieren. Das Moralprinzip Kants ist der kategorische Imperativ: „handle nur nach derjenigen Maxime, durch die du zugleich wollen kannst, daß sie ein allgemeines Gesetz werde" (Kant, 1785/ 1983a, S. 51). Kant stellt dabei die Forderung auf, dass die Maxime in sich logisch und widerspruchsfrei als allgemein gültiges Gesetz formuliert werden muss.

Mit der Verallgemeinerbarkeit steht Kant in der unmittelbaren Nachfolge von Adam Smith, der das Prinzip des verallgemeinerten Rollentausches als Kriterium der ethischen Überprüfung versteht (Ulrich, 1997). Dieser universellen Verallgemeinerbarkeit entspricht auch die in nahe zu allen Kulturen verbreitete *goldene Regel*, die man bei uns als Sprichwort kennt: „Was du nicht willst, daß man dir tu', das füg' auch keinem anderen zu!" (Anzenbacher, 2001, S. 14).

Aus übergeordneten Maximen können praktische Handlungsregeln für unterschiedliche Situationen abgeleitet werden. So kann gerechtes Handeln in verschiedenen Situationen unterschiedlich aussehen, z. B.

kann Leistungsgerechtigkeit je nach Kontext unterschiedlich ausformuliert werden. Die Form des allgemein gültigen Gesetzes betont den Pflichtcharakter, wobei der Zweck der Ethik nicht außer Acht gelassen werden darf. Ethik wird nach Kant auf ein höchstes Gut, einen absoluten Zweck, ausgerichtet. Dieser Zweck ist der Mensch: „Handle so, dass du die Menschheit, sowohl in deiner Person, als in der Person eines jeden andern, jederzeit zugleich als Zweck, niemals bloß als Mittel brauchest" (Kant, 1785/1983a, S. 61). Dieses Begründungsprinzip ist ein deontologisches Prinzip, weshalb Kants Vernunftethik auch als deontologische Ethik bezeichnet wird (Anzenbacher, 2001).

In Kants Ethik heißt Handeln moralisch „gut", wenn der Bestimmungsgrund des Handelns sich auf die reine Vernunft beruft und der Pflicht entspricht, die sich aus verallgemeinerbaren Gesetzen ableiten lässt. Moralisch „schlecht" bedeutet, ein Bestimmungsgrund beinhaltet nur eine subjektive Neigung.

Ausschlaggebend für eine Bewertung moralischen Handelns wird also, was den Willen des Handelnden motiviert. Das eigene und selbstständige Aufstellen eines allgemein gültigen Gesetzes setzt dabei freilich die Freiheit bzw. Autonomie eines Individuums voraus. Damit wird diese Ethikkonzeption einer individualethischen Position zugeordnet.

Kant erlaubt nicht, die Allgemeingültigkeit von Maximen in Frage zu stellen. Damit entstehen u. U. schwer nachzuvollziehende und kontraintuitive Konsequenzen. Das bekannteste Beispiel ist die Pflicht zur Wahrheit. Ehrlichkeit kann in lebenspraktischen Kontexten, z. B. als Grundlage von Verträgen, als verallgemeinerbare Regel, als Pflicht, formuliert werden; eine Lüge dagegen nicht. Ehrlichkeit wird damit zur allgemein verbindlichen Maxime.

Kant (1785/1983b) argumentiert nun in „Über ein vermeintes Recht aus Menschenliebe zu lügen", ein Mensch hätte die Pflicht zur Wahrheit auch dann, wenn ein Mörder ihn auf der Suche nach seinem Opfer nach dem Aufenthaltsort des Opfers befragt. Würde man einen Mörder belügen – in der besten Absicht dem Opfer zu helfen – und aufgrund dieser Lüge käme das Opfer zu Schaden, müsste der vom Mörder Befragte für die Tötung die Verantwortung übernehmen. Er müsste dagegen keine Verantwortung übernehmen, sollte der Mörder das Opfer aufgrund eines ehrlichen Zugeständnisses des Befragten töten.

Diskurs- und Kommunikationsethik

Diskurs- und Kommunikationsethik gehören zu den neueren Ansätzen der Ethik. Die bekanntesten Ansätze gehen auf Jürgen Habermas (1981, 1983) und Karl-Otto Apel (1980) zurück. Die Beschreibung der Grundgedanken der Diskurs- und Kommunikationsethik folgt der Darstellung von Anzenbacher (2001).

Habermas (1983) geht davon aus, dass ein Gegenseitigkeitsethos als entscheidende Wurzel einer humanen Moralität zu verstehen ist. Soziales Handeln ist in zwei Varianten möglich: strategisch und kommunikativ. *Strategisches Handeln* ist strikt eigennützig und erfolgsorientiert, *kommunikatives Handeln* dagegen verständigungsorientiert. Letzteres versucht eigene Handlungen mit den Handlungen Personen anderer zu koordinieren und in einem rationalen Diskurs zu legitimieren. Daher muss dem kommunikativen Handeln ein normativer Vorzug gegenüber dem strategischen Handeln gegeben werden.

Wenn vorgegebene Normen nicht mehr tragfähig sind, d. h. bei auftretenden Problemen und Konflikten, werden nun im verständigungsorientierten Diskurs die verschiedenen subjektiven Perspektiven gleichberechtigt ausgetauscht und praktisch geprüft. Die Diskursethik bezieht sich dabei auf ein Universalisierungsprinzip: Die Wirkungen und Nebenwirkungen, die sich aus einer Norm ergeben, die von allen befolgt wird, soll im wechselseitigen argumentativen Austausch von allen am Diskurs Beteiligten zwanglos akzeptiert werden können. Dieses Universalisierungsprinzip lässt Ähnlichkeit zum kategorischen Imperativ nach Kant erkennen. Doch der Universalitätsanspruch verlagert sich vom subjektiven Aufstellen einer verallgemeinerbaren Maxime in eine dialogische Kommunikation. Nicht der Inhalt, sondern die Art des Diskurses wird festgelegt. Prinzipiell ist damit jede mögliche Norm diskursethisch zu legitimieren, wenn sie die Zustimmung aller Betroffenen findet.

Das diskursethische Universalisierungsprinzip erfordert nach Habermas keine Letztbegründung. Wenn jemand versuchen sollte, innerhalb des Diskurses das Universalisierungsprinzip zu bestreiten, würde er sich in einen Selbstwiderspruch verstricken, denn man kann die Voraussetzung einer wechselseitigen Anerkennung der Partner als mündige Subjekte im Diskurs nicht bestreiten, ohne genau dieses Argument gleichzeitig für sich in Anspruch zu nehmen.

Apel (1980) geht von einer idealen Kommunikationsgemeinschaft aus, wonach prinzipiell auch kommunikationsfähige Partner der Zukunft, z. B. zukünftige Generationen in den Diskurs einzubeziehen sind. Alle Partner der Kommunikationsgemeinschaft sind dazu verpflichtet, wahrhaftig und argumentativ ihren Standpunkt zu begründen. Das erste regulative Prinzip soll das Überleben der menschlichen Gattung sicherstellen. Das zweite Prinzip schlägt vor, darauf hinzuwirken, in der realen Kommunikationsgemeinschaft die ideale Kommunikationsgemeinschaft zu verwirklichen. Das heißt beispielsweise, Veränderungen von Rahmenbedingungen voranzutreiben, um die Bedingungen für den idealen Diskurs zu ermöglichen.

Zwar besitzt die Diskursethik laut Ulrich (1997) eine „weitreichende kritisch-normative Orientierungskraft" auf der individuellen wie auch auf der institutionellen Ebene (S. 94), doch müssen die Anforderungen an dialogische und kommunikative Ethikkonzeptionen aus praktischer Sicht kritisch bewertet werden. Im öffentlichen Raum muss der Diskurs zunächst begrenzt werden, um zu Ergebnissen zu gelangen. Zudem sind im wirklichen Leben die Teilnehmer eines Diskurses von ihren eigenen Interessen und Egoismen geleitet. Ein Absehen von den eigenen Interessen und die vorurteilsfreie Akzeptanz anderer setzt ein ungemein hohes Maß an Fähigkeiten an Perspektivenübernahme und moralischer Kompetenz voraus, die nicht allen Menschen im gleichen Maße zu Eigen ist (Kohlberg, 1976; Steins & Wicklund, 1993). Einen Streit vom Zaun zu brechen, gelingt allemal leichter als Verständnis herzustellen.

Der Anspruch an Sachverständigkeit bedeutet, dass alle Teilnehmer am Diskurs einen hohen Wissenstand mitbringen müssen. De facto ist sachverständiges Wissen aber durch die zunehmende Komplexität in hoch arbeitsteiligen Gesellschaften weitgehend auf Experten beschränkt. Deren Vertrauenswürdigkeit und Wahrhaftigkeit kann aber nicht einfach von vorne herein ungeprüft angenommen werden. Ein unrühmliches Beispiel dafür war z. B. das Verhalten der Wirtschaftsprüfer von Arthur Anderson im Fall Enron. Sie stützten den Betrug anstatt ihn aufzudecken. Nicht zuletzt sind der fachkundige Umgang mit komplexen Prozessen und darauf aufbauende Entscheidungen oft kontraintuitiv, d. h. dem gesunden „Menschenverstand" schwer zugänglich (Dörner, 2000).

Theorie der Gerechtigkeit von John Rawls

Einen bedeutenden Einfluss auf aktuelle Diskussionen hat auch die Theorie der Gerechtigkeit von John Rawls (1971/1979), die er als Alternative zum Utilitarismus entwickelte. Sie zählt zu den Vertragstheorien. Rawls vertritt das Primat des Gerechten vor dem Guten. Ziel ist eine

Konzeption für eine gerechte Gesellschaft. Damit gehört die Theorie zu den institutionsethischen Ansätzen. Rawls trifft zwei Annahmen:

In einem fiktiven Urzustand sind alle Menschen vernünftig, mit gleichen Rechten ausgestattet und auf ihren eigenen Vorteil bedacht. Zudem treffen die Menschen ihre Entscheidungen unter dem „Schleier des Nichtwissens" (S. 37). Sie wissen nach dieser Fiktion nicht, welchen Platz sie in der Gesellschaft einnehmen, ob sie Millionär oder Bettler, ob sie talentiert oder unbegabt sind. Aus Eigeninteresse aber würden die Menschen aus einer übergeordneten Perspektive Regeln finden, die für jeden gerecht sind. Folgende Gerechtigkeitsgrundsätze würden unter dem „Schleier des Nichtwissens" entwickelt:

> *Erster Grundsatz*
> Jedermann hat gleiches Recht auf das umfangreichste Gesamtsystem gleicher Grundfreiheiten, das für alle möglich ist.
> *Zweiter Grundsatz*
> Soziale und wirtschaftliche Ungleichheiten müssen folgendermaßen beschaffen sein:
> (a) sie müssen unter der Einschränkung des gerechten Spargrundsatzes den am wenigsten Begünstigten den größtmöglichen Vorteil bringen, und
> (b) sie müssen mit Ämtern und Positionen verbunden sein, die allen gemäß fairer Chancengleichheit offen stehen. (Rawls, 1971/1979, S. 336, Kursivsetzung im Original)

Der erste Satz fordert die größtmögliche Freiheit. Der Spargrundsatz im zweiten Satz bezieht sich auf die nachfolgenden Generationen, da der volkswirtschaftliche Wohlstand nachhaltig gesichert werden soll. Alle lebensnotwendigen Grundlagen und Güter sollen auch den nächsten Generationen erhalten bleiben. Der zweite Satz enthält das Unterschiedsprinzip und das Prinzip der fairen Chancengleichheit.

Zudem führt Rawls Vorrangregeln ein: So gilt der Vorrang der Freiheit sowie der Vorrang der Gerechtigkeit vor Leistungsfähigkeit und Lebensstandard. Ungleiche Verteilung ist nur gerechtfertigt, sofern sie für jeden Betroffenen zum Vorteil ist; wenn sie keinen Vorteil bringt, ist eine egalitäre Verteilung vorzuziehen. Eine Besserstellung der am schlechtesten gestellten Personen steht im Zentrum von Rawls' Überlegungen. Seine Konzeption zielt auf eine wohlgeordnete und gerechte Gesellschaft. So sind z. B. auch Umverteilungen von reich nach arm möglich, sofern sich die Lage der am wenigsten Begünstigten damit verbessern lässt.

Regeln sind wie in der Diskursethik dann begründet, wenn sie für alle
Beteiligten konsensfähig sind. Die Fairness liegt auch hier, wie bei der
Diskursethik, im Verfahren, nicht in bestimmten Inhalten oder Endzu-
ständen. Einwände gegenüber dieser Theorie beziehen sich wie bei den
diskurs- und kommunikationstheoretischen Modellen auf die schwierige
Handhabbarkeit des Verfahrens.

Modelle der Wirtschafts- und Unternehmensethik

Wirtschafts- und Unternehmensethiken sind angewandte Ethiken, die
auf unterschiedlichen Ebenen angesiedelt sind. Dementsprechend haben
bekannte Modelle der Wirtschafts- und Unternehmensethik unterschiedliche Schwerpunkte. Vorgestellt werden Arbeiten aus dem deutschsprachigen Raum von Karl Homann, Horst Steinmann und Albert Löhr sowie Peter Ulrich. Nicht berücksichtigt werden Modelle der Governance-
Ethik.

Ebenen der Wirtschaft- und Unternehmensethik

Wirtschaftsethik behandelt Fragen, die auf der Makroebene angesiedelt
sind, d. h. sie befasst sich mit der Frage, wie ethisch begründete und
gerechte Wirtschaftssysteme erstellt werden können. Ihre Mittel sind
wirtschaftliche Rahmenbedingungen wie Gesetze oder wirtschaftpoliti-
sche und branchenspezifische Regelungen, die das Verhalten der Gesamtheit der Marktteilnehmer steuern und kontrollieren. Unternehmensethik bezieht sich dagegen auf die Unternehmenspraxis selbst (Kreikebaum, 1996). Diese Ebene wird als Mesoebene bezeichnet. Zum Beispiel kann ein Unternehmen einen Verhaltenskodex entwickeln, dem
sich alle Mitglieder eines Unternehmens zu unterwerfen haben. Hinzu
kommt die Mikroebene, die Ebene der Individualethik, wie sie sich z. B.
als Anforderung an eine Führungskraft findet. Sie soll verantwortungsbewusst handeln, d. h., sie muss auf fachlicher Ebene das Wissen über
Handlungsfolgen besitzen, die Fähigkeit, verschiedene Handlungsmöglichkeiten unter ethischer Perspektive gegeneinander abzuwägen und
sich ggf. Möglichkeiten schaffen, als richtig erkannte Handlungsweisen
auch umzusetzen. Alle Ebenen sind aufeinander bezogen und lassen sich
in einander umschließenden Ebenen darstellen (siehe Abbildung 1).

Diese idealtypische Unterscheidung hat analytischen Wert, da auf verschiedenen Ebenen mit verschiedenen Anreizsystemen gearbeitet werden muss, um auf moralisches Verhalten hinzuwirken.

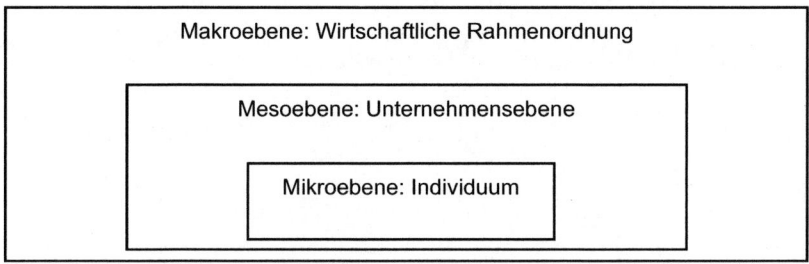

Abbildung 1. Ebenen der Ethik im wirtschaftlichen Handeln (Enderle, 1992; Noll, 2002)

Die Ansätze von Homann (1995) und von Ulrich (1997) beziehen sich hauptsächlich auf die Makroebene; die Unternehmensethik von Steinmann und Löhr (1991) kann dagegen der Mesoebene zugeordnet werden. Auf der Mikroebene liegen die Theorien der Moralentwicklung.

Karl Homann: Die Rahmenordnung als Ort der Moral

„Wirtschaftsethik (bzw. Unternehmensethik) befaßt sich mit der Frage, welche moralischen Normen und Ideale unter den Bedingungen der modernen Wirtschaft und Gesellschaft (von den Unternehmen) zur Geltung gebracht werden können" (Homann & Blome-Drees, 1992, S. 14). Karl Homann (1995) vertritt eine „Ethik mit ökonomischer Methode" und ordnet die Moral systematisch der Rahmenordnung zu. Mit Rahmenordnung sind die gesetzlichen, wirtschaftpolitischen und branchenspezifischen Regelungen gemeint, die das Handeln der Marktteilnehmer steuern und kontrollieren.

In einer Metapher zum Sport nennt Homann dies Spielregeln und Spielzüge. Nach Homann kann sich ein Marktteilnehmer – Individuum oder Organisation – moralisch nur so gut verhalten, wie es die Rahmenordnung gestatte. Wirtschafts- und Unternehmensethik kann nicht auf eine individuelle Tugend aufsetzen, da diese nur in Face-to-Face-Beziehungen gultig ist. In den modernen anonymen und hoch arbeitsteiligen Gesellschaften, in denen das marktwirtschaftliche Wettbewerbsprinzip – auch im Interesse der Kunden – im Wirtschaftssystem verankert ist, kann eine individuelle Moral nicht zum Tragen kommen (Homann & Blome-Drees, 1992).

Homann erklärt die marktwirtschaftliche Wettbewerbssituation der Unternehmen anhand des sog. Gefangenendilemmas, einem spieltheoretischen Modell. Hier wird eine dem ökonomischen Kontext angepasste Variante vorgestellt: Zwei Produzenten A und B eines gleichen Produktes müssen unabhängig voneinander ihre Preise festsetzen, um Gewinn zu erwirtschaften. Wählen sie beide ihre Preise auf einem gleich hohen Niveau, würden sie beide einen ausreichenden Gewinn davon tragen (kooperative Strategie). Wenn A den Preis zu hoch festsetzt, wählt der Käufer den Produzenten B. Das heißt, A erhält nichts und B erhält einen hohen Gewinn. Das Gleiche gilt im umgekehrten Fall, wenn B den Preis im Vergleich zu A zu hoch festsetzt. Im dem Fall, dass A und B beide einen niedrigen Preis festlegen, fällt für beide ein geringer Gewinn an (nicht-kooperative Strategie). Die unter den verschiedenen Umständen möglichen Gewinne sind in der Auszahlungsmatrix in Tabelle 1 dargestellt. Das Besondere am Gefangenendilemma ist nun, dass sich die beiden Akteure A und B nicht verständigen können und unter dieser Rahmenbedingung ausschließlich auf Vermutungen über das Verhalten des Anderen angewiesen sind. Sie können aber nicht darauf vertrauen, dass der andere Akteur eine kooperative Strategie verfolgen wird, da er dabei Gefahr laufen würde, ausgenutzt zu werden. Im eigenen Interesse müssen sich nun beide Akteure auf eine nicht-kooperative Strategie festlegen.

Tabelle 1. Die Auszahlungsmatrix im Gefangenendilemma

		Akteur A	
		kooperieren	nicht kooperieren
Akteur B	kooperieren	3/3	0/5
	nicht kooperieren	5/0	1/1

Die erste Zahl in den Zellen steht für den Gewinn des Akteurs A, die zweite für den Gewinn des Akteurs B.

Nach dem Modell des Gefangenendilemmas läuft ein Marktteilnehmer, der allein moralisch bzw. kooperativ agiert, Gefahr, dass die anderen Marktteilnehmer dieses Verhalten zu ihrem Vorteil und zum Schaden des moralischen Akteurs ausnutzen. Unter Wettbewerbsbedingungen wird daher ein moralisch agierendes Unternehmen vom Markt verdrängt.

Es ist daher die Frage zu stellen, wie moralische Prinzipien verankert werden können, so dass sie in den modernen Gesellschaften zum Tragen kommen. Die Antwort heißt, dass durch in den Rahmenbedingungen verankerte Anreize das Verhalten so gesteuert werden muss, dass es unabhängig von den moralischen Motiven des einzelnen Akteurs zu allgemein erwünschten Resultaten kommt. Die Handlungsbedingungen steuern die Handlungen des Einzelnen. Das soll an einem Beispiel verdeutlicht werden: Wenn Energiesparen ein erwünschtes Ziel ist, hat es wenig Sinn, an das moralische Verhalten der Marktteilnehmer zu appellieren. Dagegen kann man z. B. durch eine Besteuerung von Energie innerhalb der Rahmenordnung flächendeckend eine Reduzierung des Energieverbrauchs bewirken. Die Wirtschaftsakteure sparen dann aus finanziellem Eigeninteresse Energie.

Unternehmen stehen nach Homann in der Pflicht, sich aktiv an der Gestaltung einer sinnvollen Rahmenordnung zu beteiligen, z. B. branchenweite Ethikkodizes zu entwickeln oder im Sinne der demokratischen „kollektiven Selbstbindung" entsprechende Gesetzgebungen zu fördern (Homann & Suchanek, 2000, S. 357). Ausschließlich in den Bereichen, in denen offensichtlich die Gesetze noch nicht ausreichen, kann ein Unternehmen im Rahmen der eigenen Möglichkeiten vorab eigene Regelungen entwickeln. Diese sind aber auch nur innerhalb dieser ökonomischen Logik tragbar. So können moralisch motivierte Maßnahmen von Unternehmen deren Reputation verbessern, ihnen dadurch einen Marktvorteil verschaffen und auf diese Weise höhere Kosten wieder wettmachen.

Korrektive Unternehmensethik von Horst Steinmann und Albert Löhr

Der Ansatz von Horst Steinmann und Albert Löhr (1992) basiert auf einem diskursethischen Ansatz, der ein Friedensziel, also den Versuch, Konflikte friedlich beizulegen, als Ausgangspunkt nimmt. Unternehmensethik wird definiert als eine „Verfahrenslehre für dialogische Prozesse, die in solchen Situationen zur Anwendung kommen soll, in denen die Steuerung der konkreten Unternehmensführung nach den Regeln des Gewinnprinzips und im Rahmen des Rechts zu konfliktträchtigen Auswirkungen mit den internen und externen Bezugsgruppen der Unternehmung führt" (S. 96). Diese Konfliktregelung ist eine Selbstverpflichtung. In der Ausgestaltung ihrer Position betrachten Steinmann und Löhr drei Punkte als wesentlich:

- Sie vertreten eine „situationsgerechte Anwendung des Gewinnprinzips" (S. 96). Für die Orientierung am Gewinnprinzip besteht zunächst eine „Richtigkeitsvermutung", die jedoch in kritischen Einzelfällen hinterfragt werden muss. Ethische Gesichtspunkte werden bei auftretenden Konflikten korrigierend in die unternehmerischen Entscheidungen einbezogen. Im Zweifelsfall tritt jedoch die Moral vor den Gewinn, was im Einzelfall auch zu einer Stilllegung eines Betriebes führen kann.

- Eine konsensfähige Unternehmensstrategie ist Sachziel der Unternehmung, was meint, dass die unternehmensethischen Überlegungen an die Unternehmensstrategie gekoppelt werden sollten. Es wird danach gefragt, mit welchen Mitteln die Unternehmensziele erreicht werden. Mildtätigkeit alleine ist keine Unternehmensethik.

Eine Realisierung der unternehmensethischen Strategie erfordert eine Umsetzung in einen Managementprozess, was u. a. Planung, Organisation arbeitsteiliger Prozesse und Kontrolle dieser umfasst. Dabei können vier Konfliktfelder entstehen. Beispiele sind in Tabelle 2 dargestellt.

Tabelle 2. Konfliktfelder von Unternehmen

	„äußeres" Konfliktfeld	„inneres" Konfliktfeld
Strategie	Die Vermarktung gesundheitsschädlicher Produkte wird von der Gesellschaft kritisiert.	Produkte werden von den Mitarbeitern als nicht akzeptabel erkannt.
Mittel	Umsatzziele sind nur mit den Mitteln der Korruption oder Preisabsprachen erreichbar.	Anreiz- und Entlohnungssysteme werden als unfair empfunden.

Steinmann und Löhr (1992) sprechen nur dann von Unternehmensethik, wenn ein Unternehmen die gesetzlich vorgeschriebenen Bedingungen wirtschaftlichen Handelns konsequent umsetzt und darüber hinaus – sollten die gesetzlichen Rahmenbedingungen offensichtlich nicht ausreichen – mehr als die geforderten Rechtsnormen erfüllt. Unternehmensethisches Handeln ergänzt auf diese Weise die klassischen Steuerungsmechanismen des Marktes und geltenden Rechts.

Diese Argumentation gründet sich auf die Wahrnehmung, dass die Marktteilnehmer nicht ausschließlich auf eine Rahmenordnung reagieren, sondern sich innerhalb einer marktwirtschaftlichen Rahmenordnung viele Handlungsspielräume erschaffen, z. B. expandieren Unternehmen, erschließen neue Märkte und treiben Innovationen voran. So ist ein Unternehmen z. B. gefordert zu überprüfen, mit welchen Marketingstrategien neue Produkte vermarktet werden. Im kritischen Fall muss das Unternehmen dann auf die gewinnträchtigste Strategie verzichten, wenn sie schädigende Nebenwirkungen für Andere beinhaltet.

Das Unternehmen ist aufgefordert, seine Mittel, mit denen es Gewinn erzielen möchte, auf die Konsensfähigkeit mit den Wertvorstellungen der Gesellschaft zu prüfen. Steinmann und Löhr betonen, dass ein konstruktives Gestalten des unternehmerischen Handlungsspielraums langfristig die Legitimation der markwirtschaftlichen Rahmenordnung sowie gesellschaftlichen Frieden und Wohlstand sichert.

Integrative Wirtschaftsethik von Peter Ulrich

Peter Ulrich kritisiert, dass Markt und Moral zumeist als unvereinbare, einander gegenüberstehende Pole konstruiert würden: Die reine Ökonomik beziehe sich auf eine wertfreie Sachlogik und sei damit inhuman. Der Ethik sei die moralische Außenkontrolle zugedacht, wobei diese jedoch sachfremd die ökonomische Rationalität störe, eben dann, wenn ein Konfliktfall auftrete. Diese beiden Pole können jedoch integriert werden: „Integrative Unternehmensethik versteht sich als permanenter Prozess der vorbehaltlosen kritischen Reflexion und Gestaltung tragfähiger normativer Bedingungen der Möglichkeit lebensdienlichen unternehmerischen Wirtschaftens" (Ulrich, 1997, S. 428). Ulrich plädiert also für eine „lebensdienliche" Ökonomie, die eine gesellschaftsbezogene Perspektive beinhaltet und bei der in allen Entscheidungen in Unternehmen auch moralische Gesichtspunkte berücksichtigt werden sollen. Nicht die Gewinnmaximierung, sondern die Legitimität des wirtschaftlichen Handelns ist oberste Bedingung. Ethik ist der normative Unterbau wirtschaftlichen Handelns.

Umgesetzt werden soll dies, indem alle potenziell vom wirtschaftlichen Handeln Betroffenen, die sog. *Stakeholder*, einbezogen werden. Die Beteiligung der Stakeholder erfolgt dabei nach den Kriterien der

Diskursethik. Nur wenn eine Beteiligung der Stakeholder nicht möglich ist, sollte in einem „stellvertretenden inneren Diskurs", der die Interessen der Stakeholder berücksichtigt, eine Entscheidung getroffen werden. Stellvertretender innerer Diskurs meint, einen gedanklichen Rollentausch mit den betroffenen Stakeholdern zu vollziehen und „stellvertretend" für diese erwünschte und unerwünschte Wirkungen eigenen Handelns zu prüfen.

Ein Unternehmen soll durch „lebensdienliche" Güter einen sinnvollen gesellschaftlichen Beitrag leisten.

> Dabei kann es um einen Beitrag zur Verbesserung der privaten Lebensqualität der Abnehmer von Konsumgütern oder Dienstleistungen oder aber – anspruchsvoller – um die bessere Erfüllung einer grundlegenden gesellschaftlichen Aufgabe (z. B. der Ernährung, der Bereitstellung von Wohnraum, des Verkehrs, der Gesundheit, der Bildung usw.) gehen. (S. 431)

Eine an diesen Überlegungen ausgerichtete Wertschöpfung legitimiert den „Daseinsgrund" des Unternehmens (S. 431). Je tragfähiger das ethische Fundament bzw. der gesellschaftliche Sinn der Unternehmung, so argumentiert Ulrich, desto leichter lassen sich Ethik und unternehmerische Erfolge verbinden. Die unternehmerische Wertschöpfung konsequent umzusetzen heißt, z. B. schon bei der Erstellung der Produkte, diese auf ihre möglichen negativen externen Effekte zu prüfen, die Prozesse zu überprüfen und die Rücknahme der ausgedienten Produkte, z. B. durch Recycling, voraus zu planen. Opfer sind von Unternehmen insoweit zu verlangen, insoweit deren Existenz nicht gefährdet wird.

Die weitere Verantwortung der Unternehmen liegt darin, die Rahmenordnung mitzugestalten, gerade dort, wo ein „ordnungspolitisches Versagen" (S. 434) erkennbar wird. Die Entwicklung von Branchenstandards kann beispielsweise die Anreize setzen, um ethisches Handeln zu belohnen.

Die Entwicklung des moralischen Urteils

In Diskussionen zu Wirtschafts- und Unternehmensethik wird immer wieder die Frage nach dem Einzelnen gestellt, da Einzelne, Führungs- und Fachkräfte, in und für die Unternehmen handeln. Hier wird die Mikroebene wirtschaftsethischen Handelns angesprochen. In der Psychologie sind zwei Theorien dominant, auf die immer wieder Bezug genommen wird: das Modell von Jean Piaget und das Modell der moralischen Urteilskompetenz nach Lawrence Kohlberg.

Moralische Entwicklung nach Jean Piaget

„Jede Moral ist ein System von Regeln, und der Kern einer jeden Sittlichkeit steht in der Achtung, welche das Individuum für diese Regeln empfindet" (Piaget, 1932/1983, S. 23). Dieses System von Regeln wird durch Aushandeln entwickelt. Piagets Ansicht nach existieren keine isolierten Menschen, da sie grundsätzlich nur unter einem Beziehungsaspekt agieren.

Jean Piagets Ansatz ist auf die Beobachtung von Kindern beim Murmelspiel gegründet. Das Murmelspiel ist ein Spiel, das von Kindern über Generationen weitergegeben wird, ohne dass Erwachsene die Regeln vermitteln würden. Piaget beobachtete, wie die Regeln entwickelt, angewendet und reflektiert wurden, und wie sich dies in Abhängigkeit vom Alter veränderte. Piaget formulierte, aufbauend auf diesen Beobachtungen, eine zweistufige Moralentwicklung: Die erste Stufe beinhaltet eine asymmetrische Moral, die einen tiefen Respekt vor den Regeln der Eltern und Anderer aufweist. Diese Regeln dürfen nicht verändert werden. Die autonome Moral dagegen betont das Aushandeln von Regeln und das Bewusstsein, dass Regeln gemeinsam gestaltet und gemeinsam auch wieder verändert werden können, d. h. die Erfahrung von Gegenseitigkeit und Kooperation: In kooperativen Situationen entstehen soziale Beziehungen, die es ermöglichen, eine Perspektivenübernahme zu entwickeln, die eine Integration aller beteiligten Perspektiven, die in ein moralisches Dilemma involviert sind, ermöglicht. Durch die soziale Beziehung ist ein innerliches Bedürfnis vorhanden, den anderen so zu behandeln, wie man selbst behandelt werden möchte. Hier ist die Nähe zur goldenen Regel und zur Diskursethik deutlich.

Beide Formen der Moral sind bei Kindern und Erwachsenen vorhanden, und in den meisten sozialen Beziehungen bestehen die Formen der Moral gleichzeitig nebeneinander. Piagets Konzeption der moralischen Entwicklung ist ein grundlegendes Modell, das Kohlberg (1976) und nachfolgend viele andere Forscher nachhaltig beeinflusst hat. Bemerkenswert an den Überlegungen Piagets ist der Bezug zum Handeln, der a priori gegeben ist, und die Aussage, dass die Erfahrung des Aushandelns von Regeln ein moralisches Bewusstsein schafft.

Moralische Urteilskompetenz nach Lawrence Kohlberg

Das Kohlberg-Modell der moralischen Urteilskompetenz ist eine Weiterentwicklung der Piagetschen Konzeption der Moralentwicklung. Lawrence Kohlbergs Interesse gilt der Entwicklung einer Begründung normativer (Wert-)Urteile, die an hypothetischen Dilemma-Situationen untersucht werden. Moralische Urteilsfähigkeit gilt als ein prinzipienorientiertes Urteil, das sich z. B. auf Gerechtigkeit oder Achtung vor dem Wert des Menschen gründet, über mehrere Situationen stabil bleibt, d. h. innere Konsistenz aufweist, universalisierbar und dem vernünftigen Gespräch zugänglich ist (Kohlberg, 1977).

Kohlbergs Ansatz sattelt auf den philosophischen Modellen der E-thik auf. Es interessiert nicht die Übereinstimmung mit gegebenen sozialen Normen und Konventionen, d. h. Konformität mit Regeln und Normen, sondern inwieweit bei Argumentationen moralische Maximen eingesetzt werden. Die Argumentationen können nach ihrer Verallgemeinerbarkeit in eine Rangordnung gebracht werden. Beim moralischen Urteil handelt es sich folglich nicht um eine inhaltliche Orientierung, sondern um das Niveau der Argumentationen. Es ist z. B. unerheblich, ob es eine Person befürwortet oder ablehnt, dass ein Arzt bei einer unheilbar kranken Frau Sterbehilfe leistet. Es interessiert ausschließlich, wie jene es begründet.

Den Argumentationsmustern werden sechs Entwicklungsstufen in drei Urteilsniveaus zugeordnet (vgl. Tabelle 3). Die empirische Bedeutung der Stufe 6 ist jedoch meist bedeutungslos, da sie von Laien selten erreicht wird. Es ist zudem schwierig, die Richtigkeit und den Endpunkt des moralischen Urteils theoretisch zu definieren (Puka, 1986).

Tabelle 3. Stufenmodell der moralischen Entwicklung nach Kohlberg, exemplarisch dargestellt am Sterbehilfe-Dilemma

Präkonventionelle Ebene	
Stufe 1	*Orientierung an Straferwartung und Gehorsam* Moralische Regeln sind vorgegeben. Ob eine moralische oder unmoralische Handlung durchgeführt wird, hängt von den antizipierten Konsequenzen ab, z. B.: „Man kann für Sterbehilfe ins Gefängnis kommen."
Stufe 2	*Hedonistische, instrumentell-relativistische Orientierung* Ziele Anderer werden wahrgenommen, aber nur soweit berücksichtigt, sofern sie den eigenen dienen, z. B.: „Der Arzt hätte es leichter haben können, wenn er auf das Verlangen der Frau nicht reagiert hätte."

Konventionelle Ebene	
Stufe 3	*Konformistische Orientierung an Bezugsgruppen* Die Erwartungen Anderer werden relevant. Werte wie Loyalität, Vertrauen und Respekt gegenüber persönlich bekannten Bezugsgruppen wie Familie oder Peers werden berücksichtigt. Eigene Wertvorstellungen und Interesse können gegenüber der Bezugsgruppe zurücktreten, z. B.: „Die Kollegen des Arztes hätten auch so gehandelt."
Stufe 4	*Orientierung an der geltenden Gesellschafts- und Rechtsordnung* Als Bewertungsgrundlage dient ein übergeordnetes Regelsystem, wie der Staat oder Religionsgemeinschaften. Die Aufrechterhaltung der sozialen Ordnung steht im Vordergrund. Oft findet sich eine Law-and-Order-Haltung, z. B.: „Der Arzt hat das Gesetz verletzt."
Postkonventionelle Ebene	
Stufe 5	*Legalistische Vertragsorientierung* Eine Handlung wird danach bewertet, ob ein Gesellschaftsvertrag verletzt wurde, wie das unveräußerliche Recht auf Leben. Egoistische Orientierungen sind vollständig überwunden. Auf dieser Stufe sind utilitaristische Überlegungen häufig, z. B.: „Man muss Vertrauen in die Rolle des Arztes haben können."
Stufe 6	*Orientierung an universellen ethischen Prinzipien* Eine Person wägt gleichberechtigte Argumente und Interessen ab, wenn Entscheidungen getroffen oder revidiert werden müssen. Die Achtung vor der Würde des Menschen zählt, z. B.: „Der Arzt musste nach seinem Gewissen handeln. Der Zustand der Frau verlangte eine Ausnahme."

Nachdem eine Auswahl an relevanten Theorien zur Ethik, Wirtschafts- und Unternehmensethik sowie zur Entwicklung des moralischen Urteils dargestellt wurden, werden im Folgenden Ansätze vorgestellt, die das Umsetzen ethischer Belange in tägliche Praxis unterstützen und sicherstellen sollen.

Unternehmenspraxis – Wahrnehmen gesellschaftlicher Verantwortung

Multinationalen Unternehmen wird aufgrund ihrer ökonomischen Macht eine besondere Verantwortung zugesprochen (s. o.). Ihre Wirtschaftskraft übertrifft das Bruttoinlandsprodukt etlicher Volkswirtschaften. Sie sind in vielen Ländern ansässig und beeinflussen dort die Entwicklung der Gesellschaften. Die Unternehmen sind dabei der Aufmerksamkeit und Kritik von Nichtregierungsorganisationen, Verbrauchervertretungen und Medien ausgesetzt, die soziale und ökologische Nachhaltigkeit in wirtschaftlichen Prozessen einfordern und die Legitimität der wirtschaftlichen Interessen auf den Prüfstand stellen. Es wird ein Überblick über weltweite unternehmensseitige Bemühungen gegeben, um den Forderungen nach Nachhaltigkeit in seinem dreifachen Sinn (sozial, ökologisch, ökonomisch) nachzukommen.

Corporate Social Responsibility – gesellschaftliche Verantwortung von Unternehmen

Corporate Social Responsibility wird durch die Aspekte ökonomische, ökologische und soziale Verantwortung definiert, die freiwillig in der Unternehmenstätigkeit berücksichtigt werden. Dabei werden nicht nur gesetzliche Bestimmungen eingehalten, sondern die Aktivitäten gehen in vielfältiger Weise über das gesetzlich Geforderte hinaus (Europäische Kommission, 2001). Mit dieser Idee ist auch die Initiative *Global Compact* der Vereinten Nationen verbunden. Global Compact ist ein weltweites, freiwilliges Projekt der Unternehmen, um den Aufbau einer sozialen und ökologischen globalen Wirtschaft voranzutreiben und dafür zu sorgen, dass die Globalisierung allen Menschen zugute kommt (dazu Klaus M. Leisinger in diesem Band).

Drei Kernkomponenten der Übernahme gesellschaftlicher Verantwortung in Unternehmen sollten realisiert werden (The Corporate Citizenship Company, 2004):

- Unternehmungspolitik und Verhaltenskodizes,
- Managementverantwortung für die Wertschöpfungskette und
- freiwilliges Engagement in gesamtgesellschaftlicher Perspektive.

Unternehmungspolitik und Verhaltenskodizes

Unternehmenseigene Politik und daraus abgeleitete Verhaltenskodizes (*Codes of Conduct*) regeln die inner- und außerorganisationalen Beziehungen und sollen Vertrauen für *Shareholder* und *Stakeholder* schaffen. Die Verhaltenskodizes beziehen sich auf wichtige Aufgabenbereiche und setzen sich u. a. folgende Ziele (The Corporate Citizenship Company, 2004):

- für Beschäftigte: hohe Sicherheitsstandards gewährleisten und Weiterbildungsmöglichkeiten anbieten;
- für Kunden: qualitativ hochwertige und preisgünstige Produkte erzeugen;
- für Geschäftspartner: zur technologischen Weiterentwicklung von Lieferanten beitragen und Rechnungen termingerecht begleichen;
- für die Gesellschaft: in wohltätigen Bereichen unterstützen und mit gesellschaftlichen Gruppen in Dialog treten;
- für die Umwelt: Ressourcen schonen und wiederverwertbare Materialien einsetzen;
- für nationale Regierungen: Steuern zahlen und die Gesetze einhalten;
- für Investoren: Gewinne erwirtschaften und die Finanzen offen legen.

Zum wichtigsten Instrument börsennotierter Unternehmen zählt *Corporate Governance*. Darunter wird verantwortliche, auf langfristige Wertschöpfung ausgerichtete Unternehmensleitung und -kontrolle verstanden. Sie ist der rechtliche und faktische Ordnungsrahmen für die Leitung und Überwachung des Unternehmens.

Corporate Governance erhöht die Vertrauenswürdigkeit eines Unternehmens und verspricht den Investoren eine gute und verantwortliche Unternehmensführung. Sie schützt die Rechte der Aktionäre und ermöglicht Transparenz und Zurechenbarkeit des Unternehmens. Sie legt die Rechte und Pflichten der verschiedenen Beteiligten einer Unternehmung fest (Aufsichtsrat, Vorstand, Manager, Anteilseigner und andere Bezugsgruppen) und definiert die Regeln und Prozesse, nach denen Unternehmensentscheidungen getroffen werden. Geregelt sind u. a. Aufgaben und Zuständigkeiten des Vorstandes, dessen Vergütung, Vorgehen bei Interessenskonflikten und Umgang mit börsenwirksamen Informationen. In den Regelungen finden sich, abhängig von der nationalen Gesetzgebung, z. T. große Unterschiede. Allerdings ist eine zunehmende Konvergenz der Kriterien zu beobachten.

Eine gute Corporate Governance garantiert freilich keine überragenden unternehmerischen Leistungen und kann auch keine moralischen Fehltritte verhindern, wie z. B. die Gewinnmanipulationen der Enron Corporation zeigten. Sie sorgt aber dafür, dass Strukturen implementiert werden, die ein gutes Funktionieren eines Unternehmens wahrscheinlicher machen und stellt damit für potenzielle Investoren ein wichtiges

Bewertungs- und Auswahlkriterium dar (DWS Corporate Governance Survey, 2002).

In den *Corporate Governance Rules* der New Yorker Börse vom 4. November 2003 wird gefordert, einen unternehmenseigenen Ethikkodex (*Code of Business Conduct and Ethics*) zu entwickeln (New York Stock Exchange, 2003). Ein unternehmenseigener Kodex soll ethisch relevante Risikobereiche identifizieren, das Erkennen und den Umgang mit den Risikobereichen erleichtern und die Entwicklung einer rechtschaffenen Unternehmenskultur unterstützen. Er beinhaltet *Compliance Standards*, um die Einhaltung von Gesetzen, Regeln und Normen, die Legalität des unternehmerischen Handelns sowie die Konformität des Verhaltens zwischen Management und Mitarbeitern sicherzustellen. Für Regelverletzungen müssen Sanktionen fixiert werden. Ergänzt werden die Compliance Standards durch unternehmenseigene Werte (*Corporate Values*), die eine unverwechselbare Unternehmensidentität erzeugen sollen. Ein Berichtswesen dokumentiert die Aktivitäten und ist zugleich ein Instrument der Kommunikation zu Kunden, Geschäftspartnern und Beschäftigten (zur Implementierung von Ethikkodes siehe Annette Kleinfeld in diesem Band).

Managementverantwortung für die Wertschöpfungskette

Die Wertschöpfungskette umfasst den gesamten Prozess der Entwicklung, Herstellung, Weiterverteilung und Entsorgung eines Produkts sowie seinen bestimmungsgemäßen Gebrauch. Während dieses Prozesses sind soziale und ökologische Aspekte zu berücksichtigen, v. a. wenn kostengünstig in sog. Dritte-Welt-Ländern produziert wird. Die niedrigen Kosten dürfen nicht mit unsozialen Arbeitsbedingungen und Kinderarbeit sowie einem Raubbau an natürlichen Ressourcen erkauft werden. Eine breite Öffentlichkeit erreicht haben z. B. Menschenrechtsverletzungen und Kinderarbeit in den Zulieferbetrieben der Textilindustrie, obwohl Kinderarbeit in der industriellen Produktion nur eine untergeordnete Rolle spielt, gemessen am Aufkommen der Kinderarbeit allgemein (International Labour Organization, 2002).

Die Forderung nach Übernahme sozialer und ökologischer Verantwortung des Managements für die Wertschöpfungskette ist eine relativ neue Entwicklung. Zum einen stützt sich die Forderung auf die RIO-Erklärung von 1992 (*Rio Declaration on Environment and Development,* 1992), die in 27 Prinzipien die Rechte und Pflichten der Staaten hinsichtlich des Schutzes und der Erhaltung der Natur formuliert hat. Zum anderen bezieht sie sich auf die Kernarbeitsnormen der Internationalen Organisation für Arbeit (*International Labour Organization, ILO*), eine Vertretung der Vereinigten Nationen, aus dem Jahr 1998 (International Labour Organization, 1998).

Die Kernarbeitsnormen der ILO sind für die ratifizierenden Länder als Mindeststandards für den Wertschöpfungsprozess rechtsbindend definiert. Sie untersagen u. a. Kinderarbeit, Zwangsarbeit und alle Formen von Diskriminierung. Sie bestätigen das Recht aller Arbeiter, einer Gewerkschaft ihrer Wahl beizutreten, und verpflichten Arbeitgeber zu Tarifvereinbarungen. Aufbauend auf den Kernarbeitsnormen wurde in den USA von der Nichtregierungsorganisation Council on Economic Priorities (CEP) das Konzept des *Social Accountability Standard 8000* (SA 8000) entwickelt. Es ist das erste international auditierbare Sozialverträglichkeitssystem und ein weltweit geltender Standard für soziale Managementsysteme.

SA 8000 orientiert sich an den in der Industrie etablierten Qualitäts- und Umweltmanagementsystemen (ISO 9000, ISO 14000) und wird bislang hauptsächlich in der Textilbranche eingesetzt. So hat z. B. der Konzern Otto Versand in einem unternehmenseigenen Code of Conduct soziale Mindeststandards definiert, die mit der SA 8000 übereinstimmen und die Zulieferbetriebe zertifizieren lassen. Die Sozialaudits wurden in die bisherigen Auditstrukturen für Qualität und Umwelt integriert (Lohrie & Merck, 2000).

Für den Umweltbereich gelten die *Sustainability Reporting Guidelines* der *Global Reporting Initiative* als herausragender Standard. Er setzt zugleich hohe Standards für den Sozialbereich. Hier wurden die Leitlinien für einen Nachhaltigkeitsbericht formuliert, der ökonomische, ökologische und soziale Kriterien umfasst und einen Vergleich im Sinne eines *Benchmarking* zwischen den Unternehmen ermöglicht. Darüber hinaus existiert eine Liste der Unternehmen, die dieses Instrument verwenden. Die Global Reporting Initiative reagiert damit auf die stärker werdenden Trends von Verbrauchern und Staaten, die eine Rechenschaftspflicht der Unternehmen einfordern, aber auch auf die steigende Nachfrage nach ethisch verantwortbaren Investitionen.

Mittlerweile existieren viele Leitlinien, Management- und Reportingsysteme unterschiedlicher Tragweite und Zielrichtung. Das Spektrum reicht von umfassenden Zertifizierungs- und Reportingsystemen über soziale Gütesiegel zu OECD-Richtlinien (*OECD's Guidelines for Multinational Enterprises and Corporate Governance Principles*), die zur Orientierung und freiwilligen Selbstverpflichtung für die Multinationalen Konzerne dienen. Zudem wird an einem internationalen Standard (ISO) gearbeitet. Eine exemplarische Liste von Standards mit Internetadressen findet sich bei Mario von Cranach in diesem Band. Eine umfassende Auflistung findet sich im Anhang des Grünbuchs (Europäische Kommission, 2001).

Freiwilliges Engagement in gesamtgesellschaftlicher Perspektive

Das dritte Standbein ist das freiwillige gesellschaftliche Engagement. Darunter fallen u. a. gemeinnützige Stiftungen, Aufwendungen für soziale Bereiche, Sponsoringaktivitäten für Schulen und Hochschulen, Kunst, Kultur und Sport. Schon aus Tradition engagieren sich die großen deutschen Unternehmen in den Regionen, in denen sie ihren Firmensitz haben. Dies zahlt sich oftmals durch verbesserte Beziehungen mit Kunden und den regionalen Behörden aus. Für weltweit agierende Unternehmen stellt sich aber zunehmend die Herausforderung, sich an allen ihren Standorten als gesellschaftliche Partner den aktuellen Problemen zu stellen. So geht es auch um die Vermittlung von Bildung, Sicherstellung der Gesundheitsversorgung, Bekämpfung von Armut, Bewahrung natürlicher Ressourcen. Wegen der Vielfalt der Themen und herangetragenen Forderungen ist es für große Unternehmen notwendig, sich in ihren Aktivitäten strategisch auszurichten und zu beschränken (dazu Klaus M. Leisinger in diesem Band).

Wirtschafts- und Unternehmensethik in der Diskussion

Ziel dieses Buches, wie auch der dem Buch vorangegangen Vortragsreihe ist es, wissenschaftliche und praxisrelevante Fragen in Kontakt zu bringen, d. h. einen Austausch zwischen Wissenschaft und Praxis zu ermöglichen.

Überblick über das Konzept des Buches

Die Redemanuskripte von Referentin und Referenten sind Grundlage für die vorliegenden Texte. Der wechselseitige Austausch findet sich als Konzept in diesem Buch wieder: Die sich an die jeweiligen Vorträge anschließenden Diskussionen wurden aufgezeichnet und transkribiert. Die nachfolgenden Beiträge können zwei Bereichen zugeordnet werden. Der erste Teil beleuchtet die Aktivitäten von Unternehmen und die Motive, aufgrund derer sie tätig werden. Instrumente und Best-Practice-Beispiele werden vorgestellt. Im zweiten Teil nehmen sich die Autoren spezielle Problemlagen vor: Interkulturelle Psychologie, die Frage nach der Verantwortung sowie eine Reflexion aus theologischer Perspektive. Die Beiträge sind inhaltlich geordnet und nicht nach der Reihenfolge der Vorträge. Zu unserem großen Bedauern konnten Prof. Dr. Albert Löhr und Dr. Stephan Grüninger, die ebenfalls Referenten der Vortragsreihe waren, aus Zeitgründen keine Manuskripte beisteuern.

Soziale Verantwortung von Unternehmen

Dr. Annette Kleinfeld gibt in ihrem Vortrag „Philosophische Perspektiven aus der Praxis" einen Überblick über die veränderten Rahmenbedingungen einer globalisierten Wirtschaft und den damit verbundenen Werteverlusten. Als Philosophin zeigt sie den praktischen Wert der Ethik auf. Aufbauend auf der Unterscheidung zwischen prinzipien- und ordnungsethischen Paradigmen argumentiert sie dafür, den einzelnen Menschen in den Brennpunkt der Aktivitäten zu stellen, da die Menschen stellvertretend für die Unternehmen handeln. Bei der Einführung von Ethikmanagementsystemen vertritt sie daher einen sog. Integrity-Ansatz, der auf die Eigeninitiative der Mitarbeiter setzt. Compliance-Ansätze dagegen fokussieren auf ein legalistisches System und korrumpieren die Motivation der Mitarbeiter. Annette Kleinfeld legt den Prozess dar, wie sich eine ethisch fundierte, integre Unternehmenskultur sowie eine entsprechende Geschäftspolitik gestalten und aufrecht erhalten lassen.

Prof. em. Dr. Mario von Cranach wendet sich mit seinem Beitrag „Sozial verantwortliche Unternehmen sind erfolgreicher" kritisch gegen eine einseitige Gewinnmaximierung und verweist darauf, dass unternehmerisches Handeln im Kontext gesellschaftlich geteilter Werte und Normen erfolgt, die als sog. ungeschriebene Verträge zwischen Unternehmen und Gesellschaft, Mitarbeitern und Umwelt bestehen. Unternehmen produzieren neben finanziellen Gewinnen auch eine große An-

zahl anderer gesellschaftlich relevanter Güter. Damit umfasst soziale
Verantwortung von Unternehmen sinnvolle Unternehmenstätigkeit und
ein tätiges Wahrnehmen ihrer Rolle in der Gesellschaft. Drei ungeschriebene, aber stillschweigend akzeptierte Grundverträge müssen
eingehalten werden, um wirtschaftlich erfolgreich zu handeln: der „Sozialvertrag" mit der Gesellschaft, der „psychologische Vertrag" mit den
Mitarbeitern und der „Umweltvertrag" mit der Natur. Eine Verletzung
dieser ungeschriebenen Verträge führt zu einem Vertrauensverlust auf
Seiten der Kunden, Mitarbeiter und anderer betroffener gesellschaftlicher Gruppen, die mit Sanktionen beantwortet werden.

Prof. Dr. Klaus M. Leisinger zeigt in seinem Beitrag „Respekt der
Menschenrechte als soziale Verantwortung global arbeitender Pharmaunternehmen?" auf, wie herausfordernd die Einführung des Global
Compact für ein Unternehmen ist. Der Umsetzungsprozess erfordert ein
außerordentliches Engagement des Topmanagements und der Linienver-
antwortlichen sowie fundiertes sach- und wertebasiertes Orientierungswissen, um der Komplexität des Themas gerecht zu werden. Sehr
schwierig gestaltet sich manchmal der von außen herangetragene Anspruch, sich als Unternehmen politisch aktiv für die Einhaltung der
Menschenrechte einzusetzen. Anhand von Beispielen aus der Praxis
stellt er dar, wo und wie Unternehmen verantwortlich tätig werden können und sollten, macht aber auch deutlich, wo die Grenzen unternehmerischer Tätigkeit liegen.

Spezifische Themenfelder

Prof. Dr. Alexander Thomas argumentiert in „Interkulturelle Handlungskompetenz als Bedingung wirtschaftsethischen Verhaltens in der
internationalen Zusammenarbeit" für eine Auseinandersetzung auf dis-
kursethischer Ebene, um in einer globalisierten Welt zu einem fairen
Miteinander zu gelangen. Kulturen basieren auf unterschiedlichen Wer-
tesystemen, die das Denken und Handeln steuern, ohne dass dies den
beteiligten Akteuren notwendigerweise bewusst ist. Dies führt in der
Folge immer wieder zu kritischen Situationen, in denen die Interaktionen von Menschen empfindlich gestört werden. An anschaulichen Beispielen kulturell bedingter kritischer Interaktionssituationen zeigt er auf,
nur ein auf gegenseitiges Verstehen und Wertschätzung gegründetes
gemeinsames Handeln kann auch wirtschaftlichen Erfolg bringen. Dar-

auf aufbauend werden konkrete Handlungsempfehlungen vorgestellt, die in internationalen Kontexten Hilfestellung geben sollen.

Prof. em. Dr. Helmut Heid reflektiert über „Übertragung von Verantwortung – die Verwandlung fremdbestimmten Sollens in selbstbestimmtes Wollen?" Die Forderung nach Verantwortungsbereitschaft ist heute in aller Munde. Doch was ist Verantwortungsbereitschaft? Nur allzu oft und aus „gutem" Grund wird der Begriff inhaltsleer verwendet, denn Verantwortungsübernahme ist zunächst nur innerhalb der vordefinierten Grenzen des ökonomischen Unternehmenserfolges denkbar und wird daher nur anhand der Erfüllung von wunschgemäßen Verpflichtungen bewertet. Die häufige Verwechslung zwischen Pflichterfüllung und Verantwortung ist kritisch zu sehen. Verantwortungsübernahme kann nur als Ergebnis eines Verursachungsprozesses verstanden werden, der aufgrund eines Bewertungskriteriums eines urteilenden, entscheidenden und handelnden Menschen, der ein Übel verhindern will, entsteht.

Prof. Dr. Bernhard Laux reflektiert in „Ökonomische Vernunft und Ihr Anderes. Oder: Warum baut Nike Kathedralen?" das wirtschaftliche Handeln unter theologischer Perspektive. Sein Ausgangspunkt ist, dass sich die Wirtschaft in der Werbung zunehmend religiöser Symbolik bedient, um ihre Produkte mit Wert aufzuladen. Die Wirtschaft wird zum Religionsersatz und zum Götzendienst. Der Referent verweist darauf, dass das Verhältnis von Kirche und Wirtschaft durch einige Spannungslinien geprägt ist. Einerseits wurzelt die westliche ökonomische Rationalität im jüdisch-christlichen Welt- und Menschenbild. Andererseits verkehrt die Wirtschaft Mittel zu Zielen und fordert deshalb religiöse und ethische Kritik heraus. Die Kirchen akzeptieren zwar eine vom Gewinnmotiv angetriebene Marktwirtschaft, doch der Sinn des Wirtschaftens kann nicht diesem Motiv untergeordnet werden. Zu fordern ist ein integrativer Ansatz der Wirtschaftsethik, wie ihn Ulrich (1997) entwickelt hat.

Literatur

Anzenbacher, A. (2001). *Einführung in die Ethik.* Düsseldorf: Patmos.
Apel K.-O. (Hrsg.). (1980). *Reader zum Funkkolleg. Praktische Philosophie/Ethik* (2 Bände). Frankfurt a. M.: Fischer.
Dietzfelbinger, D. (2002). *Aller Anfang ist leicht. Unternehmens- und Wirtschaftsethik für die Praxis* (3. Aufl.). München: Utz.
Dörner, D. (2000). *Logik des Mißlingens. Strategisches Denken in komplexen Situationen* (13. Auflage). Reinbek bei Hamburg: rororo.

DWS Corporate Governance Survey (2002). *European Corporate Governance Ranking Report – Euro Stoxx 50*. Verfügbar unter: http://www.managermagazin.de/static/corporate_governance_2002.pdf [15.10.2004].

Enderle, G. (1992). Zur Grundlegung einer Unternehmensethik: das Unternehmen als moralischer Akteur. In K. Homann (Hrsg.), *Aktuelle Probleme der Wirtschaftsethik* (S. 143-158). Berlin: Duncker & Humblot.

Europäische Kommission (2001). *Europäische Rahmenbedingungen für die soziale Verantwortung der Unternehmen – Grünbuch*. Luxemburg: Amt für amtliche Veröffentlichungen der Europäischen Gemeinschaften.

Habermas J. (1981), *Theorie des Kommunikativen Handelns*. Frankfurt a. M.: Suhrkamp.

Habermas J. (1983), *Moralbewußtsein und Kommunikatives Handeln*. Frankfurt a. M.: Suhrkamp.

Höffe, O. (Hrsg.). (1992). *Einführung in die utilitaristische Ethik*. Tübingen: Franke.

Homann, K. (1995). *Gewinnmaximierung und Kooperation – Eine ordnungsethische Reflexion*. Kieler Arbeitspapiere Nr. 691, Institut für Weltwirtschaft.

Homann, K. & Blome-Drees, F. (1992). *Wirtschafts- und Unternehmensethik*. Göttingen: Vandenhoeck & Ruprecht.

Homann, K. & Suchanek, A. (2000). *Ökonomik. Eine Einführung*. Tübingen: Mohr Siebeck.

International Labour Organization (1998). *International Labour Standards*. Verfügbar unter: http://www.ilo.org/public/english/standards/norm/ [15.10.2004].

International Labour Organization (2002). *ILO-Nachrichten 2 – 2002*. Verfügbar unter: http://www.ilo.org/public/german/region/eurpro/bonn/download/ilonl202.pdf [15-10-2004].

Kant, I. (1983a). Grundlegung zur Metaphysik der Sitten. In W. Weischedl (Hrsg.), *Werke in zehn Bänden/Immanuel Kant; Band 6. Schriften zur Ethik und Religionsphilosophie* (Erster Teil, S. 11-102). Darmstadt: Wissenschaftliche Buchgesellschaft. [Titel der ersten Auflage: *Grundlegung zur Metaphysik der Sitten von Immanuel Kant*. Riga, bey Johann Friedrich Hartknoch, 1785]

Kant, I. (1983b). Über ein vermeintes Recht aus Menschenliebe zu lügen. In W. Weischedl (Hrsg.), *Werke in zehn Bänden/Immanuel Kant; Band 7. Schriften zur Ethik und Religionsphilosophie* (Zweiter Teil, S. 637-643). Darmstadt: Wissenschaftliche Buchgesellschaft. [Titel der ersten Auflage: *Über ein vermeintes Recht aus Menschenliebe zu lügen von Immanuel Kant*. Riga, bey Johann Friedrich Hartknoch, 1785]

Kieser, A, & Kubicek, H. (1983). *Organisation*. Berlin: de Gruyter.

Kohlberg, L. (1976). Moral stages and moralization: The cognitive-developmental approach. In T. Lickona (Ed.), *Moral development and behavior. Theory, research and social issues* (S. 31-53). New York: Holt, Rinehart and Winston.

Kohlberg, L. (1977). *Assessing moral stages: A manual, Part I, Introduction.* Cambridge, MA: Center for Moral Education, Harvard University.

Kreikebaum, H. (1996). *Grundlagen der Unternehmensethik.* Stuttgart: Schäffer-Poeschel.

Lohrie, A. & Merck, J. (2000). Sozialverantwortung im Handel. Praktische Erfahrungen beim Otto Versand unter besonderer Berücksichtigung des SA 8000. In T. Bausch, A. Kleinfeld, & H. Steinmann (Hrsg.), *Unternehmensethik in der Wirtschaftspraxis* (S. 43-54). München: Hampp.

New York Stock Exchange (2003). *Final Corporate Governance Listing Standards (Section 303A Final Rules).* Verfügbar unter: http://www.nyse.com/pdfs/finalcorpgovrules.pdf [14.10.2004].

Noll, B. (2002). *Wirtschafts- und Unternehmensethik in der Marktwirtschaft.* Stuttgart: Kohlhammer.

Piaget, J. (1983). *Das moralische Urteil beim Kinde.* Stuttgart: Klett-Cotta. [Titel der ersten Auflage: Piaget, J. (1932). *Le jugement moral chez l'enfant.* Paris: PUF]

Puka, B. (1996). Vom Nutzen und Nachteil der Stufe 6. In W. Edelstein & G. Nunner-Winkler (Hrsg.), *Zur Bestimmung der Moral. Philosophische und sozialwissenschaftliche Beiträge zur Moralforschung* (S. 241-290). Frankfurt a. M.: Suhrkamp.

Rawls, J. (1979). *Eine Theorie der Gerechtigkeit.* Frankfurt a. M.: Suhrkamp. [Titel der ersten Auflage: Rawls, J. (1971). A theory of justice]

Rio Declaration on Environment and Development (1992). Verfügbar unter: http://www.un.org/documents/ga/conf151/aconf15126-1annex1.htm [15.10.2004].

Steinmann, H. & Löhr, A. (1992). *Grundlagen der Unternehmensethik.* Stuttgart: Poeschel.

Steins, G. & Wicklund, R. A. (1993). Zum Konzept der Perspektivenübernahme: ein kritischer Überblick. *Psychologische Rundschau, 44,* 226-239.

The Corporate Citizenship Company. *Corporate citizenship: defining terms and scoping key issues.* Verfügbar unter: http://www.corporate-citizenship.co.uk/publications/download1.doc [15.10.2004].

Ulrich, P. (1997). *Integrative Wirtschaftsethik. Grundlagen einer lebensdienlichen Ökonomie.* Bern: Haupt.

Vogt, M. (1999). Institutionen als Organisationsformen menschlichen Handelns. In W. Korff u. a. (Hrsg.), *Handbuch der Wirtschaftsethik* (Bd. 1, S. 268-284). Gütersloh: Gütersloher Verlagshaus.

Soziale Verantwortung von Unternehmen

Klaus M. Leisinger

Respekt der Menschenrechte als soziale Verantwortung global arbeitender Pharmaunternehmen?

Annette Kleinfeld
Dr. Kleinfeld & Partner, Hamburg

Philosophische Perspektiven aus der Praxis

Einleitung

Der Titel der Vortragsreihe „Wirtschafts- und Unternehmensethik – ein Widerspruch in sich?" ähnelt einem meiner früheren Vorträge, der „Wirtschaftsethik – ein schwarzer Schimmel?" lautete. Viele verstehen unter einem „schwarzen Schimmel" ein Oxymoron, ein „hölzernes Eisen". Doch es ist keines, denn Schimmel werden kohlrabenschwarz geboren und hellen erst im Laufe ihres Lebens auf. Mit diesem Bild möchte ich beginnen. Wirtschaftsethik ist ein „schwarzer Schimmel", nicht aber ein „Widerspruch in sich". Wirtschaftsethik beinhaltet ein Spannungsfeld, das sich oft auflösen lässt, zumindest aber immer zulässt, die Freiräume in diesem Spannungsfeld konstruktiv zu gestalten.

Als Philosophin und langjährige Unternehmensberaterin möchte ich in diesem ersten Vortrag der Vortragsreihe einen Streifzug über Themen der Wirtschafts- und Unternehmensethik machen: Weshalb setzen sich Unternehmen in wachsendem Maße mit ethischen Fragen auseinander, unabhängig davon, ob ethische Fragen von außen an sie herangetragen werden oder nicht? Welche paradigmatischen Ansätze der Wirtschafts- und Unternehmensethik werden diskutiert? Wie kann und soll das Umsetzen in der Praxis aussehen?

Der Hintergrund der ethischen Herausforderung für Unternehmen

Die wachsende Bedeutung wirtschaftsethischer Fragestellungen für Unternehmen hängt mit bestimmten Entwicklungen des Umfeldes zusammen; so z. B. mit dem Übergang von der traditionellen Industriegesellschaft zu einer Wissens- und Dienstleistungsgesellschaft, mit der zunehmenden Bedeutung von Vertrauen und stabilen Werteorientierungen in komplexen Geschäftsbeziehungen und mit dem Thema „Wirtschaftskriminalität", das immer wieder für negative Schlagzeilen sorgt.

Global vernetzte Wissens-
und Dienstleistungsgesellschaften

In den letzten 15 bis 20 Jahren hat ein Paradigmenwechsel stattgefunden. Etwas überzeichnend lässt sich behaupten: Die Gesellschaft verändert sich von einer nationalen Industriegesellschaft zu einer global vernetzten Wissens- und Dienstleistungsgesellschaft. Gleichzeitig entwickelt sich auch die Wirtschaft zu einer Wissens- und Dienstleistungswirtschaft. Durch diese Veränderungen erhält der Mensch als Arbeitnehmer mit seinen spezifischen menschlichen Potenzialen – z. B. durch sein Wissen und dessen sachgerechte und verantwortliche Umsetzung – für den unternehmerischen Erfolg eine besondere Rolle. Nicht nur körperliche Kraft, sondern ein ganzheitlicher Einsatz der Mitarbeiter ist nötig, um als Unternehmen in einer arbeitsteiligen und globalisierten Wissens- und Dienstleistungsgesellschaft zu bestehen.

Globalisierung, d. h. die Internationalisierung der Märkte, vollzieht sich zwar zunächst hauptsächlich auf der ökonomischen Ebene, lässt aber viele der Effekte des ökonomischen Zusammenwachsens in den Unternehmen selbst erfahrbar werden. Unternehmen operieren in verschiedenen kulturellen Kontexten, in denen bestimmte Wertvorstellungen entweder nicht oder in einer anderen Bedeutungsdimension vorhanden sind. Bei einem Zusammentreffen von Menschen aus verschiedenen Kulturen treten daher schnell Konflikte um ethische Prinzipien oder das „richtige" Verständnis von Moral auf (vergleiche auch Thomas in diesem Band).

In dieser globalisierten Welt fehlt aber auch eine allgemein gültige, globale Wirtschaftsordnung. Es besteht ein Ordnungsdefizit, das in gewisser Weise als rechtsfreier Raum interpretiert werden kann, und die Unternehmen vor neue Herausforderungen stellt. In diesem Raum nimmt die Öffentlichkeit v. a. die *Global Players*, die transnationalen Unternehmen, als politische Akteure wahr. Ihnen werden Verantwortlichkeiten zugeschrieben, denen die Unternehmen aber nur bedingt gewachsen sind, da sie diese Verantwortung bisher nicht zu ihrem Selbstverständnis gezählt haben. Durch die Zuschreibung von Verantwortlichkeit wächst der gesellschaftliche Legitimationsdruck auf die Global Players und zwingt sie, sich mit ethischen Wertefragen auseinandersetzen.

Eine *Licence to Operate*, ein Vertrauen in und ein Gutheißen des wirtschaftlichen Handelns der Unternehmen durch die Gesellschaft wird nicht mehr ohne weiteres erteilt. Bei Unternehmen, die nicht als verantwortliche Mitglieder der Gesellschaft wahrgenommen werden, sinkt das

Vertrauen der Konsumenten in die Sicherheit oder die Gesundheit ihrer Produkte. Dramatisch vom Vertrauensverlust betroffen sind, angesichts der Skandale von Enron und anderen Großkonzernen, auch die Anleger. Gefälschte Bilanzen bei Enron verschleierten den wirtschaftlichen Misserfolg des Unternehmens.

Ein „Aufblähen" der Bilanzen im Dienste des *Shareholder Value* ist aber nicht nur in den Vereinigten Staaten üblich, auch hierzulande gibt es „betriebliches Doping". Der Fall Enron zeigt einerseits, dass dies für alle Beteiligten auch „tödlich" ausgehen kann: Praktisch über Nacht verloren alle Enron-Aktien ihren Wert und das Unternehmen schuldet seinen Gläubigern 20.000 Mrd. Dollar. Andererseits ist dieser Fall ein Glück für die unternehmensethische Debatte, weil ein derart spektakuläres Negativbeispiel die Diskussion vorantreibt und für die notwendigen Präventionsmaßnahmen sensibilisiert.

Vertrauen und verbindende Werte als Motor der Zusammenarbeit

Konnte bislang in den Institutionen, Wirtschaftsunternehmen und Non-Profit-Organisationen nach innen wie nach außen von stabilen Wertefundamenten ausgegangen werden, verändern sich diese heute permanent unter den Bedingungen der Globalisierung. So wurde z. B. in den modernen Industriegesellschaften eine Verschiebung von Werthaltungen konstatiert: von materialistischen Werten wie Wohlstand und Reichtum zu postmaterialistischen Werten wie Selbstverwirklichung; von Pflicht- und Akzeptanzwerten zu Selbstentfaltungswerten (Inglehart, 1977; Klages, 1984). Diese Befunde zur Werteorientierung haben auch heute noch teilweise Gültigkeit.

Gleichzeitig aber wird in der internationalen Vernetzung von Arbeit ein effektives Zusammenspiel der verschiedenen Kräfte nötig. Kooperationen erhalten ein immenses Gewicht. Unter ökonomischer Perspektive ist gegenseitiges Vertrauen, die Verlässlichkeit der gegenseitigen Verhaltens- und Handlungserwartungen insbesondere in Kooperationen, zu einem entscheidenden (Wettbewerbs-)Faktor geworden. Dieser zeichnet sich nicht nur durch eine Senkung der Transaktionskosten aus (Rippberger, 1998), sondern auch durch eine steigende Motivation der Mitarbeiter (Falk & Kosfeld, 2004).

Grundlage dafür ist eine gemeinsame Wertebasis, d. h. ein gemeinsames Verständnis von Werten, das sicherstellt, was der Partner meint und woran er sich orientiert, wenn er z. B. vom Wert „Fairness" spricht. Der Austausch und die Weitergabe von Wissen als Grundlage von „Wissensmanagement" im eigentlichen Sinn bauen auf Vertrauen und Offenheit. Unternehmen müssen darauf setzen können, dass Menschen – denn Wissen ist immer an Menschen gekoppelt – bereit sind, ihr Wissen zu teilen. Mitarbeiter wiederum müssen darauf vertrauen können, dass ihr Wissen nicht zu ihrem Nachteil verwendet wird. Auch dafür braucht es ethische Orientierungen und Normen.

Moralisch relevante Fragen entstehen überall dort, wo Menschen oder soziale Systeme agieren und interagieren. In der Mainstream-Ökonomie der Betriebswirtschaft werden Unternehmen eher mechanistisch gedeutet. Wer aus der unternehmerischen Praxis kommt, weiß hingegen aus ureigener Erfahrung, dass Unternehmen soziale Gebilde und als solche in ein Geflecht sozialer Beziehungen eingebunden sind.

Die Gestaltung dieses Beziehungsgeflechtes erfordert eine Auseinandersetzung mit Werten und Verpflichtungen, die jenseits der rein ökonomischen Vernunft und der betriebswirtschaftlichen Rationalität angesiedelt sind. Die Führungskräfte in den Unternehmen lernen zu verstehen, dass sie die derzeitigen Entwicklungen nicht mehr ignorieren können und sich auch mit den Interessen ihrer „Anspruchsgruppen" (*Stakeholder*) auseinandersetzen müssen.

Dabei geht es um Fragen wie: Sind die Kunden zufriedene Referenzgeber oder enttäuschte Konkurrenzsucher? Sind die Konsumenten begeisterte Promotoren ihrer Produkte oder boykottierende Kritiker? Sind Mitarbeiter motivierte „Mitunternehmer" und intellektuelle „Kapitalgeber" oder rein anspruchsorientierte, innerlich kündigende „Kostenfaktoren"? Gilt die natürliche Umwelt als eine schützenswerte Ressource, die „öko-effizient" genutzt wird, oder ist sie Objekt planloser Ausbeutung? Wie sehen Lieferantenbeziehungen aus? Werden Zulieferer zu Partnern bei der Gestaltung gemeinsamen Erfolgs oder Risikofaktoren, weil sie qualitativ schlechte Produkte produzieren und die Mitarbeiter der Einkaufsabteilung bestechen? Und *last but not least*: Sind die *Shareholder* zufriedene und überzeugte Investoren oder ziehen sie sich empört aus ihrem Engagement zurück?

Je nach Ausgestaltung dieser Beziehungen wird schließlich auch die Antwort auf jene Frage ausfallen, die gerade für Global Players heute immer virulenter wird: Ist die Gesellschaft insgesamt ein Partner bei der Gestaltung der Zukunft oder nur noch über aggressive Nichtregierungsorganisationen (*Nongovernmental Organizations; NGOs*) bzw. eine negative Medienberichterstattung erlebbar?

Zunahme von Wirtschaftskriminalität

Das Beispiel der Zulieferer verweist auf ein weiteres wichtiges Themengebiet im Kontext der unternehmensethischen Debatte: die Wirtschaftskriminalität. Statistiken aus den letzten Jahren zeigen, dass nichtintegres Verhalten zunimmt. Die Zahlen sprechen für sich, wobei die Dunkelziffer ein Erhebliches höher sein dürfte: In den Statistiken des Bundeskriminalamtes für 2001 werden 110.018 registrierte Fälle aus dem Bereich der Wirtschaftskriminalität aufgeführt. Das bedeutet einen Anstieg um 21,3 % gegenüber dem Vorjahr. Die erfasste Schadenshöhe beläuft sich auf 6,73 Mrd. Euro und ist damit um 27 % höher als im Jahr 2000: Ähnliches zeigt die „Ernst & Young"-Studie aus dem Jahr 2002. Hier gaben 78 % der befragten Unternehmen an, Opfer von Wirtschaftskriminalität geworden zu sein, im Vergleich zur Befragung im Jahr 2000. Damals wurden „nur" 43 % geschädigt. Berichtet wurden neben den materiellen Verlusten auch beträchtliche immaterielle Schäden, wie Wettbewerbsverzerrung, Risiken für unbeteiligte Geschäftspartner, Image-Schäden und ein Vertrauensverlust im Umfeld (Ernst &Young, 2003).

Wirtschaftskriminelles Verhalten schädigt nicht nur die Unternehmen selbst, sondern auch die Allgemeinheit, wie der Fall Enron zeigt. Die erheblichen Schäden zwingen die Unternehmen, Wirtschaftskriminalität und Korruption ernst zu nehmen und wirksame Strategien gegen Korruption zu erarbeiten. Es reicht nicht aus, ein Exempel zu statuieren und die Personen zu entlassen, die man zufällig entdeckt hat. Abweichendes Verhalten muss präventiv unterbunden werden.

Ein Blick auf die Ursprünge kriminellen Verhaltens zeigt, dass die Ursachen oft strukturell bedingt sind, z. B. durch Überforderung. Nicht immer beabsichtigen Menschen wirklich Böses, aber sie sind sich nicht im Klaren darüber, dass ihr Verhalten nicht rechtmäßig ist. Unterstützt wird das fehlende Unrechts- oder besser gesagt Rechtsbewusstsein durch die – vermeintlich oder tatsächlich – ausschließlich profitorientierten Erwartungen der Geschäftsführung. Wenn im Unternehmen nicht kommuniziert wird, wie Profit erzielt werden soll, und statt dessen nur weitergegeben wird, dass der materielle Erfolg und das Erreichen der Umsatzziele zählen, gehen Mitarbeiter im Interesse der eigenen Karriere auch unerwünschte Risiken ein.

Derartige Grauzonen müssen beseitigt werden. Instrumente dazu sind Leitlinien oder Verhaltenskodizes, die festschreiben, was in der Organisation gewünscht und was nicht gewünscht ist.

Bevor ich auf ein Management ethischer und integritätsrelevanter Standards dieser Art näher eingehe, möchte ich gerne einige grundlegende unternehmensethische Überlegungen vorausschicken.

Die Bedeutung der Ethik
für unternehmerisches Handeln

Dabei gehe ich von zwei Thesen aus:
1. Die Auseinandersetzung mit Ethik hat praktischen Nutzwert.
2. Auch für die ethische Ausrichtung von Unternehmen ist der einzelne Mensch mit seinem ethischen Reflexions- und Urteilsvermögen ausschlaggebend.

Vor diesem Hintergrund möchte ich die zwei dominanten Paradigmen der Wirtschafts- und Unternehmensethik reflektieren und unterschiedliche Verpflichtungsgrade unternehmensethischer Verantwortung vorstellen.

Ethik für die Praxis

Begriffsklärungen helfen Verwechslungen zu vermeiden, die in Diskussionen immer wieder zu hören sind. Die häufigsten Verwechslungen treten zwischen Moral, Ethos und Ethik auf. *Moral* ist auf der Ebene des praktischen Lebensvollzugs angesiedelt. Sie steht für die verschiedenen Antworten, die Menschen im Laufe der Geschichte in unterschiedlichen Kulturkreisen auf die Frage nach dem Guten oder nach dem, was wir – mit Kant gesprochen – „tun sollen", gefunden haben.

Die Antworten, die sich in einem bestimmten Kulturkreis oder in einem bestimmten Teil der Gesellschaft entwickelt und verankert haben, bezeichnet man üblicherweise als *Ethos*. Es handelt sich dabei ebenfalls um einen deskriptiven Begriff, der beispielsweise auch dafür genutzt wird, Organisationskulturen zu beschreiben. Als solcher steht er für die Summe an Wertvorstellungen, Normen, aber auch Sitten und Riten, die sich in einem sozialen System im Laufe der Zeit herausgebildet haben.

Der Begriff *Ethik* dagegen bezieht sich auf die wissenschaftliche Auseinandersetzung und Reflexion des geltenden Ethos bzw. der herrschenden Moralvorstellungen. Moralische Orientierungen werden hier als allgemein verbindlich begründet. Bei den Maßstäben, auf die dabei

Bezug genommen wird, handelt es sich um so genannte *höchste Werte* oder *letzte Ziele* des Menschen: Vernunft, Freiheit, Würde, Gerechtigkeit, ein gelingendes Leben zum Beispiel. Aufgabe der Ethik als wissenschaftliche Disziplin ist es, zu prüfen, ob das, was heute oder in einem bestimmten Kulturkreis als moralisch bezeichnet wird, mit allgemein gültigen Prinzipien vereinbar ist. Gleichzeitig hinterfragt sie Bestehendes kritisch.

Ethik übernimmt auch zunehmend eine konstruktiv gestaltende Funktion, z. B. in den modernen anwendungsbezogenen Ethiken, die auch „Bindestrich-Ethiken" genannt werden. Hier hat sie zugleich eine prospektiv entwerfende Funktion, indem sie die Fragen stellt und zu beantworten versucht, die sich aus neuen Lebens- und Umfeldbedingungen, wie zum Beispiel aus der Globalisierung, ergeben.

Ethik definiert sich dabei zum Teil selbst neu, indem sie den Sprung von der „praktischen Philosophie" zur Praxis bezogenen „praktischen Philosophie" wagt. Trotzdem geht es nicht um eine „neue Ethik", wie oft unterstellt wird, sondern darum, tradierte Prinzipien und Denkansätze der philosophischen Ethik für bestimmte wissenschaftliche Disziplinen oder lebenspraktische Kontexte verfügbar zu machen. Neben Wirtschafts- und Unternehmensethik gehören dazu beispielsweise Technikethik, Medizinethik oder Managementethik.

Paradigmatische Positionen der Wirtschafts- und Unternehmensethik

Unterscheiden möchte ich – stark vereinfachend – eine teleologische bzw. *ordnungsethische Position*, der ich u. a. die christliche Wertelehre und den Utilitarismus zuordne, und eine *deontologische Position* oder Prinzipienethik, zu der ich die Pflichtenethik Immanuel Kants, die Diskursethik nach Jürgen Habermas u. a., aber auch die Theorie der Gerechtigkeit nach John Rawls zurechne. Dabei ist eins herauszustellen: Der Utilitarismus ist das normativ-ethische Fundament, auf dem die Ökonomik selbst steht. Dies provoziert a priori einen Konflikt zwischen der ökonomischen Theorie und ethischen Vorstellungen, die aus dem Bereich der Prinzipienethiken stammen. Dieses Spannungsfeld wird auch von den verschiedenen wirtschafts- und unternehmensethischen Ansätzen widergespiegelt, die während der letzten Jahre entwickelt wurden. Der Rekurs auf ein bestimmtes ethisches Modell bildet dabei meist ein wesentliches Unterscheidungsmerkmal (Die ethischen sowie die wirtschafts- und unternehmensethischen Theorien werden detaillierter vorgestellt bei Eigenstetter & Hammerl in diesem Band).

Die am häufigsten zitierten wirtschafts- und unternehmensethischen Ansätze im deutschen Sprachraum stammen von Karl Homann (Homann & Blome-Drees, 1992), Horst Steinmann und Albert Löhr (1992) sowie Peter Ulrich (1997). Diese Ansätze können – wiederum stark vereinfachend – den zwei oben genannten Positionen zugeordnet werden. Die ordnungsethische Position, die dem utilitaristischen Ethikmodell entspricht, liegt beispielsweise dem Ansatz von Karl Homann zugrunde – zumindest in seinen frühen Arbeiten. Dort vertritt er die Überzeugung, dass der systematische Ort der ethischen Reflexion der Wirtschaft die Rahmenordnung sei. Die Unternehmen selbst sind demnach moralisch ausschließlich dazu verpflichtet, sich an die Spielregeln zu halten, die auf der Ebene der Rahmenordnung entwickelt wurden, weil sich ethische Orientierungen nur dann als wettbewerbsneutral und marktkonform erweisen. Dies ist eine bestechend logische Argumentation.

Das Risiko aber, das dem Utilitarismus insgesamt innewohnt, findet sich auch in diesem Ansatz wieder, nämlich in der problematischen Folgerung, dass der Zweck die Mittel heiligt. Der Zweck im ökonomisch geprägten Utilitarismus lautet – frei nach Ludwig Erhard – „Wohlstand für alle". Voraussetzung dafür ist die unternehmerische Gewinnerzielung, die folgerichtig zum Primat erhoben wird.

Die Frage, mit welchen Mitteln dieser oberste Zweck erreicht wird, wird im Homannschen Ansatz bezogen auf den Akteur „Unternehmen" insofern ausgeklammert, als sich dessen ethische Pflicht darin erschöpft, für die Schaffung moralförderlicher Rahmenbedingungen zu sorgen.

An seine Grenzen stößt dieser Ansatz spätestens dort, wo es um international tätige Unternehmen geht. Denn bislang existiert noch keine Rahmenordnung im Weltmaßstab, auf die man einwirken könnte, um für alle verbindliche Spielregeln zu etablieren. Unter den Bedingungen eines globalen Marktes, für den ein Ordnungsrahmen erst noch entwickelt werden muss, gewinnt daher das zweite Paradigma an Bedeutung.

Dieses zweite Paradigma, das einer deontologischen Position entspricht, geht davon aus, dass Unternehmen eine soziale und gesellschaftliche Mitverantwortung haben, die von ihnen auch proaktiv wahrzunehmen ist. Es geht hier also um eine präventive Disziplinierung und freiwillige ethische Orientierung gewinnerzielender Maßnahmen. Dabei wird nicht an dem Faktum gerüttelt, dass Unternehmen Gewinne erwirtschaften müssen, es wird aber die Frage gestellt, *wie*, d. h. auf welche

Weise und unter Einsatz welcher Mittel, diese Gewinne erwirtschaftet werden. Im kritischen Fall wird hier – genau umgekehrt – die Einhaltung ethischer Prinzipien über die Gewinnerzielung gestellt.

Grundsätzlich lässt sich festhalten, dass eine zeitgemäße praxisbezogene Unternehmensethik nicht auf die Infragestellung ökonomischer Prinzipien zielt. Sie stellt nicht in Frage, dass Unternehmen Ertrag erwirtschaften müssen, um am Markt verbleiben zu können. Aber sie fragt sehr nachdrücklich nach dem „Wie" dieses Wirtschaftens.

Vertreter einer deontologischen Position gehen dabei davon aus, dass es so genannte moralische *Prima-Facie-Pflichten* (erste Pflichten, wahre Pflichten) gibt, die auch für Unternehmen gelten. Die Praxis wiederum zeigt, dass sich viele Unternehmen im inhabergeführten Mittelstand seit jeher daran halten – und dass sich auch eine wachsende Anzahl größerer, börsennotierter Unternehmen ihrer ethischen Verantwortlichkeit bewusst stellen.

Moralische Prima-Facie-Pflichten haben dabei mindestens den gleichen Rang und Verpflichtungsgrad wie ökonomische oder gesetzliche Vorschriften. Demgegenüber gibt es aber auch Ansprüche an Unternehmen, zu denen sie weder moralisch, gesetzlich oder ökonomisch in irgendeiner Weise verpflichtet sind.

Dimensionen unternehmerischer Verantwortung

Initiativen, um die Übernahme sozialer und ethischer Verantwortung von Unternehmen zu unterstützen, gibt es in großer Zahl. Speziell für den deutschen Sprachraum wurde unter Federführung des wissenschaftlichen Instituts des Deutschen Netzwerk Wirtschaftsethik (DNWE) der Standard *WerteManagementSystem^{ZfW}* des Zentrum für Wirtschaftsethik entwickelt (*www.dnwe.de/dnwe/redax/files/1006502936401-0/Endversion%20WMS%20Deutsch.pdf*). Die vielleicht bekannteste Initiative, der *Global Compact*, wurde von den Vereinten Nationen ins Leben gerufen (dazu Leisinger in diesem Band).

Von der Europäischen Kommission wurde 2001 das sog. EU-Grünbuch veröffentlicht, um unter dem Schlagwort „*Corporate Social Responsibility (CSR)*" sozial verantwortliches Verhalten und Handeln von Unternehmen auf freiwilliger Basis anzustoßen. Gegen die als nächsten Schritt befürchtete Regulierung aus Brüssel protestierten vor allem die mittelständischen Unternehmen – teilweise berechtigt, da im EU-Grünbuch verschiedene Dinge miteinander vermengt werden. Zum einen werden darin ethisch gebotene Verantwortlichkeiten – im Sinne der genannten moralischen Prima-Facie-Pflichten – von Unternehmen beschrieben, z. B. das Einhalten von Arbeits- und Sozialstandards und der Menschenrechte. Im gleichen Atemzug werden allerdings auch Aktivitäten genannt, die man nur dem freiwilligen bürgerschaftlichen Engagement, dem *Good Corporate Citizenship* zuordnen kann, z. B. sich für den wissenschaftlichen Nachwuchs, den Kultur- oder Sportverein in der Region zu engagieren.

Für eine angemessene Bewertung der Forderungen an Unternehmen empfiehlt es sich, ein System der gestuften Verantwortung zugrunde zu legen, das diese unterschiedlichen Verpflichtungsgrade definiert und berücksichtigt (Kleinfeld, 1998). Unterschieden werden sollte dabei beispielsweise eine Muss-, eine Soll- und eine Kann-Dimension.

Die *Muss-Dimension* beinhaltet im Grunde Selbstverständlichkeiten, die aber nicht zwangsläufig „selbst-verständlich" sind. Dazu gehören Forderungen, die teilweise ökonomisch geboten und gesetzlich verankert sind, ebenso wie ethisch begründete Prima-Facie-Pflichten, die beispielsweise der Menschenrechtserklärung der Vereinten Nationen oder den Sozialstandards auf Basis der ILO-Normen (*International Labour Organization*, Internationale Arbeitsorganisation) zugrunde liegen und den bislang erreichten globalen Konsens über ethische Mindestanforderungen repräsentieren. Die Ausrichtung daran sollte eigentlich heute eine Selbstverständlichkeit sein – diese aber in allen Ländern dieser Welt entlang der Wertschöpfungskette, also auch bei den kleinsten Zulieferbetrieben, durchzusetzen, ist keine Trivialität, sondern eine gewaltige Herausforderung. Schon vor vielen Jahren hat beispielsweise das Unternehmen Levi Strauss einen Regelkatalog für seine Zulieferer herausgegeben, der u. a. das Verbot von Kinderarbeit enthielt, ein Bestandteil der ILO-Normen.

Beim Versuch, die Regeln durchzusetzen, stürzte man ganze Familien und Regionen in die Armut, weil Kinderarbeit ein fester Bestandteil des Lebensunterhalts der Familie war. Das war nicht intendiert. Heute versuchen viele Unternehmen stattdessen so genannte Privat-Public-Partnership-Projekte zu initiieren, bei denen Expertenorganisationen z. B. im Bereich der Entwicklungshilfe sie dabei unterstützen, das beabsichtigte Gute auch sachgerecht umzusetzen.

Bei der *Soll-Dimension* geht es um den eigentlich ethischen Akt, sich freiwillig, aus eigener Überzeugung zu definierten ethischen Werten und Prinzipien zu bekennen und unternehmerisches Handeln daran auszurichten. Konkret geht es dabei um Werte wie Ehrlichkeit, Integrität,

Fairness, Respekt vor der Personenwürde oder um Prinzipien wie die „goldene Regel" – in der Unternehmenspraxis beispielsweise um entsprechend ethisch reflektierte Herstellungsverfahren, Transparenz gegenüber Konsumenten, die proaktive Übernahme ökologischer Verantwortung oder um den Verzicht auf umstrittene Marketingpraktiken. Hierher gehören auch jene Orientierungen, die den berechtigten Erwartungen und Ansprüchen einer moralisch sensiblen Öffentlichkeit entsprechen, und die Selbstverpflichtung von Unternehmen, sie im Rahmen von integrativen Managementkonzepten konsequent umzusetzen.

Die *Kann-Dimension* als eine dritte Stufe der unternehmerischen Verantwortung wird heute auch oft unter dem Begriff Good Corporate Citizenship diskutiert und beschreibt die Pflichten, die Unternehmen als Bürgern unserer Gesellschaft in einem analogen Sinne zukommen. Vergleichbar ist der Begriff mit dem der individuellen Bürgerpflichten, eine relevante Orientierung in diesem Kontext ist beispielsweise der Wert der „Zivilcourage" – nach innen wie nach außen.

Insbesondere im globalen Kontext, angesichts der fehlenden gesetzlichen Rahmenordnung, wird Unternehmen als so genannten *Global Corporate Citizen* quasi-kompensatorisch eine besondere Verantwortung bei der „sozial gerechten" Gestaltung unserer zusammenwachsenden Welt angetragen. Viele dieser Forderungen lassen sich jedoch auch unter ethischen Gesichtspunkten nur als bedingt verpflichtend einstufen. Meist geht es dabei um genuin freiwillige Leistungen im Sinne einer Tugendethik. Gleichwohl beugen sich viele Unternehmen den öffentlichen Erwartungen und bemühen sich, der angemahnten gesellschaftlichen Mitverantwortung als Teil einer *Global Community* – zum Beispiel in Kooperation mit anderen Akteuren wie NGOs oder nationalen Regierungen – auch in weit reichender Form gerecht zu werden.

Persona Oeconomica – Wie kommt die Ethik ins Unternehmen?

Wenn über Ethik und die Verantwortung von Unternehmen gesprochen wird, findet man häufig Argumentationen, die sich darauf berufen, dass nicht Menschen, sondern Systeme bzw. Institutionen miteinander interagieren. Diese Strömung wird als Institutionenethik bezeichnet und basiert im Wesentlichen auf einem vertragstheoretischen Modell, das auf Thomas Hobbes zurückgeht.

Dieser Position versuche ich in meiner Dissertation „Persona Oeconomica" aus philosophischer Perspektive entgegenzutreten (Kleinfeld,
1998). Moralisches Handeln ist an menschliche Freiheit gebunden; um
es in der Terminologie Kants auszudrücken: an das Vermögen der Freiheit zum sittlichen Handeln, die in der menschlichen Vernunft gründet
und zugleich unsere Würde ausmacht. Nur der Mensch ist in der Lage,
ethisch zu handeln und hat als solcher einen ethischen Auftrag. Der
Mensch als Person ist aber nicht nur Subjekt, sondern auch Gegenüber
ethischen Handelns und Verhaltens. Nur unter der Prämisse, dass Unternehmen soziale Systeme sind, die als solche von Personen konstituiert
werden, kann für sie ethische Handlungs- und Urteilsfähigkeit einerseits,
die Verpflichtung zu einer auch ethischen Ausrichtung andererseits
geltend gemacht werden.

Unternehmen sind somit immer nur in einem analogen oder „sekundären" Sinne moralfähig, d. h. vermittelt durch die Personalität der in
ihnen tätigen Menschen. Unternehmen als abstrakte oder mechanistisch
determinierte Systeme können nicht im eigentlichen Sinne sittlich handeln, da sie ihre systemimmanent begründeten bzw. vorgegebenen Aktivitäten weder hinterfragen oder kritisch reflektieren noch davon Abstand
nehmen können. Voraussetzung dafür ist menschliche Vernunfttätigkeit,
d. h. Menschen, die ihre spezifische Fähigkeit zur ethischen Reflexion
in den Dienst der unternehmerischen Rationalität und Intentionalität
stellen.

Unternehmen brauchen daher Führungskräfte an der Spitze, aber
auch Führungskräfte und Mitarbeiter auf allen anderen Ebenen, die
moralisch sensibel sind, den ethischen Positionen zuzustimmen, dafür
einzustehen und sie überzeugend, kontinuierlich, konsequent und ernsthaft umzusetzen.

Diese „sekundäre" Moralfähigkeit von Unternehmen ist wiederum
nur unter bestimmten Vorrausetzungen realisierbar:
• sofern eine Unternehmenskultur ausgeprägt wird, die die Sensibilität
  für ethisch relevante Fragen unterstützt;
• sofern ethische Reflexions- und Argumentationskompetenz auf allen
  Ebenen aktiv gefördert wird;
• sofern geeignete organisatorische Strukturen, Instrumente und Maßnahmen im Sinne eines integrativen Ethikmanagements bzw. Ethik-
  programms etabliert werden.

Der Blick auf die Umsetzung

Um eine ethische Ausrichtung im Unternehmen zu verwirklichen, sind also eine entsprechend gestaltete Unternehmenskultur einerseits, die Institutionalisierung und Professionalisierung der Umsetzung ethischer Orientierungen andererseits notwendige Voraussetzungen. Überlegt werden muss dabei, mit welcher Zielrichtung ein Ethikprogramm aufgebaut wird. Die Umsetzung erfordert schließlich, ethische Problemfelder zu identifizieren, ein Managementsystem zu etablieren und systematisch weiterzuentwickeln.

Ethikprogramme: Compliance versus Integrity

Ethikprogramme, d. h. die systematische Umsetzung von moralisch geforderten Verhaltensweisen im Unternehmen, basieren auf zwei grundlegend unterschiedlichen Ansätzen: auf dem Compliance-Ansatz einerseits und dem Integrity-Ansatz andererseits (Paine, 1994; Steinmann & Olbrich, 1998).

Der *Compliance-Ansatz* entspricht in gewisser Weise dem ordnungsethischen Paradigma (s. o.). Durch einen Regel- oder Richtlinienkatalog und ein dazugehöriges Trainingssystem soll sichergestellt werden, dass alle Unternehmensangehörigen sich an die im Unternehmen geltenden Regeln halten. Der Compliance-Ansatz impliziert dabei das Menschenbild des „homo oeconomicus", also jenes pessimistische Bild, wonach Menschen primär materiell ausgerichtet sind und ausschließlich eigennützig denken und handeln. Ethisches Handeln im oben dargestellten eigentlichen Sinn, ethische Reflexion und eine darauf aufbauende Selbstbindung werden dabei ausgeschlossen. Ethikprogramme des Compliance-Ansatzes beinhalten ein Kontrollsystem, eine Überwachung, ob sich die Mitglieder an das geltende Recht halten. Zuständig für die Umsetzung sind dementsprechend vor allem Mitarbeiter der internen Revision oder der Rechtsabteilung, z. B. Anwälte.

Dem gegenüber steht der *Integrity-Ansatz*, dem ein umfassenderes Menschenbild zu Grunde liegt. *Integrity* (Integrität) bedeutet soviel wie Unbescholtenheit, Aufrichtigkeit und impliziert im unternehmensethischen Kontext zugleich Gesetzestreue und Unbestechlichkeit.

Insofern geht es auch beim Integrity-Ansatz um die Einhaltung geltenden Rechts, doch die Ziele und Instrumente gehen deutlich darüber hinaus. Versucht wird hier, die ethische Sensibilität aller Angehörigen sowie ihre ethische Argumentations- und Reflexionskompetenz gezielt zu fördern. Primäre Intention dabei ist es, eine integritätsförderliche Unternehmenskultur insgesamt auszuprägen. Ergänzt werden Orientierungen, Gesetze und Regeln durch unternehmenseigene Leitwerte, die gemeinsam entwickelt werden und zu denen man sich bekennt. Diese Werte werden in einem ersten und sehr zentralen Schritt der Unternehmens- und Geschäftspolitik zugrunde gelegt, des Weiteren ins operative Management integriert, um schließlich durch geeignete Umsetzungsmaßnahmen sukzessive auch Teil der gelebten Kultur zu werden.

In Tabelle 1 sind Compliance-Ansatz und Integrity-Ansatz in den wesentlichen Positionen gegenüber gestellt.

Tabelle 1. Compliance- und Integrity-Ansatz

	Compliance-Ansatz	**Integrity-Ansatz**
Prinzip	Legalität	Eigenverantwortung, Selbstbindung
Menschenbild	eigennützig, materiell	autonom, materiell und ideell
Orientierung	vorgegebene Regeln und Gesetze	eigene Leitwerte und geltendes Recht
Ethik-Programm	Überwachung der Einhaltung	Integration in Management-/ Organisationskultur
Verantwortliches Personal	Anwälte	Geschäftsführung, Management, Anwälte
Methodik	Audit-Verfahren	Vorleben, Evaluierungs-Verfahren
Maßnahmen	eigene Compliance-Standards	eigener Ethik-/Wertekodex

Die bewusste Gestaltung einer integritätsförderlichen Kultur ist ein entscheidender Faktor, um integres Geschäftsverhalten wirksam und auch langfristig sicherzustellen. Indem Werte den Geist einer Organisation und deren Kultur am nachhaltigsten prägen, ist ein gezieltes Wertemanagement dafür der zentrale Hebel.

Werte sind Ideen, Orientierungen oder Verhaltensweisen (Werthaltungen), die vom einzelnen, einer Gruppe oder Gemeinschaft, oder innerhalb von sozialen Systemen (Kulturkreis, Gesellschaft, Organisationen), für wichtig, gut und erstrebenswert angesehen sowie geschätzt, respektiert und gelebt werden. Sie beeinflussen Urteile und Handlungen jenseits von unmittelbaren Zielen, auch über eine konkrete Situation hinaus. Werte haben für soziale Systeme wie Organisationen eine dreifache Bedeutung. Sie haben (1) eine normative Funktion für das Verhalten ihrer Mitglieder, (2) eine konstitutive Funktion für die Bildung einer eigenen kulturellen Identität und (3) eine integrative, Gemeinschaft stiftende Funktion. Werte sind damit einerseits Vision und Herausforderung, andererseits die Verständigungsgrundlage, auf die alle betrieblichen Instrumente abzustimmen sind, um auf Basis dieser gemeinsamen Werte zu führen. Wenn diese doppelte Wirkdimension berücksichtigt und im Unternehmen umgesetzt wird, kann sichergestellt werden, dass die Unternehmenskultur eine ethische Ausrichtung unterstützt.

Doch ein angemessener Umgang mit Werten und Werte-Dilemmata muss gelernt werden. Konkurrierende Werthaltungen treten insbesondere in internationalen Organisationen auf. Da nicht von einer einfachen Übereinstimmung der Werte ausgegangen werden kann, muss z. B. in internationalen Teams eine kontinuierliche Übersetzungsarbeit in die Geisteswelt der jeweiligen Kultur geleistet werden. Diese Situation stellt auch Herausforderungen an einen unternehmenseigenen Verhaltenskodex. Beansprucht er weltweite Orientierung, wie es z. B. BASF oder andere multinationale Konzerne anstreben, muss im Vorfeld einiges an interkulturellem „Fingerspitzengefühl" aufgebracht werden, um die Werte konsensfähig zu entwickeln und zu transportieren. Dies erfordert die Regeln einer dialogischen Ethik, aber auch Empathie, ein wertschätzendes Einfühlen in die Denkwelt der Angehörigen anderer Kulturen.

Die Bedeutung von Werten für die Kulturgestaltung lässt sich in Anlehnung an Kluckhohn (1951) und dem von Schein (1985) entwickelten Konzept der Unternehmenskultur ableiten. Eine Unternehmenskultur auf der Basis geteilter Werte gibt einen Orientierungsrahmen vor, der Abstimmungs- und Kommunikationsprozesse erleichtert.

In Anlehnung an Schein lassen sich drei Ebenen der Kultur unterscheiden: Die oberste Ebene enthält Artefakte und Schöpfungen, wie gezeigtes Verhalten, Technologien u. a. Die unterste Ebene beinhaltet die grundlegenden, unsichtbaren und z. T. vor-bewussten Basisannahmen über Mensch und Umwelt, Zeit oder Raum sowie die Natur der menschlichen Tätigkeiten und Beziehungen. Dazwischen vermittelnd liegen Werte und Normen (vgl. dazu ausführlicher Kleinfeld, 2004).

Die Unternehmenskultur ermöglicht Anpassung nach außen und Integration nach innen. Sie wird auch bewusst oder unbewusst beim Eintritt eines neuen Mitarbeiters ins Unternehmen an ihn vermittelt. Er wird durch die Kultur geprägt – im guten wie im schlechten Sinne. Im Idealfall einer integren Organisationskultur wirkt der soziale Druck durch die

Organisationsmitglieder verstärkend auf das im Unternehmen als richtig angesehene Verhalten und sanktionierend auf unerwünschtes Verhalten.

Die Erfahrungen aus den Unternehmen geben dem Integrity-Ansatz Recht. Gemeinsame Werte und Grundsätze sind praktikabler und einfacher anzuwenden als ein starrer Richtlinien-Katalog (vgl. das Beispiel von Levi Strauss in Steinmann & Olbrich, 1998). Zudem sind eine wertebewusste Kultur und *Corporate Identity* (Unternehmensidentität) langfristig tragfähiger als Compliance-Programme. Sie schulen die ethische Reflexionsfähigkeit und ermöglichen eigenverantwortliches Handeln. Zusammenarbeit und Klima werden als besser bewertet. Beispiel dafür sind die langjährigen Erfahrungen der Unternehmen in der bayerischen Bauwirtschaft nach der Einführung eines Ethikmanagementsystems (z. B. Grüninger, 2000).

Ethik- und Wertemanagement in der praktischen Umsetzung

Oberste Prämisse der wirksamen Umsetzung eines Ethik- und Wertemanagements ist es, auf der Ebene der Geschäftsleitung bzw. -führung anzusetzen, denn der Managementprozess muss mit der strategischen Frage der langfristigen Ausrichtung des Unternehmens verknüpft werden. Gerade für international operierende Unternehmen entstehen permanent neue Herausforderungen, zu denen eindeutig Position bezogen werden muss, will man nicht Kunden oder Anleger verlieren. Dafür ist mehr als eine rein materielle Orientierung notwendig. Die ethischen Prinzipien und ideellen Werte, auf die man sich verständigt, sollten in Dokumenten festgehalten werden, üblicherweise in einem Leitbild, das ein so genanntes *Vision-Mission-Values Statement* beinhaltet. Damit beantwort ein Unternehmen nicht zuletzt die Sinnfrage, ob und wenn ja, worin genau sein Beitrag zum Gemeinwohl besteht: Werden Produkte und Werte für Menschen geschaffen oder steht das Unternehmen ausschließlich im Dienst materiell-ökonomischer Wertschöpfung? Gleichzeitig gilt es darüber nachzudenken, welche Anspruchsgruppen im und um das Unternehmen vorhanden sind, und welche legitimen Ansprüche sie an das Unternehmen stellen. Dies alles kann im Sinne eines „Grundgesetzes des Unternehmens" in einem Leitbild festgelegt werden. Ein wesentlicher Vorteil eines Leitbildes besteht darin, dass die Selbstverpflichtungen und Leistungen klar definiert sind und Unternehmen und Anspruchsgruppen sich wechselseitig darauf beziehen können.

Auch beim Blick in das Unternehmen lassen sich vielfältige, ethisch relevante Problemfelder identifizieren. Im Personalmanagement geht es z. B. um Gerechtigkeit, Fairness und Schutz der Individualrechte; im Bereich Forschung und Entwicklung um die Beschränkung auf ethisch legitime Verfahren sowie ökologisch- und sozialverträgliche Produkte; in der Unternehmenskommunikation sind Ehrlichkeit, Transparenz und eine verlässliche Risikokommunikation gefordert; im Umgang miteinander wünscht man sich Offenheit, wechselseitigen Respekt und Kollegialität; im Beschaffungswesen sollen Umwelt- und Sozialstandards eingehalten werden; und im Unternehmensumfeld ist die Prävention von Wirtschaftskriminalität durch Transparenz und Integrität unabdingbar.

Um die ethischen Wertorientierungen der Organisation – ihre Leitwerte – auch auf der konkreten Handlungs- und Verhaltensebene sicherzustellen, müssen die entsprechenden Handlungs- und Spannungsfelder branchen- und bereichsspezifisch identifiziert werden. Um z. B. gegen Wirtschaftskriminalität präventiv vorzugehen, sind folgende Fragen hilfreich: Worin bestehen die größten Risiken und Schwachstellen, dass Mitarbeiter bestochen werden? Wo liegen die Grauzonen, die geklärt werden müssen und in den Verhaltenskodex aufgenommen werden sollten?

Viele Unternehmen bleiben auf dieser Stufe der Kodifizierung erwünschten Verhaltens stehen. Die größte Schwierigkeit liegt jedoch in der Umsetzung. Eine gewachsene Unternehmenskultur umzugestalten dauert Jahre. Ein wichtiger Aspekt ist hier z. B. die Förderung von Zivilcourage, damit nicht weg gesehen wird, wenn gemobbt, sexuell belästigt oder in die Portokasse gegriffen wird. Das Unternehmen muss nicht nur zulassen, sondern auch aktiv fördern, dass Mitarbeiter geschäftliche Angelegenheiten kritisch hinterfragen. Zur Verhinderung bzw. zum Abbau von Missständen, die dem eigenen Anspruch und Wertekodex widersprechen, müssen Möglichkeiten vorhanden sein, die Mitarbeitern, aber auch Außenstehenden erlauben, darauf aufmerksam zu machen. Das ist nur möglich, wenn weder Repressalien noch ein Karriereknick befürchtet werden müssen. Dazu braucht es aber nicht nur eine entsprechend vertrauensgeprägte Kultur, sondern auch Managementsysteme oder spezifische Instrumente, wie z. B. unterstützende Whistle-Blowing-Systeme. Sie ermöglichen anonymisierte Kommunikationsprozesse, damit ein Hinweisgeber (*Whistle Blower*) risikolos dem eigenen Unternehmen schädigende Verhaltensweisen bekannt geben kann. Damit sinkt die Hemmschwelle, unethische Verhaltensweisen zu offenbaren, weil keine unmittelbaren Sanktionen für den Hinweisgeber drohen.

Um das *Commitment* – die Selbstverpflichtung auf und das Einhalten von ethischen Prinzipien bzw. der vereinbarten Werteorientierung – sicher zu stellen und den stets langfristig angelegten Umsetzungsprozess in die gewünschte Richtung zu lenken, müssen verschiedene Instrumente ausgearbeitet, ausprobiert und pilotiert werden. Abgesichert wird der Prozess durch ein so genanntes *Corporate Controlling*, das prüft, ob das Unternehmen, – und zwar auf allen Ebenen – dem formulierten eigenen Anspruch gerecht wird. Dort wo dies nicht der Fall ist, muss nachjustiert, müssen u. U. zusätzliche Umsetzungsmaßnahmen ergriffen werden. Der Kreis schließt sich, wenn z. B. nach fünf bis zehn Jahren eine Neuausrichtung der Organisation als notwendig erachtet und eine neue Vision mit einem entsprechend modifizierten *Mission Statement* oder Leitbild entwickelt wird. Dann beginnt der Prozess von neuem.

Ausblick

Die Forderung nach Instrumenten wie einem Verhaltenskodex stößt vor allem bei der älteren Generation mittelständischer Unternehmer nicht selten auf Unverständnis: „Wieso soll ich für so etwas wie ein Ethikprogramm Geld ausgeben? Das sind doch alles Selbstverständlichkeiten, die da plötzlich „gemanagt" werden sollen. Und wie sollen solche weichen Faktoren messbaren Erfolg gewährleisten können?"

Die Gründe für Fragen dieser Art sind vielschichtig. Zum einen spiegelt sich in ihnen die schon eingangs erwähnte Skepsis über eine Verbindung von Wirtschaft und Ethik wieder. Vielen Unternehmern sind die aktuell geführten wirtschaftsethischen Diskussionen zu „weich" oder zu philosophisch. Darüber hinaus werden hinter den Diskussionsteilnehmern oft nur Philosophen erwartet. Diesem Vorurteil kann aber entgegnet werden, dass sich Ökonomen ebenso am unternehmensethischen Meinungsaustausch beteiligen. Neuere Studien haben zudem einen wirtschaftlich messbaren Erfolg bestimmter Werte nachweisen können (vgl. Falk & Kosfeld, 2004).

Zum andern vermitteln solche Fragestellungen aber auch ein Bild der spezifischen Wertvorstellungen von Unternehmern diesen Schlags. Sie verkörpern in ihrer Person ein bestimmtes Ethos, welches sie in ihr Unternehmen hineintragen. Doch der anständige oder der „ehrbare Kaufmann", wie man in Hamburg sagt, repräsentiert einen Wirtschaftsstil, der heute eben nicht mehr als „selbstverständlich" vorausgesetzt werden kann. Unter den Bedingungen einer pluralistischen, global ausgerichteten Gesellschaft ist es notwendig, sich auf das ehemals Selbstverständliche explizit und neu zu verständigen – zumindest innerhalb des Mikrokosmos der eigenen Organisation – und den eigenen ethischen Anspruch nach innen wie nach außen deutlich zu machen.

Was in der Diskussion über Wirtschafts- und Unternehmensethik oftmals übersehen wird, ist die Tatsache, dass die Unternehmer und die Unternehmen immer nur einen Teil der Akteure ausmachen. Eine ethische Unternehmensausrichtung braucht die Unterstützung von außen, damit die, die mit gutem Beispiel vorangehen, nicht vom Markt verdrängt, sondern vom Markt selbst dafür belohnt werden. Entscheidend dafür ist, dass auch das Umfeld – die Konsumenten durch ihr Kaufverhalten ebenso wie die Anleger durch ihr Investitionsverhalten – die Entwicklung einer integren, sozialverantwortlichen Wirtschaft unterstützt.

Mein Appell bei Vorträgen wie dem heutigen lautet daher immer auch: Achten Sie darauf, wo Sie kaufen, was Sie kaufen und wie diese Dinge hergestellt worden sind. Auch als Konsumenten sind wir Akteure, haben Sie und ich die Möglichkeit, den Marktmechanismus zu nutzen und steuernd einzugreifen. Und für die Anleger und Aktionäre unter Ihnen gibt es so genannte „Nachhaltigkeits"- oder Ethikfonds, bei denen darauf geachtet wird, dass das zu investierende Geld in Unternehmen angelegt wird, die sich an den Prinzipien der Nachhaltigkeit oder an ethischen Prinzipien ausrichten. Denken Sie über ihre eigene Rolle – über ihre eigenen Einflussmöglichkeiten nach, bevor Sie sich das nächste Mal über die unkontrollierte „Macht der Konzerne" ereifern!

Literatur

Ernst & Young (2003). *Wirtschaftskriminalität in Deutschland.* Verfügbar unter: http://www.ey.com/global/content.nsf/Germany/Studien_2003 [12.04.05]

Europaische Kommission (2001). *Europäische Rahmenbedingungen für die soziale Verantwortung der Unternehmen. Grünbuch.*

Falk, A. & Kosfeld, M. (2004). *Distrust – the hidden cost of control.* IZA Discussion Paper No. 1203.

Grüninger, S. (2000). EthikManagementSysteme und ihre Auditierung – Theoretische Einordnung und praktische Erfahrungen. In T. Bausch, A. Kleinfeld & H. Steinmann (Hrsg.), *Unternehmensethik in der Wirtschaftspraxis. DNWE-Schriftenreihe Bd. 7* (S. 155-189). München u. Mering: Hampp.

Homann, K. & Blome-Drees, F. (1992). *Wirtschafts- und Unternehmensethik.* Göttingen: Vandenhoeck und Ruprecht, UTB für Wissenschaft.

Inglehart, R. (1977). *The silent revolution: changing values and political styles among Western publics.* New York: Princeton.

Klages, H. (1984). *Wertorientierungen im Wandel: Rückblick, Gegenwartsanalyse, Prognosen.* Frankfurt/Main: Campus.

Kleinfeld, A. (1998). *Persona Oeconomica. Personalität als Ansatz der Unternehmensethik (Ethische Ökonomie. Beiträge zur Wirtschaftsethik und Wirtschaftskultur Bd. 3).* Heidelberg: Physica Verlag.

Kleinfeld, A. (2004). Wertemanagement als Beitrag zu gelingenden M & A-Prozessen. In J. Wieland (Hrsg.), *Handbuch Wertemanagement, Erfolgsstrategien einer modernen Corporate Governan*ce (S. 102-126). Hamburg: Murmann.

Kluckhohn, C. (1951). Values and value-orientation in the theory of action: An exploration in definition and classification. In T. Parsons, & E. A. Shils (Eds.), *Toward a General Theory of Action* (pp. 388-433). Cambridge, MA: Harvard University Press.

Paine, L. S. (1994). Managing for organizational integrity. *Harvard Business Review, 72* (2), 106-117.

Rippberger, T. (1998). *Ökonomik des Vertrauens: Analyse eines Organisationsprinzips.* Mohr Siebeck: Tübingen.

Schein, E. H. (1985). *Organizational culture and leadership.* San Francisco, CA: Jossey-Bass.

Steinmann, H. & Löhr, A. (1992). *Grundlagen der Unternehmensethik.* Stuttgart: Poeschl.

Steinmann, H. & Olbrich, T. (1998). Ethik-Management: Integrierte Steuerung ethischer und ökonomischer Prozesse. In G. Blickle (Hrsg.), *Ethik in Organisationen. Konzepte, Befunde, Praxisbeispiele* (S. 95-116). Göttingen: Verlag für Angewandte Psychologie.

Ulrich, P. (1997). *Integrative Wirtschaftsethik.* Bern: Paul Haupt.

Wieland, J. (Hrsg.) (2004). *Handbuch Wertemanagement, Erfolgsstrategien einer modernen Corporate Governance.* Hamburg: Murmann.

Diskussion

Unternehmensberater:
Sie sprechen davon, dass wir bislang in einem ethikfreien Raum gelebt haben. Das haben wir sicherlich nicht. Es war halt eine andere Ethik. Wir sind mit dieser anderen Ethik weniger erfolgreich gewesen und greifen zurück auf eine Basis, bei der man vergisst, dass es durchaus eine Ethik des Kollektivs gibt, wie es z. B. in der Kirche eine Armut des Individuums, aber den Reichtum des Kollektivs gibt. Ich frage Sie: Welche Perspektive rechnet man sich aus, wenn man alte, allgemein bekannte Begrifflichkeiten wie Ehrlichkeit etc. aufschreibt, aber im Grunde genommen dabei vergisst, dass sich Ethik immer aus einem Gedanken einer historischen Determinierung speist, wie z. B. dem Marxismus-Leninismus? Danach laufen Gesellschaft und die Geschichte auf den Kommunismus zu; das Christentum auf das ewige Leben und die ewige Verdammnis. Das heißt, ich nehme damit an, dass wir dort auch hinkommen, wenn ich mich ethisch verhalte; und ich sage, wenn ich nicht dorthin komme, dann habe ich mich unethisch verhalten. Genauso gibt es heute eine Determinierung, die sagt, dass eine bestimmte Art des Wirtschaftens gut und richtig ist: Danach verhalte ich mich verkehrt und auch unethisch, z. B. wenn ich nicht einsteige in das Aktienleben, wenn ich nicht einsteige in die Globalisierung usw. Reden wir jetzt über eine neue Begrifflichkeit oder neue Inhalte dieser ethischen Begriffe?

Annette Kleinfeld:
Ich glaube, Sie sind in die Falle getappt, vor der ich eingangs gewarnt hatte: Sie haben eben Moral und Ethik vermengt. Wir haben uns in einem ethikfreien Raum bewegt, in der Tat: Weil wir über Jahre hinweg an der Uni, in der Betriebswirtschaftslehre, in der Volkswirtschaftlehre gelernt haben, dass Ökonomik eine wertfreie Wissenschaft ist und dass ethische Überlegungen oder Werteüberlegungen dort keine Rolle spielen. Und das, was ich ausgeführt habe, zielt darauf ab, ethische Reflexion in Unternehmen wieder zu etablieren. Dass man das an solchen Begriffen festmacht, die Sie gerade aufgegriffen haben, liegt deshalb nahe, weil eben diese defizitär sind. Bestimmte Dinge sind heute nicht mehr selbstverständlich.
Was ich an Ihrer Frage nicht verstehe, ist: Inwiefern meinen Sie, dass Werte unter veränderten Rahmenbedingungen nicht mehr gültig sein sollten, dass Ehrlichkeit unter heutigen Bedingungen nicht genauso wichtig oder vielleicht noch wichtiger ist als vor 20 oder 30 Jahren?

Wenn bestimmte Sachen, die früher so selbstverständlich erschienen, dass sich jeder daran gehalten hat, aus dem Blickfeld geraten, müssen sie revitalisiert werden.

Aber das ist auch nur der eine Aspekt. Der andere Aspekt ist zugleich eine unverzichtbare Voraussetzung, um Unternehmensethik in der Praxis wirksam zu praktizieren: ethische Reflexion und Argumentation. Damit etabliere ich keine bestimmten Inhalte, sondern eine Methodik, eine neue Denkweise, ein Paradigma – ergänzend zu jenem rein auf ökonomische, man könnte auch sagen ökonomistische, Denkprämissen verengten Vorgehen. Das war eigentlich die *Message*.

Unternehmensberater:

Ich möchte das nicht so stehen lassen: Was ich damit gemeint habe, ist, dass alte, längst bekannte Begriffe als Innovation aus dem Hut gezaubert worden sind.

Annette Kleinfeld:

Es hat keiner behauptet, dass die Inhalte eine Innovation sind. Neu ist der Versuch, sie systematisch in Organisationen zur Geltung zu bringen und die Notwendigkeit ihrer Wiederbelebung.

Unternehmensberater:

Woher nehmen Sie das Wissen, dass es von den Leuten in den Betrieben nicht gelebt worden ist? Also ich kann mich an Zeiten in einigen Unternehmen erinnern, bei denen beim Einkaufen ganz andere Provisionen genommen worden sind – vor dreißig Jahren noch – als sie heute genommen werden oder genommen werden können. Trotzdem verhält sich das Kollektiv nicht eindeutig ethischer als sonst. Ich frage mich auch nach der Kalibrierung dessen, was Sie sozusagen als Grundlagenethik benennen. Das ist im Grunde die Ethik unserer abendländischen Gesellschaft, die Sie in anderen Ländern implementieren müssen, und zwar genau in der Dimensionierung unserer hiesigen und heutigen soziokulturellen Verhältnisse, damit unsere Gesellschaft mit diesen Ländern korrespondabel und produktiv bleibt. Also ich sehe darin keine echte Kommunikation. Ich sehe darin auch keine echte Ethik den anderen gegenüber.

Wissenschaftlicher Mitarbeiter:

Ich würde gerne wissen, ob Sie vertreten würden, dass alle Menschen, die Sie als handelnde „Persona Oeconomica" bezeichnet haben, bereits wissen, was gut ist und dass das, was gut ist, nur von ihnen selbst erkannt werden muss, z. B. verantwortlich zu sein oder die Aktien zu kaufen. Oder meinen Sie, dass nicht nur dieses Bewusstsein von innen gefördert werden sollte, sondern auch über Kultur transportiert werden sollte. Sie haben diesen für mich sehr problematischen Begriff der Vertrauenskultur gebracht. Also das finde ich schon etwas problematisch, ob nicht auf der anderen Seite eben vorgegeben werden muss, extern, legislativ, also per Gesetz, etwas zu tun.

Annette Kleinfeld:

Es geht um die Entwicklung von ethischer Reflexions- und Argumentationskompetenz und zwar im Sinne einer Entwicklung. Nein, ich gehe nicht davon aus, dass es da bestimmte Vorgaben gibt, die jeder schon kennt und verinnerlicht hat oder, dass der Mitarbeiter von Hause aus die Sensibilität hat, ethische Probleme als solche zu erkennen. Was ist denn überhaupt moralisch relevant? Wobei muss ich denn überhaupt ethische Begründungsansätze, Hilfen oder Regeln bemühen?

Es geht hier um Entwicklung im doppelten Sinn, also auch als Bestandteil der Personalentwicklung. Es geht darum, eine Kultur zu schaffen, eine Vertrauenskultur, im Sinne einer offenen Dialogkultur. Wenn ich von Kultur spreche, meine ich immer dieses Gesamtgebilde „Organisation", in dem Menschen zusammenwirken, und das eben kein abstraktes Gebilde ist. Da ist es entscheidend, dass man sich über solche Fragen austauscht, dass der Dialog darüber lebendig gehalten wird. Und das ist natürlich eine besonders spannende Frage im interkulturellen Kontext. Ich bin mir wohl bewusst, dass das problematisch ist. Es handelt sich dabei um eines *der* zentralen unternehmensethischen Problemfelder, denen die Global Players heute ausgesetzt sind.

Die Frage dabei lautet: Wie mache ich das denn jetzt? Gehe ich da hin und setze einfach meine Vorstellung von fairen Arbeitsbedingungen und Sozialstandards durch oder versuche ich dabei so etwas, wie dem Global Compact zu entsprechen? Dabei sind die Inhalte ja nicht aus der Luft gegriffen worden. Hier gab es ja schon Konsens-Prozesse, z. B. um eine UN-Menschenrechtserklärung zu verabschieden. Auch die International Labour Standards sind nicht nur im Westen entstanden und entwickelt worden.

Vertrauensverlust ist ein Phänomen, mit dem wir heute überall konfrontiert sind: In dem Maße, in dem die Wirtschaft involviert ist, gehen wir sofort davon aus, dass vielleicht wieder andere Interessen dahinter stecken und wir das, was wir hier erlebt haben – was Habermas die

„Kolonialisierung der Lebenswelten durch das ökonomische Denken" genannt hat – auch in anderen Erdteilen zu etablieren versuchen. Das wird natürlich eine Begleiterscheinung sein. Aber wir werden dieser ökonomischen Globalisierung nicht entkommen, es sei denn, wir schaffen einen neuen „eisernen Vorhang". Denn nur der „eiserne Vorhang" hat zuvor verhindert, dass sich der ökonomische Globalisierungsprozess in dieser Geschwindigkeit vollziehen konnte.

Wenn wir das nicht wollen, müssen wir überlegen, wo die Ansatzpunkte sind, um so etwas wie soziale Ziele und Standards, die natürlich auch wieder auf dem Boden westlicher Gesellschaften formuliert worden sind, weltweit zu etablieren. Ich bin an dieser Stelle bei Weitem davon entfernt, eine fertige Antwort zu haben auf die Frage, ob wir dazu berechtigt sind. Es gibt viele Punkte, bei denen ich mich frage: Wäre es nicht sinnvoller, diese Völker und diese Kulturen so sein zu lassen, wie sie sind?

Das würde dann aber eben auch bedeuten, dass diesen Ländern die Chancen einer Marktwirtschaft, nämlich irgendwann am Wohlstand zu partizipieren, bestimmte Dienstleistungen in Anspruch nehmen zu können, verwehrt bleiben.

Ich weiß nicht, ob es vielleicht auch einen Mittelweg gäbe. Aber man sollte zumindest versuchen und entsprechende Initiativen unterstützen, die den Dialog mit den Repräsentanten anderer Kulturen fördern. Ich berate unter anderem die GTZ, die Gesellschaft für Technische Zusammenarbeit, wo wir solche ethischen Grundsätze entwickelt haben. Es gibt sicherlich kaum ein internationaleres Unternehmen: Die GTZ ist in 64 Ländern aktiv. Und wir stehen hier genau vor dieser Herausforderung – wie kriegen wir das hin, dass wir diese Orientierungen in jede Kultur übersetzen – nicht nur sprachlich – und dass bereits der Entwicklungsprozess international abläuft? Damit es eben nicht so ist, dass die Zentrale irgendetwas gemacht hat, und die anderen bekommen dies nun „aufs Auge" gedrückt. Stattdessen muss man versuchen, einen Dialogprozess – im dialogethischen Sinne – praktisch auf die Beine zu stellen.

Vertreter der Aktionsgruppe für globale Gerechtigkeit:
Ich habe eine Frage zu Ihrem Vortrag, da ich mich aktuell mit Handlungskompetenz und Handlungsräumen beschäftige. Ich betrachte das Individuum nicht nur als Mikro-Akteur, sondern da ist auch das Individuum in seiner Struktur. Da ist er in seinen Handlungsräumen festgelegt. Und wenn die Unternehmen in Regensburg keine Gewerbesteuer mehr zahlen, sehe ich hier zumindest keine Handlungskorrekturen von den

Systemen, keinen Machtwillen, dass die Bundesregierung hier wieder besteuern kann oder wieder besteuern will. Und ich stelle mir die Frage, wie Sie sich dazu stellen, zum Verhältnis von Sollen und Können? Wie ist das Verhältnis? Wie sind diese Strukturen marktfähig? Wie ist das moralisch und ethisch?

Annette Kleinfeld:
Das ist eins von den berühmten Dilemma-Beispielen, auf die ich spontan keine Antwort habe. Ich bin völlig bei Ihnen, wenn Sie sagen, dass Individuen in Strukturen handeln, aber auch, wenn Sie sagen, ich versuche, hier auf Rahmenbedingungen einzuwirken.

Wer stellt denn diese Frage, oder wer überlegt sich denn, dass es vielleicht sinnvoll wäre, hier auf Rahmenbedingungen einzuwirken? Das ist nicht irgendein abstraktes Gebilde namens „Unternehmen", sondern es setzt immer auch voraus, dass jemand aus der Geschäftsleitung oder dem Vorstand sagt: „Das ist eigentlich nicht in Ordnung, was wir hier machen."

Sie fragen nach den Handlungsmöglichkeiten: Sie liegen bei diesen Menschen, weil sie die Entscheidung fällen können, Steuern zu zahlen oder nicht. Oder sie können die Entscheidung fällen, ihre Zentrale und die Fabriken ins Ausland zu verlegen. Es sind die Menschen im Unternehmen, die diese Entscheidung fällen. Und es gehört ja letztlich zu den Selbstverständlichkeiten, Gesetze einzuhalten, dafür bräuchte man eigentlich keine hehre ethische Ausrichtung. Es fällt unter die oben erwähnte Muss-Dimension, Steuern zu zahlen. Das ist keine Frage von Good Corporate Citizenship – so nach dem Motto: „Heute bin ich mal ein netter Bürger und zahle meine Steuern".

Aber die Regeln einzuhalten oder sich auf die konzentrierte Suche nach Schlupflöchern zu begeben, liegt natürlich letztlich im Ermessen derjenigen, die dieses Unternehmen steuern und nach außen repräsentieren. Vorstand und Geschäftsführer sind ethisch reflexionsfähige Individuen. Natürlich handeln sie auch in bestimmten Strukturen. Sie werden von Analysten genötigt, die feststellen, dass der Börsenkurs „im Keller" ist, und sehen sich gezwungen, auf bessere Aktienkurse hinzuarbeiten. Da würden dann Steuernachzahlungen negativ zu Buche schlagen. Klar, das sind Strukturen, in denen insbesondere börsennotierte Unternehmen agieren müssen. Es sei denn, man macht es wie Wendelin Wedeking, Vorstandsvorsitzender von Porsche, der sich einfach weigert, diese Quartalsberichte abzugeben.

Also auch da gibt es viel mehr Handlungsmöglichkeiten, als die meisten tatsächlich zugeben. Und eine ethische Reflexion bringt unter Umständen diese anderen Perspektiven überhaupt erst ins Bewusstsein.

Natürlich ist es viel bequemer zu sagen: „Das ist halt so, die Verhältnisse sind so, das System ist so, die Strukturen sind so" - solange nicht Leute wie Sie hingehen und sagen, wir organisieren uns als „Aktionsgruppe für globale Gerechtigkeit". Dadurch werden solche Dinge ins Bewusstsein gerufen, die Unternehmen dazu angehalten, darüber nachzudenken und diese Perspektive in ihr Handeln und Entscheiden mit einzubeziehen.

Vertreter des Studentischen Sprecherrates:
Ich habe vorhin doch ein bisschen lachen müssen. Es ist die Perspektive aufgezeigt worden, dass konkret handelnde Menschen in Unternehmensvorständen sich ernsthaft überlegen, ob es denn gut und richtig sei, dass sie als Unternehmen keine Steuern zahlen. Wenn ich hier das reale Verhalten von Unternehmensleitungen anschaue – mit Sicherheit auch viele Unternehmen, die Sie in ethischer Hinsicht beraten haben – dann stelle ich hier eher fest, dass diese Unternehmen konkret beschlossen haben, sich zu organisieren und Strukturen zu bilden, um darauf hinzuwirken, dass Unternehmen künftig noch weniger Steuern zahlen müssen; um Strukturen zu schaffen, in denen Unternehmen noch weniger faire Löhne für die Arbeitsbedingungen zahlen müssen, und dass die Arbeitnehmer noch viel unfreier dem Arbeitgeber gegenüber stehen. Und da stellt sich jetzt doch die Frage, inwiefern denn die Annahme, dass diese Menschen, die in den Unternehmen handeln, von einem ethischen Kompass geleitet werden, evtl. ein bisschen falsch ist. Ich würde doch eher davon ausgehen, dass gerade Unternehmensleitungen sehr stark von materiellen Interessen bestimmt sind und sich dann auch anhand ihrer Interessen entwickeln.

Annette Kleinfeld:
Ich spüre hinter Ihrer Frage genau das, was ich vorhin ansprach: Wir haben in unserer Gesellschaft inzwischen so etwas wie ein grundsätzliches Misstrauen gegenüber „der Wirtschaft". Natürlich gibt es diese schwarzen Schafe und Negativbeispiele. Es gibt aber auch jede Menge positiver Beispiele. Und es gibt diese Beispiele eben weniger in dem Bereich, wo Sie ständig hingucken, weil wir darüber in der Zeitung lesen können, nämlich bei den großen Global Players, sondern es gibt sie bei den kleinen und mittelständischen Unternehmen. Auch hier gibt

es Unternehmen, die im Grunde zu den Großen gehören, über die Sie aber trotzdem nichts in der Presse lesen, weil sie eben nicht so interessant sind wie börsennotierte Unternehmen mit Konzernstrukturen.

Dort aber gibt es diese Menschen – Unternehmer, Geschäftsführer – denen es ernst damit ist, die sagen: „Wir wollen uns an ethischen Prinzipien ausrichten und auch die Erwartungen der ‚Gesellschaft' ernst nehmen."

Man darf dabei nie vergessen, dass Unternehmen auch immer materielle Interessen haben *müssen*: Ein Unternehmen, das keinen Gewinn erwirtschaftet, ist irgendwann nicht mehr existenzfähig. Wenn es das Unternehmen nicht mehr gibt, braucht es auch keine ethische Ausrichtung mehr. Und dann sind auch die Arbeitsplätze weg und zwar alle. Und Steuern kann es dann auch keine mehr bezahlen. Insofern ist es selbstverständlich und unternehmensethisch legitim, Gewinnerzielung zur obersten Prämisse zu erklären.

Die Frage ist, ob dies das einzige Ziel ist? Orientiere ich mich außer an gewinnerzielenden Maßnahmen auch an anderen Prinzipien, bei denen ich andere Anspruchsgruppen als nur die *Shareholder* berücksichtige – was wiederum v. a. bei börsennotierten Unternehmen der Fall ist. Die Ausrichtung auf rein materielle Werte kommt hier natürlich nicht nur von den Vorständen. Mal abgesehen von der Diskussion über überzogene Vorstandsgehälter, bei der es auch wieder um Individuen geht, die vielleicht falsche Maßstäbe haben. Aber darüber hinaus arbeiten diese auch in und mit bestimmten Strukturen, die bei börsennotierten Unternehmen in der Tat vorgegeben sind. Da gibt es natürlich Handlungsspielräume, die nicht gesehen werden oder nicht gesehen werden wollen.

Aber grundsätzlich zu schlussfolgern, dass Unternehmen ihre Interessen immer nur auf Kosten anderer durchsetzen, ist nicht fair. Ich wüsste auch nicht, an welchen Strukturen man ansetzen will, um das auf die Schnelle zu verändern, sondern ich denke, dass hier in erster Linie öffentlicher Druck hilft.

Es gibt eine ganze Reihe von Beispielen, wo vor allem öffentlicher Druck und entsprechende Medienberichte dazu geführt haben, dass sich Unternehmen mit diesen Themen plötzlich befasst haben. Wie eben jüngst die Debatte um die Vorstandsgehälter. Und so könnte es vielleicht auch bei diesem Thema sein: Da sind wir wieder bei der Rolle der anderen Akteure in diesem Wirtschaftssystem, der Öffentlichkeit, der Medien, der NGOs.

Doktorand:

Nach meinem Kenntnisstand spielt sich momentan die ganze unternehmensethische Forschung vorwiegend in den Vereinigten Staaten ab. Die meisten Dissertationen, die ich in der letzten Zeit gelesen habe, kommen aus den Vereinigten Staaten, von amerikanischen Autoren. Ich finde das interessant, dass sogar ich als Betriebswirt das als relativ problematisch sehe, was da unternehmensethisch passiert. Auf der anderen Seite gibt es Länder, wo die Unternehmensethik und Betriebsethik gelebt wird. In diesen Ländern spielt Unternehmensethik in der Wissenschaft überhaupt keine Rolle, gerade in Deutschland, das als sehr prozessorientiert und organisationsorientiert gilt. Da spielt auch die Prozesswissenschaft eine große Rolle. Bei Biogenetik ist das ebenfalls der Fall. Bei Ländern, in denen Biogenetik eine Rolle spielt, ist auch die Wissenschaft sehr weit. Warum ist es in diesem Fall genau umgekehrt?

Annette Kleinfeld:

Es erschreckt mich jetzt fast ein wenig, dass Sie sagen, die relevanten Veröffentlichungen kommen alle aus den Vereinigten Staaten. Vielleicht darf ich Sie dann als Mitglied für das Deutsche Netzwerk Wirtschaftsethik gewinnen? Dort bekommen Sie alle drei Monate das „Forum Wirtschaftsethik", in dem die neuesten Veröffentlichungen aus dem deutschsprachigen Raum nicht nur erwähnt, sondern auch rezensiert werden. Vielleicht hilft Ihnen das dabei, Ihren Eindruck von der US-amerikanischen Dominanz etwas zu relativieren.

Möglicherweise werden Sie auch feststellen, dass das, was Sie dort lesen, viel substanzieller ist, als das, was Sie von den amerikanischen Autoren gelesen haben. Scherz beiseite: Es ist natürlich ein Faktum, dass die so genannte Business-Ethics-Bewegung, aus der sich die unternehmensethische Debatte ableitet, Anfang der achtziger Jahre in den Vereinigten Staaten entstand. Und wir leben leider in einem Land, vielleicht auch auf einem Kontinent, aber insbesondere in einem Land, in dem wir Dinge erst dann wertschätzen können, wenn sie unter neuem Namen aus den Vereinigten Staaten zu uns kommen. Und so ist es auch mit dem Thema Werteorientierung und Ethik.

Wir haben in der deutschen Volkswirtschaftslehre schon deutlich früher Strömungen und Schulen gehabt, die sich gegen eine Engführung der Ökonomik oder das, was man heute Shareholder-Value-Orientierung nennt, gerichtet haben. Ich denke da z. B. an die historische Schule der Nationalökonomie Ende des 19. Jhd., für die immer klar war, das die Wirtschaft bzw. die Wirtschaftswissenschaften auch eine kulturelle und ethische Wertedimension haben. Das haben wir aber spätestens nach dem 2. Weltkrieg alles ad acta gelegt. Man weiß ja auch, warum, und heute schaut man eben nach Amerika.

Ich weiß nicht, wie es inzwischen ist, aber die Wirtschaftswissenschaft war zu meiner Studienzeit stark an den angelsächsischen Themen und Theorien ausgerichtet, und so ist es auch mit der *Business Ethics* gewesen. Wir haben den ersten Lehrstuhl im deutschsprachigen Raum 1986 in St. Gallen gegründet, nachdem die ersten großen Literaturschübe dazu aus den Vereinigten Staaten kamen.

Europäische Konferenzen zum Thema liefen damals so ab: Amerikanische Wissenschaftler kamen hierher und haben einen Vortrag gehalten. Wir haben andächtig gelauscht, ein paar kritische Fragen gestellt und bestenfalls ein Korreferat gehalten. Wenn Europäer referiert haben, wurde es von Amerikanern wohlwollend zur Kenntnis genommen, so nach dem Motto: „Ach, sieh an, das ist ja schon ganz beachtlich, wie die sich des Themas annehmen." Das war die vorherrschende Haltung.

Inzwischen kommen Amerikaner auf europäische Konferenzen, um von uns zu lernen, weil sie erkannt haben, dass unsere Ansätze bei der Umsetzung zum Teil viel substanzieller und nachhaltiger wirksam sind als das, was sich in den USA in Unternehmen größtenteils durchgesetzt hat: nämlich eben jener reine Compliance-Ansatz, von dem ich sprach.

Es liegt also in der Natur der Sache, dass die Menge an Literatur in den Vereinigten Staaten viel größer ist, weil man dort 10 bis 15 Jahre früher damit begonnen hat. Aber wenn es um die Frage der Umsetzung geht, sagen viele Unternehmensethiker aus den USA heute: „Es ist eigentlich viel sinnvoller, wie Ihr das macht: Ihr setzt bei der Kultur, bei der Selbstverpflichtung an und damit bei einer langfristig wirksamen Ausrichtung, während das Thema bei uns sehr stark durch externe Anreize wie die Einführung der *US-Sentencing Commission Guidelines* Anfang der 90er Jahre getriggert wurde."

Zur Erklärung: Die Rechtsgrundlage in Amerika ist so, dass die Organisation insgesamt für das Fehlverhalten ihrer Mitarbeiter verurteilt werden kann. Die „Guidelines" dienen dabei der Bemessung des Strafmaßes. In der überarbeiteten Fassung von 1992 wurde u. a. neu aufgenommen, dass Unternehmen, die im Vorfeld Ethikprogramme zur Prävention von Wirtschaftskriminalität etabliert hatten, im Falle einer Verurteilung ein milderes Strafmaß erhalten. Das war der so genannte *Wake up Call for America* zum Thema Business Ethics. Ab dann setzte ein regelrechter Ethik-Boom in den Unternehmen ein, aber das meiste davon ging in Richtung *Compliance*. Das heißt, es ging weniger darum, das Bewusstsein der Akteure und die Organisationskultur zu verändern.

Der Fall Enron übrigens ist das beste Beispiel dafür. Ich kenne einen ehemaligen Arthur-Anderson-Berater, der dort Ethik-Kurse gegeben und erzählt hat: „Es war eine Lachnummer. Die Enron-Mitarbeiter in diesen Kursen haben mir gesagt, mein Gott, wir könnten stattdessen auch irgendwo ein Eis essen gehen, weil das, was wir hier lernen, in unserem Unternehmen auch in 100 Jahren nicht umgesetzt wird. Die Werte, die bei uns in Wahrheit zählen, sind andere – das weiß doch jeder!"

Mario von Cranach
Netzwerk für Sozial Verantwortliche Wirtschaft, Bern

Sozial verantwortliche Unternehmen sind erfolgreicher*

Einleitung

Dieser Aufsatz beruht im Wesentlichen auf meinen Erfahrungen und meiner Arbeit in der Schweiz, in der ich seit über 30 Jahren lebe. Die Schweiz unterscheidet sich in vieler Hinsicht von anderen europäischen Ländern:

- Sie ist ein reiches Land, aber es gibt auch Armut: Circa 10 % der Bevölkerung leben unter der Armutsgrenze.
- Sie ist ein Hochpreis- und Hochlohn-Land.
- In der Wirtschaft gibt es allen Liberalisierungsbemühungen zum Trotz immer noch kartellartige Strukturen und viele verdeckte oder offene staatliche Subventionen.
- Die Unternehmensstruktur ist dadurch gekennzeichnet, dass rund 98 % der Unternehmen kleine und mittlere Unternehmen (KMU) sind, welche rund 70 % der Arbeitnehmer beschäftigen. Diese KMU werden zu einem beträchtlichen Teil noch durch Eigentümer („Patrons") geführt.
- Der Einfluss der Gewerkschaften ist vergleichsweise geringer; es gibt z. B. keine „Mitbestimmung" wie in Deutschland.
- Es gilt die sog. „Friedenspflicht" der Sozialpartner, Streiks sind sehr selten.
- Die Altersversorgung beruht auf dem „3-Säulen-System" (Staatliche Altersversicherung, betriebliche Pensionskassen, persönliche Vorsorge).
- Die Lebensarbeitszeit ist vergleichsweise lang: Die wöchentliche Arbeitszeit beträgt meist immer noch 40-42 Stunden, und Frühpensionierungen gibt es überwiegend erst ab 60 Jahren, bei einem gesetzlichen Pensionsalter von 65 Jahren.
- Die Arbeitslosigkeit ist vergleichsweise niedrig (in schlechten Zeiten etwa 5 %).

---

* Klaus Foppa zum 75. Geburtstag in Freundschaft gewidmet.

- Der stark ausgebaute Föderalismus führt zu sehr unterschiedlichen Bedingungen in verschiedenen Kantonen und Gemeinden.
- Die direkte Demokratie auf allen politischen Stufen gewährleistet politische Stabilität, aber verzögert Reformen.

Diese Bedingungen beeinflussen auch in vieler Hinsicht die Denk- und Handlungsweisen der Wirtschaftssubjekte und die Unternehmenskulturen. Das schlägt sich in meinen Erfahrungen nieder. Aber zum Teil, so hoffe ich, gelten meine Schlussfolgerungen wohl auch für andere Länder.

Mein Thema

Der Erfolg eines Unternehmens hängt von vielen Umständen ab, an denen ständig gearbeitet werden muss. Dazu gehören gute Produkte, die effizient im Markt zu einem konkurrenzfähigen Preis vertrieben werden, also auch Kenntnis des Marktes; eine gesunde finanzielle Basis, sinnvolle Investitionen in die materielle Infrastruktur und in die künftige Entwicklung; eine effiziente Kontrolle auf allen wichtigen Gebieten; eine vorausschauende Politik und manchmal auch das kalkulierte Wagnis. Und dazu kommt noch ein weiterer Faktor, mein eigentliches Thema: *die Qualität des Unternehmens als soziales System in seinem sozialen Umfeld.*

Der Erfolg der Segelyacht *Alinghi*, die den letzten *America's Cup* gewonnen hat, demonstriert sehr deutlich die Wirksamkeit und das Zusammenspiel all dieser Faktoren: Sie hatte eine gute (nicht die beste) finanzielle Ausstattung, eine effiziente Vertretung bei der Rennorganisation, ein sehr gutes Boot, eine langfristige, auf ständige Verbesserungen angelegte Strategie und die beste Bootsführung, die nicht nur im Rennen die richtigen taktischen Entscheidungen traf, sondern aus der Mannschaft ein hervorragendes Team machte. Alle diese Faktoren führten zu dieser langen Serie von Siegen und schließlich dem Gewinn des begehrten Cups.

Wenn die Konkurrenz in den anderen Bereichen nicht zu schlagen ist, kann die soziale Qualität des Unternehmens ausschlaggebend sein: „Weil das Produkt nicht verbesserungsfähig war und ein Preiskampf aussichtslos, mussten wir eben als *Betrieb* besser werden als die Anderen", hat mir einmal der Chef eines mittleren Unternehmens gesagt. Um aber als Betrieb besser zu sein, muss ein Unternehmen seine soziale

Verantwortung wahrnehmen. Und daraus ergibt sich meine Hauptthese: *Sozial verantwortliches Handeln ist eine der Grundlagen des Unternehmenserfolges.*
Warum ist das so, und was gehört dazu? Darauf will ich im zweiten Teil zu den *Dimensionen der sozialen Unternehmensverantwortung* näher eingehen. Ich werde dabei vier Forderungen erheben:
1. Die Unternehmenstätigkeit soll sinnvoll sein.
2. Das Unternehmen soll seine Rolle in der Gesellschaft wahrnehmen.
3. Unternehmen sollen mehr als nur finanziellen Gewinn produzieren.
4. Unternehmen sollen die „ungeschriebenen Grundverträge" einhalten.

Daran anschließend werde ich ausführen, was
5. die „soziale Verantwortung" im Einzelnen bedeuten kann und
6. welche Maßnahmen und Instrumente für das Management der sozialen Verantwortung diese Aufgaben erleichtern.

Abschließend werde ich im dritten Teil die wichtige Frage behandeln: *Sozial verantwortliches Handeln – Erfolgsfaktor oder Wettbewerbsnachteil?*

Dimensionen der sozialen Unternehmensverantwortung

Die Unternehmenstätigkeit soll sinnvoll sein

Was heißt sinnvoll, welchen Sinn kann die Unternehmenstätigkeit besitzen? Lassen Sie mich auch das an einem Beispiel demonstrieren:
Als einer meiner Freunde vor einigen Jahren, weil kein Nachfolger da war, sein gut gehendes Musikhaus verkaufen wollte, klagte er mir, der große Lagerbestand erschwere den Verkauf: Er habe z. B. 200 Klaviere und 1000 Violinen im Lager und weitere 1000 Violinen vermietet. Auf mein Erstaunen über diesen Bestand erklärte er: „Wenn ein guter Musiker zu mir kommt, muss ich ihm doch möglichst viele Instrumente in seiner Preisklasse zeigen können; wer einen Steinway-Flügel kaufen will, soll 6 bis 10 Steinways spielen und vergleichen können. Sonst hat das Ganze keinen Sinn!"
Der Sinn dieses Unternehmens war also der Dienst an der Musik, und diese Haltung hatte seit Generationen zum Erfolg (und dem Aufbau dieses großen Lagers) geführt. Musik aber ist ein Teil unserer Kultur,

und mit dem Dienst an der Musik wird ein kultureller und gesellschaftlicher Wert verwirklicht.

Ähnliches gilt für alle Unternehmen. Der Sinn der Tätigkeit einer
Versicherungsgesellschaft etwa liegt darin, Risiken durch Verteilung für
die einzelnen Versicherten tragbar zu machen und darüber hinaus, durch
ihre Vertragsgestaltung und Überwachung auf Dauer zu reduzieren –
denn Sicherheit ist ein kultureller Wert. Dieser Wertbegriff, das versteht
sich, geht weit über den am Geld festgemachten Wertbegriff der Nationalökonomie hinaus. Die Realisierung ihrer kulturellen Wertvorstellungen ist lebenswichtig für den Bestand einer Gesellschaft und entspricht
einem tiefen menschlichen Bedürfnis. Menschen wollen, dass ihre Tätigkeit sinnvoll ist (in einem 2001 erschienenen Artikel der WELTWO-
CHE betonten z. B. drei interviewte Prostituierte den gesellschaftlichen
Sinn ihrer Tätigkeit).

Daraus ergibt sich: Es gehört zur sozialen Verantwortung der Unternehmen,

• den Sinn ihrer Tätigkeit zu entwickeln,

• nach außen und innen darzustellen und,

• im täglichen Handeln zu verwirklichen.

Es ist heute üblich, dass Unternehmen „Visionen" oder „Leitbilder"
entwickeln, in denen sie auch den Sinn ihrer Tätigkeit darlegen: „Musik
bewegt die Menschen und fördert die Gemeinschaft". „Unser Unternehmen dient der Musik" lautete die Vision des schon zitierten Musik-
hauses. Und dann folgte die Feststellung: „Wir sind auch wirtschaftlich
ein blühendes Unternehmen". Wird eine solche Vision der Öffentlichkeit erfolgreich vermittelt, hilft sie auch auf dem Markt. Denken Sie an
den Leitspruch von Harley-Davidson: „Wir verkaufen eine Lebensform.
Das Motorrad gibt es gratis dazu". Und die glaubhafte Vermittlung nach
innen, durch die gemeinsame Entwicklung, Diskussion und das Vor-
leben der Vision, trägt dazu bei, aus Angestellten Mitarbeiter zu machen. Das größere Problem als die Formulierung einer solchen Vision ist
natürlich ihre praktische Verwirklichung.

Schwierigkeiten für die Glaubwürdigkeit von Visionen entstehen,
wenn in der Praxis tatsächlich verschiedene Funktionen miteinander
konkurrieren. So hat die Börse eigentlich den sozialen Sinn, der Wirtschaft Kapital zuzuführen – das dann natürlich, durch seinen wirtschaftlichen Einsatz, Gewinn abwirft. Dieser Sinn wird gefährdet, wenn die
Börse vorwiegend zum Ort der Spekulation wird. Das ist ein Sonderfall
der allgemeinen Erscheinung, dass Unternehmen (wie alle sozialen Sys-

teme) im Laufe ihrer Entwicklung *innere Widersprüche* entwickeln, die sich nachteilig auf die Arbeit auswirken. Daraus ergibt sich die Forderung: *Sinnkonflikte sollten erkannt und gelöst werden.*

Das Unternehmen soll
seine Rolle in der Gesellschaft wahrnehmen

Eine Wirtschaft, die allen Beteiligten nützt, kann nur im Rahmen einer Gesellschaft existieren. Außerhalb gesellschaftlicher Bindungen entartet sie leicht zu einer Art Räuberei (wie am Beispiel der Weltwirtschaft, die in einer nur rudimentären Weltgesellschaft operiert, sichtbar wird). Unternehmen müssen dementsprechend ihre gesellschaftlichen Verpflichtungen, auch auf regionaler und lokaler Ebene, wahrnehmen und ihre Beziehungen zu ihrer Umgebung pflegen, dies ungeachtet ihrer wichtigen globalen Verflechtungen. „Grundlage unserer Existenz ist, dass wir ein Schweizer Unternehmen sind; das ist so, obwohl wir den größten Teil unseres Geldes im Ausland verdienen. Wir haben das wieder gelernt", sagte mir vor einigen Jahren der CEO einer Schweizer Großbank – und Entsprechendes dürfte auch für Unternehmen in anderen Ländern gelten. Die gesellschaftliche Verankerung ist eben nicht nur eine finanzielle Frage. In der Schweiz hört man z. B. oft, dass jeder zweite Franken im Ausland verdient werde, und eine Untersuchung der Eidgenössischen Technischen Hochschule Zürich hat gezeigt, dass rund ein Drittel aller Schweizer Unternehmen international tätig sind (Arvanitis, Bezzola, Donzé, Hollenstein & Marnet, 2001). Aber das bedeutet umgekehrt, dass zwei Drittel aller Unternehmen jeden ersten Franken zu Hause in der Schweiz verdienen. Weder das Eine noch das Andere sollte man vernachlässigen. Sorge zur Gesellschaft tragen heißt:

- sich um die Weltgesellschaft kümmern, soweit man das kann und an ihr Teil hat,
- für die Zukunft des eigenen Landes sorgen (z. B. Steuern zahlen, Nachwuchs ausbilden, die Politik mitgestalten),
- regionale und lokale Strukturen politisch, sozial und kulturell zu unterstützen.
- Dazu kommt natürlich die Sorge zur Umwelt, die heute nicht mein Thema ist.

Unternehmen sollen
mehr als nur finanziellen Gewinn produzieren

Wo immer wir nach dem Sinn eines guten Unternehmens fragen, wir werden feststellen, dass es mehr ist als eine Geldmaschine. Verallgemeinert und auf die Wirtschaft als Ganzes bezogen gilt: Eine erfolgreiche Wirtschaft produziert durch ihre Unternehmen außer dem finanziellen Gewinn viele gesellschaftlich wichtige Güter:

- Zusammenhalt der Gesellschaft,
- wichtige Wertvorstellungen,
- Wissen und gesellschaftliche Erneuerung,
- Ausbildung und persönliche Entwicklung,
- soziale Sicherheit,
- Lebenssinn,
- soziale Einbettung.

Wie gesagt, diese für die Gesellschaft lebenswichtigen Leistungen werden zum ganz überwiegenden Teil in den wirtschaftlichen Unternehmen erbracht. Betrachten wir sie im Einzelnen:

- Der *Zusammenhalt unserer demokratischen Gesellschaft* mit ihrer besonderen sozialen Kultur beruht darauf, dass alle ihre Mitglieder über ein Mindestmaß von Einkommen und Besitz verfügen können. Diese Güter werden in den Unternehmen produziert; diese haben auch auf ihre Verteilung einen wesentlichen Einfluss, wenngleich sie die Verteilung nicht allein bestimmen.

- *Wichtige gesellschaftliche Wertvorstellungen* wie Ehrlichkeit, Fleiß, Sparsamkeit, Qualitätsbewusstsein, Eigeninitiative und Selbstverantwortung werden in der wirtschaftlichen Tätigkeit wesentlich mit ausgebildet, gefördert und den Mitarbeitern vermittelt. Unsere Gesellschaft ist auf diese Haltungen angewiesen.

- Wirtschaftliche Innovationen sind der vielleicht wichtigste *Motor gesellschaftlicher Veränderungen*. Telefone, Kühlschränke, Waschmaschinen, Radio- und Fernsehgeräte, moderne Heizungen, Arbeitsmittel und Datenverarbeitungsgeräte, und Autos wie überhaupt die Mittel zur Mobilität haben z. B. seit meiner Jugend das Leben grundlegend verändert, und diese Veränderung wurde angetrieben durch die in der Wirtschaft tätigen Unternehmen. Das große und aktuelle Beispiel dafür ist der derzeitige Wandel zur Wissensgesellschaft. Die Lehrbuch-Definition der Wirtschaft als „Veranstaltung zur Verteilung knapper Güter" trifft nur noch zum Teil zu;

Wirtschaft hat heute auch die Funktion der *Erzeugung neuer Be-dürfnisse, die dann zu gesellschaftlichen Veränderungen führen.*

- Nur ein Teil der *Ausbildung* findet in den Schulen statt, ein weiterer großer Teil in den Unternehmen; und dieser Anteil wird im beginnenden Zeitalter des lebenslangen Lernens an Bedeutung gewinnen. Diese Lernprozesse bilden zugleich die Basis beruflicher Laufbahnen und Aufstiege.

- Die Menschen unserer Gesellschaft haben ein grundlegendes Bedürfnis nach *sozialer Sicherheit*; sie streben danach, ihren Lebensstandard mindestens aufrechtzuerhalten. Die zurzeit viel diskutierten Sozialwerke tragen dazu vor allem unter besonderen Lebensumständen wie Alter, Krankheit und Arbeitslosigkeit bei. Die Grundlage der sozialen Sicherheit liegt in einer gesunden Wirtschaft, das heißt in florierenden Unternehmen.

- Zu einem erfüllten und befriedigenden Leben gehört es, dass wir unseren Platz und unsere Bedeutung in einer sinnvollen Welt erleben. Diesen *Lebenssinn* schöpfen die Menschen in unserer Kultur zum Teil aus ihrer beruflichen Tätigkeit, die eben zum größten Teil in wirtschaftlichen Unternehmen stattfindet. Dem Sinn der Unternehmenstätigkeit entspricht der der individuellen Arbeitstätigkeit, die als sinnvoll erlebt werden will. Die persönliche Identität, eine zentrale Struktur der Persönlichkeit, wird zu einem großen Teil auch durch berufliche Identität, oft auch als Aufstieg in einer Laufbahn, gestiftet. Ihr Verlust trägt zu den wirtschaftlichen Problemen der Invalidität, der Arbeitslosigkeit und der Pensionierung bei.

- Unternehmen sind soziale Systeme, in denen Menschen einen großen Teil ihrer Wachzeit verbringen. Das soll unter lebenswerten Bedingungen geschehen: Die Mitarbeiter wollen und müssen dort auch einen Teil ihrer sozialen Bedürfnisse ausleben können. Daraus erwächst den Unternehmen die Verantwortung, sich im Rahmen ihres wirtschaftlichen Zwecks zugleich als *soziale Gemeinschaft* zu gestalten. Das erfordert im Allgemeinen auch, den Aufbau *langfristiger Beziehungen* zu fördern.

Unternehmen sollen die „ungeschriebenen Grundverträge" einhalten

Die in diesem Kapitel beschriebenen Verpflichtungen der Unternehmen werden oft als stillschweigend vereinbarte Grundverträge dargestellt, die zwar ungeschrieben sind, aber (neben den existierenden formalen Regeln und Vereinbarungen wie Gesetzen und Gesamtarbeitsverträgen) den internen und externen Beziehungen von Unternehmen zugrunde liegen. Das sind

- der Sozialvertrag mit der Gesellschaft,
- der „psychologische Vertrag" mit den Mitarbeitern,
- der „Umweltvertrag" mit der Natur.

Die darin enthaltenen Regeln sorgen dafür, dass Unternehmen gesellschaftsdienlich handeln. Sie sind kulturspezifische Normsysteme, und das schließt die besonderen Unternehmenskulturen mit ein. Verstöße gegen sie werden von der Gesellschaft in oft subtiler Weise, aber mit sehr drastischen Folgen bestraft.

Den Sozialvertrag mit der Gesellschaft habe ich schon behandelt. Lassen Sie mich hier die Funktion des psychologischen Vertrages (Rousseau, 1995), der die Beziehungen zwischen Unternehmen und Mitarbeitern betrifft, mit Beispielen illustrieren: Die ersten drei sind wahre Geschichten von kleinen Unternehmen in ihrem lokalen Umfeld; weil sie klein sind, sind die Verhältnisse leicht zu durchschauen.

1. Ein Spediteur entlässt seinen (schon älteren) Chauffeur und ersetzt ihn durch einen jungen Ausländer, dem er weniger Lohn zahlen muss. Aber daraufhin erhält er aus seinem Dorf keine Aufträge mehr.

2. Bei einem Zimmermann gehen die Geschäfte schlecht, er muss Leute entlassen. Er erzählt mir – und erklärt damit implizit die Regeln: „Leider musste ich einen guten jungen Arbeiter wegschicken; aber der Alte hätte ja keine Stelle mehr gefunden; und den Lehrling konnte ich auch nicht schicken."

3. Ein Schreiner entlässt einen langjährigen Mitarbeiter, weil sein Sohn nach mehreren Jahren der Ausbildung ins väterliche Geschäft einsteigt. Das war, auch dem nun Entlassenen, schon lange angekündigt worden, und im Dorf versteht man das. Zudem findet man ein Arrangement: Der Entlassene mietet mit Hilfe seines Chefs eine durch einen Todesfall leer stehende kleine Werkstatt an und besorgt von dort aus Reparaturen. Durch Absprache mit dem Arbeitsamt erhält er zunächst eine halbe Arbeitslosenunterstützung, später braucht er gar keine mehr. (So funktioniert *Outplacing* auf dem Dorf.)

4. Nun noch ein Beispiel aus der Geschichte eines Großunternehmens: Zwei international tätige Grossbanken verkünden, dass sie fusionie-

ren und damit zu einer der weltgrößten Banken werden. Zugleich verkünden sie die Entlassung von mehreren tausend Mitarbeitenden. In der Folge verlieren sie viele von ihren besten Leuten ebenso wie Kunden. Es kostet große Anstrengungen und dauert Jahre, bis das Vertrauen wieder gewonnen ist.

Es versteht sich, dass der zurzeit beklagte „Vertrauensverlust der Wirtschaft" auch eine Sanktion der Gesellschaft gegen normwidriges Handeln ist. Seit Jahren hat die Öffentlichkeit Handlungen beobachtet, die sie als normwidrig interpretierte: Bei gutem Geschäftsgang wurden Entlassungen vorgenommen, dabei stiegen die Börsenkurse; gut gehende Betriebe wurden übernommen und anschließend geschlossen. Mitarbeitende wurden immer stärker, bis zur gesundheitlichen Schädigung, belastet. Ältere Mitarbeitende wurden nach manchmal jahrzehntelanger Betriebszugehörigkeit entlassen. KMU wurden für die Großbanken uninteressant, die Kredite wurden ihnen zugunsten von Engagements im Ausland gekündigt. Renommierte Unternehmen verwickelten sich in finanzielle Spekulationen und gerieten dadurch in Schwierigkeiten – und vieles Andere mehr. Die Skandale um überhöhte Managerlöhne und Abgangsentschädigungen auch bei Misserfolg und andere Fehlhandlungen bildeten nur mehr den Höhepunkt.

Wir sollten aber nicht übersehen, dass die Grundverträge sich natürlich im historischen Wandel auch verändern. Zurzeit sehen Experten die Möglichkeit, dass die gegenseitige langfristige Bindung als Teil der Loyalität sich wandelt und die beidseitige Verantwortung für die Arbeitsfähigkeit und Arbeitsmarktfähigkeit (*Employability*) stärker in den Vordergrund tritt (Grote, 2004).

Die „soziale Verantwortung" im Einzelnen

Was sozial verantwortliches Handeln bedeutet, wird in vielen Anleitungen ausgeführt und in der Management-Literatur diskutiert. Da die Schweiz ein fortschrittliches Land ist, sind viele der Maßnahmen, die in internationalen Standards empfohlen werden, hier gesetzlich geregelt und selbstverständlich (z. B. Einhaltung der Menschenrechte, Arbeitssicherheit, das Verbot der Kinderarbeit, der Zwangsarbeit, das Recht auf gewerkschaftliche Organisation etc.). In der Literatur (z. B. EU Grünbuch, 2001) wird z. T. zwischen externen und internen Handlungsfeldern unterschieden; unsere Beispiele zeigen aber, wie sehr diese Gebiete

miteinander verflochten sind. Weitgehend einig ist man sich über die
Träger der Ansprüche: Das sozial verantwortliche Handeln betrifft das
Verhältnis zu den
* Eigentümern und Shareholdern,
* Kunden,
* Mitarbeitenden,
* (auch den) Konkurrenten,
* der sozialen Umwelt und der Gesellschaft,
* der ökologischen Umwelt.

Hier möchte ich mich auf die Beziehungen zu den Mitarbeitenden, die
Gestaltung des „psychologischen Vertrages" konzentrieren. Vieles davon ist in Gesamtarbeitsverträgen (GAV) zwischen den Sozialpartnern
geregelt, und es versteht sich, dass sie einzuhalten, eine grundlegende
Verpflichtung darstellt. Aus ihnen entstehen allgemeine Rechte und
Ansprüche. Aber nicht alle Unternehmen sind in GAV eingebunden, und
der psychologische Vertrag kann sich über die GAV hinaus auf weitere
Elemente beziehen. Der „psychologische Vertrag" betrifft
* *ein gerechtes Lohnsystem.* Dazu gehören z. B. die Fragen der Min-
  destlöhne, aber auch die Lohnspanne (zwischen höchstem und tief-
  stem Lohn), die je nach der gegebenen Unternehmenskultur anders
  bewertet werden muss. Bei der Schweizerischen Bundesbahn (SBB)
  wird sie anders beantwortet als in einer Großbank.
* *gerechte Gewinn- und Kapitalbeteiligung.* Eine Gewinnbeteiligung
  sollte sich nicht auf das Topmanagement beschränken.
* *Vermeidung jeder Art von Diskriminierung.* Diskriminierung z. B.
  nach Geschlecht oder Nationalität ist unverantwortlich.
* *die Anwendung flexibler Arbeitszeitmodelle und Teilzeitmodelle.* Sie
  kommen den Bedürfnissen der Mitarbeiter nach autonomer Lebensgestaltung entgegen.
* *die Übernahme von Ausbildungsverpflichtungen* (Lehrlinge und
  Praktikanten).
* *die Integration von Langzeitarbeitslosen, Personen mit beschränk-
  ter Leistungsfähigkeit und Behinderten.* Die Verpflichtung zur Ausbildung und die Integration von Benachteiligten ergeben sich schon
  aus dem Gesellschaftsvertrag.
* *die Organisation der Weiterbildung.* Sie ist eine Investition in die
  Zukunft des Unternehmens ebenso wie in die persönliche Zukunft
  der Mitarbeitenden.

- *die (Weiter-)Beschäftigung älterer Mitarbeitender.* Sie ergibt sich aus der gegenseitigen Loyalität, geschieht zum Nutzen des Unternehmens und könnte bald aus Gründen der Bevölkerungsstruktur unvermeidlich sein (Cranach, Schneider, Ulich & Winkler, 2004).
- *Verminderung von Überzeit und Stress.* Sie macht die Arbeit erträglicher, dient der Gesundheit der Betroffenen und trägt dem Umstand Rechnung, dass „die Berufslaufbahn weder als Sprint noch als Mittelstreckenlauf, sondern als ein Langstreckenlauf gesehen werden muss" (Schuppisser, 2004, S. 63).
- *Autonomie und Freiheitsgrade in der Gestaltung der Arbeit* (im Rahmen des Möglichen). Freiheitsgrade in der Arbeitsgestaltung sind ein wesentlicher Teil der Humanisierung der Arbeit und fördern die Persönlichkeitsentwicklung.
- *Verhinderung von Missbrauch und Belästigung.*
- *Anlaufstellen für Konfliktlösung und soziale Beratung.* Konflikte und Belästigungen schädigen die soziale Qualität des Unternehmens, organisierte soziale Beratung erhöht sie.
- *Vorkehrungen für Restrukturierungen und Entlassungen.* Sie entsprechen der Erkenntnis, dass die Krisenbewältigung vor dem Eintreten der Krise vorbereitet werden sollte.
- *Familienfreundlichkeit.* Sie umfasst viele Maßnahmen, auch von den schon genannten, und ist ein Grundmerkmal eines sozialverantwortlich geführten Unternehmens.

Jede der hier aufgeführten Maßnahmen hilft den betroffenen Personen und dem Unternehmen selbst. Viele von ihnen betreffen auch ganz zentral die Arbeitsorganisation; ganz allgemein lässt sich sagen, dass in der Wahrnehmung der sozialen Verantwortung meist verschiedene Unternehmensfunktionen integriert sind.

Maßnahmen und Instrumente für das Management der sozialen Verantwortung

Wie in vielen anderen Bereichen des Management auch ist es nicht mehr zeitgemäß, in der Umsetzung der Grundverträge allein auf den gesunden Menschenverstand und Anstand der Unternehmensleitung und der Manager zu bauen. Hier zeigt sich ein Paradox: Obwohl bei Mitarbeiter-Befragungen kleine und mittlere Unternehmen oft besser wegkommen als die großen Konzerne und generell mehr Vertrauen zu genießen scheinen, treffen KMU ganz offensichtlich weniger gezielte Maßnahmen auf dem Gebiet der sozialen Verantwortung. So zeigte eine Umfrage bei rund 3000 Personalfachleuten aus 270 Unternehmen, dass große Unternehmen gezielt mehr tun

- für die Gleichstellung von Männern und Frauen,
- die Integration von Behinderten und Personen mit eingeschränkter Leistungsfähigkeit,
- die Milderung der Folgen von Entlassungen sowie
- die materielle Förderung der Gemeinde und Region.

Auf sechs anderen wichtigen Gebieten der sozialen Verantwortung zeigten sich keine Unterschiede, eine Überlegenheit der KMU zeigte sich in keiner Frage (FHS Solothurn Nordwestschweiz, 2003). Wahrscheinlich liegt die Stärke der KMU im persönlichen Verhältnis zwischen dem Chef, den Mitarbeitern und der sozialen Umgebung.

Die vielfältigen Maßnahmen, die ein Unternehmen treffen kann, sollten auch systematisch überprüft werden. Methoden zur Berichterstattung, Audits und Labels helfen den Unternehmen, ihre Verantwortung gegenüber der Gesellschaft, ihren Partnern und Mitarbeitern und der Umwelt wahrzunehmen. Hier einige der wichtigsten internationalen Träger und von ihnen angebotene Standards (vgl. auch Gordon, 2001):

- Das *Institute for Ethical Accountability* in London gibt den zertifizierbaren Prozessstandard AA 1000 heraus (*www.accountability. org.uk*).
- Die *OECD-Leitlinien für multinationale Unternehmen* umfassen neun Standards zu wichtigen ethischen Themen wie z. B. Unternehmenspolitik und Korruption (*www.oecd.org*).
- Die *Global Reporting Initiative* (*GRI*) erfasst soziale, wirtschaftliche, ethische und ökologische Aspekte mithilfe messbarer Indikatoren (*www.globalreporting.org*).
- *Social Accountability International* (*SAI*) hat den Standard SA 8000 als zertifizierbare Sozialnorm herausgegeben, welche auch Bedingungen in der Zulieferanten-Kette berücksichtigt (*www.cepaa.org*).
- Die bekannte *International Organisation for Standardisation* (*ISO*) arbeitet an der Entwicklung von Standards für soziale Verantwortung bzw. soziale Nachhaltigkeit (*www.iso.org*).
- Der *UN Global Compact* hat zehn Prinzipien für die nachhaltige Lösung globaler Problemstellungen erarbeitet, zu denen sich zahlreiche Unternehmen aus vielen Ländern öffentlich bekannt haben (*www.unglobalcompact.org*).

Viele der international verwendeten Standards und Instrumente können den Ansprüchen der Schweiz nicht genügen, sie sind zu einfach und zudem teuer, aufwendig und wenig für KMU geeignet. Unser „Netzwerk für sozialverantwortliche Wirtschaft" NSW/RSE arbeitet mit an einem Projekt der „Zürcher Hochschule Winterthur" zur Entwicklung eines Sozial-Management-Systems. Wir entwickeln außerdem ein NSW-Instrumentenset, das aus

- einem Fragebogen zur Selbstevaluation,
- einer standardisierten Anleitung für die Erstellung eines „NSW-Sozialberichts",
- einem Sozialaudit und schließlich
- einem „Soziallabel Schweiz" besteht.

Die ersten drei Instrumente sind bereits im Einsatz, das Label wird ab Sommer 2004 aufgebaut. Alle diese Instrumente sind kostengünstig und KMU-tauglich.

Sozial verantwortliches Handeln – Erfolgsfaktor oder Wettbewerbsnachteil?

Unternehmen müssen Gewinn machen – aber ihn kurzfristig und unter Vernachlässigung der sozialen Verantwortung zu maximieren, kann der falsche Weg sein. Ganz im Gegenteil behaupte ich: *Sozial verantwortliche Unternehmen sind auch wirtschaftlich erfolgreicher.*

Das gilt mindestens langfristig, wenn nicht schon mittelfristig und unter der Bedingung, dass die Geschäfte auch in den übrigen Belangen gut geführt werden. Zunächst einmal beruht diese Behauptung auf *Erfahrungen*. Viele Großunternehmen und KMU, die ihre soziale Verantwortung wahrnehmen, sind von den positiven Auswirkungen ihrer Bemühungen überzeugt. Andererseits kennen wir auch die negativen Erfahrungen von Unternehmen, die in der Euphorie des vergangenen Booms sorglos mit ihrem Ruf als Arbeitgeber umgingen und dann lange brauchten, um den Schaden wieder gutzumachen. Dafür haben wir oben Beispiele gebracht, und jeder Unternehmer oder Personalchef kennt die entsprechenden Fälle.

Es gibt aber auch Untersuchungen, die diese Erfahrungen bestätigen. Vergleichende Studien zeigen, dass Unternehmen, die „sozial besser" sind, zumindest keine schlechteren, oft aber bessere Ergebnisse erzielen.

In einigen Untersuchungen hat man die gesamte Unternehmensstrategie untersucht und dabei gefunden, dass die erfolgreichen Unternehmen gerade in sozialen Belangen große Anstrengungen unternahmen (Lowry, 1998; Pfeffer, 1998). Es hat sich z. B. gezeigt, dass ein gutes Personalmanagement sich im Gewinn niederschlägt (Voisey, Baty & Delany, 2002). Andere Untersuchungen haben sich auf die Folgen einzelner Maßnahmen konzentriert und gezeigt, wie sich Fairness und Gerechtigkeit, Sorgfalt im Umgang mit den Mitarbeitern, gute Begründung einzelner Maßnahmen etc., aber auch ihr Gegenteil auf Absenzen, Personalwechsel, die Motivation und Leistung der Zurückgebliebenen und sogar ihre Ehrlichkeit (Diebstähle im Unternehmen) auswirken (Greenberg 1990, 1993; Tsui, Pearce, Porter & Tripoli, 1997). Und schließlich haben Untersuchungen im Zusammenhang mit dem Konzept des *Organizational Citizenship Behavior* (also dem Handeln der Mitarbeitenden als „Organisations-Bürger") gezeigt, dass Vertrauen in die Firma das Handeln der Mitarbeiter in vieler Hinsicht beeinflusst (Robinson & Wolfe-Morrison, 1995). Am Ende werden die Unternehmen so die besseren Mitarbeiter haben. Und das kann entscheidend sein, denn „Heute gilt es für die Unternehmen vor allem, qualifizierte Arbeitskräfte zu gewinnen und zu halten" (EU Grünbuch, 2001, S. 9).

Abschließend dazu noch ein Beispiel: In einer kürzlich publizierten Studie der Prognos AG (2003) mit dem Titel „Betriebswirtschaftliche Effekte familienfreundlicher Maßnahmen" wurde insbesondere die Vereinbarkeit von Familie und Beruf untersucht. Auf der Grundlage von Daten aus 10 Unternehmen wurden sowohl die Kosten für ein familienfreundliches Grundprogramm als auch Kostengrößen für Fluktuation und längerfristige Betriebsabwesenheit ermittelt. Im Ergebnis zeigten sich für mittelgroße Unternehmen Einsparpotenziale in Höhe von mehreren 100.000 Euro. Ein Zitat: „Wertet man den jährlichen Aufwand für die familienfreundlichen Personalmaßnahmen als Investition, so verzinst sich das in diese Maßnahmen investierte Kapital ... mit 25 %" (S. 31).

Kritische Stimmen in der wirtschaftsethischen Diskussion warnen davor, zu großes Gewicht auf derartige wirtschaftliche Gesichtspunkte zu legen; das fördere falsche Motive und korrumpiere das Handeln der Unternehmen. Dazu meine ich: Natürlich würden wir ein berechnendes, allein auf Profit ausgerichtetes Handeln ethisch nicht hoch bewerten. *Aber es ist besser, wenn das Richtige aus falschen Motiven als überhaupt nicht getan wird.*

Und in den meisten Fällen werden die Motive wohl weniger einfach strukturiert sein. Wie mir einmal der Verkaufschef eines mittleren Unternehmens sagte: „Wenn es mir längere Zeit nicht gelingt, eine Anlage zu verkaufen, schlafe ich schlecht; nicht nur, weil wir dann nichts verdienen, sondern weil ich mir um die Zukunft unserer Mitarbeiter Sorgen mache". Unternehmen müssen nun einmal im Wettbewerb bestehen. Das Schlimmste für alle Beteiligten wäre ein finanzieller Verlust, der zum Untergang führt.

Deshalb gilt: *In unserem kapitalistischen, marktwirtschaftlich organisierten Wirtschaftsystem gehört der wirtschaftliche Erfolg mit zur sozialen Verantwortung.* Und was die Motive anlangt, können wir hoffen: *Wer besser handelt, wird schließlich auch besser fühlen und denken.*

Literatur

Arvanitis, S., Bezzola, M., Donzé, L., Hollenstein, H. &. Marnet, D. (2001). *Die Internationalisierung der Schweizer Wirtschaft. Ausmaß, Motive, Auswirkungen.* Zürich: vdf Hochschulverlag.

Cranach, M. v., Schneider, H.-D., Ulich, E. & Winkler, R. (Hrsg.). (2004). *Ältere Menschen im Unternehmen. Chancen, Risiken, Modelle.* Bern: Haupt.

Europäische Kommission (2001). *Europäische Rahmenbedingungen für die soziale Verantwortung der Unternehmen. Grünbuch.*

FHS Solothurn Nordwestschweiz & Jobs.ch (2003). *Soziale Verantwortung in Unternehmen. Eine Umfrage zum Personalfachkongress in Basel 2003.*

Gordon, K. (2001). *The OECD guidelines and other corporate responsibility instruments: A comparison.* OECD Working Papers on International Investment, Nr. 2001/5.

Greenberg, J. (1990). Employee theft as a reaction to underpayment inequity: The hidden cost of pay cuts. *Journal of Applied Psychology, 75,* 561-568.

Greenberg, J. (1993). The social side of fairness: Interpersonal and informational classes of organizational justice. In R. Cropanzo (Ed.), *Justice in the workplace: Approaching fairness in human resource management* (S. 79-103). Hillsdale, NJ: Lawrence Erlbaum.

Grote, G. (2004). Der psychologische Vertrag. Ein Instrument für die flexible Passung sich wandelnder Anforderungen und Bedürfnisse bei älteren Mitarbeitenden? In: M. v. Cranach, H.-D. Schneider, E. Ulich & R. Winkler (Hrsg.), *Ältere Menschen im Unternehmen. Chancen, Risiken, Modelle* (S. 117-132). Bern. Haupt.

Lowry (1998) in CARE INVEST – Social Responsive Equity Trust, *Informationsmaterial der Care Invest AG.*

Pfeffer, J. (1998). *The human equation. Building profits by putting people first* Boston, MA: Harvard Business School Press.

Prognos AG (2003). *Betriebswirtschaftliche Effekte familienfreundlicher Maßnahmen. Kosten-Nutzen-Analyse.* Köln: Prognos AG.

Robinson, S. L. & Wolfe-Morrison, E. (1995). Organizational citizenship behavior: A psychological contract perspective. *Journal of Organizational Behavior, 17*, 289-298.

Rousseau, D. (1995). *Psychological contracts in organizations.* Thousand Oaks: Sage.

Schuppisser, H. R. (2004). Die Menschen werden in Zukunft länger arbeiten. Die Sicht des Schweizerischen Arbeitgeberverbandes. In: M. v. Cranach, H.-D. Schneider, E. Ulich & R. Winkler (Hrsg.), *Ältere Menschen im Unternehmen. Chancen, Risiken, Modelle* (S. 51-67). Bern: Haupt.

Tsui, A. S., Pearce, J. L., Porter, L. W. & Tripoli, A. M. (1997). Alternative approaches to the employee-organization relationship: Does investment in employees pay off? *Academy of Management Journal, 40*, 1089-1121.

Voisey, J., Baty, D. & Delany, K. (2002). Effective people management and profitability. In *Executive briefing. Global human capital survey* (S. 1-12). PriceWaterHouseCoopers. Verfügbar unter: http://www.pwc.com/extweb/ pwcpublications.nsf/4bd5f76b48e282738525662b00739e22/df900990599 d89e880256df100373a6c/$FILE/pwc_hc_survey_excbrief.pdf [20.9.2004].

Diskussion

Universitätsprofessor I:

Als Sie die hochinteressanten einzelnen Punkte Ihres Konzepts „Verantwortliches Unternehmen" vorgetragen haben, sind mir sofort zwei Organisationen ständig durch den Kopf gegangen, die augenblicklich in einer gewaltigen Umbruchphase stehen, und zwar zwei Organisationen, die in unserer Gesellschaft von großer Bedeutung sind. Ich habe den Eindruck gewonnen, dass Ihr Konzept genau auf diese Organisationen übertragbar wäre. Das ist einmal die Bundeswehr, die von einer nationalen Verteidigungsarmee zu einer friedenserhaltenden, internationalen Einsatzarmee umfunktioniert werden soll. Und es ist hier unsere eigene Organisation, in der wir leben, nämlich die Universität, die in einer gewaltigen Umbruchsituation steht.

Wenn Sie nur einmal an die Sinnthematik denken, von der Sie zu Anfang gesprochen haben, dann ist das genau ein Thema und ein Problem, das diese beiden Organisationen gegenwärtig haben, nämlich mit der Sinnproblematik für die Zukunft fertig zu werden. Meine Fragen sind: Erstens würden Sie dieser Einschätzung zustimmen, dass man Ihr Konzept auf diese Organisationen übertragen kann? Das Zweite ist, wo glauben Sie, dass die Kräfte herkommen, die diese Aufgabe bewältigen können? Was sind die treibenden Kräfte? Das betrifft ja auch die Fragen des Unternehmens: Wo kommen die Kräfte her, kommen die von oben, kommen die von unten, kommen die aus einer bestimmten Beziehungslage von oben und unten? Oder sind das sogar Kräfte, die von außen kommen, die gar nicht im Unternehmen registriert sind, die solche Prozesse in Gang setzen und die Energie dazu liefern?

Mario von Cranach:

Zur ersten Frage: Ich würde Ihrer Hypothese zustimmen, wobei ich nicht genau weiß, wie das zurzeit bei der Bundeswehr läuft. Die Schweizer Armee hat natürlich ähnliche Probleme. Bei der Schweizer Armee ist das Problem vielleicht deshalb noch gravierender, weil sie eine echte Volksarmee ist und bis vor kurzem auch noch als stabilisierender Faktor in der gesamten gesellschaftlichen Struktur galt.

Lieber würde ich über die Universität reden. Dort ist es ganz offensichtlich, dass die Sinnfrage, der Sinn der Universität, sich sehr stark geändert hat. Diese Veränderungen hat aber die Universität selbst in ihren verschiedenen Teilen noch nicht wahrgenommen. Das heißt, von der Universität als universell bildende Anstalt, Humboldt Universität usw., bis zu einem Konglomerat von Fachschulen für bestimmte Berufsausbildungen klafft eine breite Lücke. Und außerdem haben wir noch dieses spezielle Ethos der Universität als Forschungsinstitution. Wobei es heutzutage natürlich Konkurrenz, d. h. spezialisierte Forschungsorganisationen, gibt. Also dort würde ich Ihnen vollkommen zustimmen.

Wer trägt das? Wer treibt es vorwärts? Man muss natürlich sehen, dass ein staatliches Unternehmen wie die Universität nicht einfach Pleite gehen kann. Sie kann kein Geld haben, aber sie geht deswegen nicht unter. Das krasse Selektionsverfahren wie bei wirtschaftlichen Unternehmen gibt es hier nicht. Was wir haben, ist aber eine Motivation, die in wirtschaftlichen Unternehmen auch nicht üblich ist. Es gibt nämlich eine Vielzahl von Personen, die aus einer Mischung von idealistischen Gründen – wenn die materiellen Bedürfnisse abgedeckt sind – in dieser Institution arbeiten. Ich meine, ich war mein Leben lang an einer Universität; ich bin ganz anständig bezahlt worden und war damit zufrieden. Im Vergleich zu dem, was ein Topmanager verdient, habe ich natürlich wenig verdient. Das war geradezu lächerlich, im Vergleich. Ich habe das gemacht, weil ich diese Arbeit geschätzt habe, weil ich es hochinteressant fand. Das trägt die Universität sicher zu einem großen Teil.

Und das andere, was sie trägt, ist das soziale Bedürfnis. Sie können die Universitäten nicht abschaffen und zwar immer weniger, je mehr wir uns diesem Zustand der Wissensgesellschaft nähern. Kein soziales System, keine moderne Gesellschaft, kann es sich leisten, eine Universität einfach abzuschaffen. Und sie alle lavieren sich irgendwie durch. Was unsere Universitäten anbelangt, hier und in der Schweiz, und in den meisten europäischen Ländern auch, haben wir noch eine weitere Zielvorstellung. Da steht geschrieben, dass diese Universität weitgehend allen zugänglich sein soll, die bestimmte formale Voraussetzungen erfüllen. Das ist eine Zielvorstellung, die wahrscheinlich der Funktion als Forschungsinstitution zuwider läuft. Auf jeden Fall leiden wir alle unter der Überfüllung. Wir leiden darunter, dass wir keine Post-Graduate-Ausbildung im eigentlichen Sinn machen können, wie die Amerikaner das machen.

Wenn wir das im Einzelnen anvisieren, dann sehen wir, dass genau das solche Konflikte sind, wie ich es vorhin von der Börse beschrieben habe. Das ist eine ganze Reihe von Idealen, die passen nicht zueinander. Und irgendwie wird man diese Konflikte einmal lösen müssen.

Universitätsprofessorin:
Sie hatten die Forderung, dass die Unternehmen sozial verantwortlich sein sollen, verantwortlich für die Gesellschaft, und unter anderem auch Steuern zahlen sollten. Genau das Problem haben wir ja, dass sie ihre Steuern gar nicht zahlen, und es sogar als Sport und herausragend empfinden, dass sie es nicht tun. Haben wir als Konsumenten die Möglichkeit, da einzugreifen, so wie in Ihrem Schweizer Tal sofort der Unternehmer geächtet wird, der seine Leute entlässt? Was können wir machen, wenn die Unternehmen ihre Steuern nicht zahlen? Wir wissen manchmal auch gar nicht, welche Unternehmen keine Steuern zahlen. Da kann das Instrument gar nicht greifen.

Mario von Cranach:
Vor fünf Jahren habe ich gelesen, dass z. B. Daimler Benz und BMW in der Bundesrepublik praktisch keine Steuern gezahlt haben. Das hat den Absatz nicht wesentlich eingeschränkt, glaube ich. Sie müssten wahrscheinlich öffentlich dagegen vorgehen. Aber man muss sehen, dass der globale Markt natürlich heutzutage Möglichkeiten bietet, sich mit jeder Unternehmensfunktion dorthin zu begeben, wo es am günstigsten ist. Das heißt, man kann dorthin gehen, wo die Sicherheitsbedingungen lasch sind, dann braucht man dafür nichts zu investieren; oder wo die Löhne niedrig sind, wenn es darauf ankommt; oder wo die Steuern günstig sind. Das Rezept in der Schweiz wäre z. B. im Augenblick – obwohl wir ein günstiges Steuersystem haben und manche deutsche Unternehmer in die Schweiz kommen – Arbeit und Sitz der Verwaltung in ein noch günstigeres Land zu verlagern und das Kapital wieder zurückzubringen, denn das Kapital wird in der Schweiz niedrig besteuert. Über eine Holding könnte man das lösen. Das wissen die Unternehmen, aber die meisten scheuen doch davor zurück, weil es anderenfalls ihren Ruf ruinieren würde. Und der Ruf, der ist eben etwas ganz Wesentliches. Aber nur Transparenz hilft. Man muss Transparenz schaffen.

Moderatorin:
Da würde ich ja gerne noch einmal einhaken, gerade bei den Sanktionen, die man als Konsument gegenüber einem Unternehmen hat. Bekanntestes Beispiel ist ja Brent Spar und der Fall in Nigeria bei Shell. Tatsächlich ist es aber doch so gewesen, dass Shell letztlich keinerlei Einbußen davongetragen hat. Schon im ersten Quartal hat das Unternehmen alle Verluste, die durch den Tankstellenboykott entstanden sind, wieder ausgeglichen. Insofern frage ich mich natürlich, inwieweit ich

von Seiten der Konsumenten da wirklich eine Macht habe? Oder wie radikal muss man werden? Der einzige Angstgegner, den ich soweit mitbekomme, sind Globalisierungskritiker, und sonst sehe ich eigentlich relativ wenig.

Mario von Cranach:
Die meisten großen Unternehmen haben eine enorme Angst davor, ihren Ruf zu verlieren. Und zwar nicht nur wegen der Konsumenten, sondern auch wegen der Mitarbeiter. Ein leitender Bankangestellter hat sich bei mir einmal beklagt, und zwar in der Zeit, wo es in der Bank allgemein schlecht war. Er hat gesagt, er hätte sein ganzes Leben dort gearbeitet und wäre immer stolz darauf gewesen, dass er dort arbeitet. Und wie steht er jetzt eigentlich da? Jetzt fragt er sich, ob das alles falsch war. Und wenn viele Leute in der Bank so denken, dann geht es nicht mehr. Dann kann man nicht mehr richtig wirtschaften. Deshalb ist es möglich, über Transparenz und über Organisation der Interessen der Konsumenten Macht auszuüben. Denn das Wesen von Demokratie besteht darin, dass organisierte Interessen sich miteinander auseinandersetzen und zu irgendeiner Form von Ausgleich kommen. Dazu gehört auch irgendwie, dass man diese grenzenlose Beweglichkeit, die in den großen Märkten theoretisch gegeben ist, ein bisschen einschränkt. Man sollte also schon lange darauf drängen, dass z. B. die Beweglichkeit des Kapitals eingeschränkt wird. Das hat viele Wirtschaftskrisen hervorgerufen. Bisher hat man das noch nicht geschafft. Aber wie man gleichzeitig genügend Beweglichkeit belässt, dass das System sich reformieren kann, das ist eine sehr schwierige Frage.

Universitätsprofessor II:
Viele Ihrer Beispiele waren ja eigentlich überraschend, oder von mir auch als erfreulich empfunden. Nur passen sie nur für die Schweiz, weil fast jeder jeden kennt. Das ist nicht die Selbstverständlichkeit für ein Land, das so groß ist wie die Bundesrepublik. Nun gibt es eine interessante wirtschaftliche Entwicklung in Europa seit 500 Jahren. Wo kommen eigentlich die Störenfriede her? Die Störenfriede und die Faktoren, jetzt unpersönlich gesprochen. Was sind denn die Faktoren, dass sich diese Ethik, von der Sie sprachen, nicht schon längst durchgesetzt und bewährt hat, ihre Bewährung gezeigt hat, wenn es tatsächlich so wäre, wie die Beispiele es nahe legen? Denn die wirtschaftliche Entwicklung läuft eher auf Härte hinaus.

Mario von Cranach:

Sie läuft im Augenblick auf Härte hinaus. Aber wenn man die letzten hundert Jahre so betrachtet, dann ist es ein dauerndes Hin und Her. Wir haben Ende des 19. Jahrhunderts, sogar in der Mitte des 19. Jahrhunderts, eine Welle gehabt, bei der die wirtschaftlichen Bedingungen sehr hart waren und z. T. sehr unsozial, und dafür haben wir hinterher sehr viel Lehrgeld zahlen müssen. Daraus hat sich die gesamte sozialistische und kommunistische Ideologie entwickelt mit allen Folgen. Das ist im Augenblick überwunden. Vermutlich ist dieser Kampf nie ausgetragen, so wie auch die politische Freiheit immer wieder erkämpft werden muss.

Es gibt ja ein anderes Paradigma dafür: „Markt versus Staat". Sehr oft hat man diese ganze Auseinandersetzung in die Frage gefasst: Wie viel Macht muss der Staat besitzen, um wirtschaftliche Vorgänge hinreichend zu kontrollieren; bzw. wie viel Freiheit muss die Wirtschaft besitzen, damit sie floriert? Dieses Gleichgewicht auszutarieren ist sehr schwer. Die kulturellen Ansprüche daran sind auch verschieden. In den USA findet man nichts dabei, einen Arbeitnehmer von heute auf morgen auf die Straße zu setzen, *Hire and Fire*, ohne Angabe von Gründen. Die Leute halten das für normal. Das ist bei uns völlig undenkbar. Und das ist ein kultureller Unterschied. Dabei sind die USA wahrscheinlich noch sehr viel besser als z. B. lateinamerikanische Länder. Ich nehme an, dass dieser Kampf nicht aufhört; dass er weiter geht, und dass wir uns Generationen lang unter immer veränderten Bedingungen wieder dafür einsetzen, dass die Bedingungen besser werden.

Momentan haben wir diese so genannte Globalisierung. Die wirtschaftliche Globalisierung ist ja nur ein Teil eines gesellschaftlichen und kulturellen Prozesses, der das ganze Leben erfasst. Meine Mutter war in ihrem ganzen Leben zweimal im Ausland. Sie hat zwei Kriege erlebt, aber wir waren nicht arm, jedenfalls bis Ende des zweiten Weltkrieges. Aber damals ist man eben nicht oft in das Ausland gefahren. Heute fährt jeder von uns jedes Jahr öfter ins Ausland als damals in Jahrzehnten. Das ist Globalisierung, und die Wirtschaft ist ein Teil davon. Aber jetzt schauen wir uns das an und sehen, es funktioniert nicht und ist z. T. eine Räuberei. Warum ist es eine Räuberei? Weil jede Wirtschaft, die außerhalb einer Gesellschaft existiert und arbeitet, zu einer Räuberei wird. Es braucht ein gesellschaftliches „Übersystem". Gibt es denn keine Weltgesellschaft? Dann schauen wir hin und sehen, es gibt keine organisierte und verfasste Weltgesellschaft. Es gibt z. B. in Genf und anderswo 45 internationale Organisationen, die sich mit wirtschaftlichen Problemen beschäftigen und nicht einmal miteinander reden. Die WTO (*World*

Trade Organization, Welthandelsorganisation) und die ILO (*International Labour Organization*, Weltarbeitsorganisation) reden kaum miteinander. Und die Welternährungsorganisation trifft die WTO auch nicht,
die Weltgesundheitsorganisation auch nicht usw. Sie sind alle völlig
unabhängig, sie haben eine verschiedene Geschichte und verschiedene
Möglichkeiten. Die WTO kann sanktionieren, die ILO kann das nicht.
Bevor wir global nicht einigermaßen Ordnung geschaffen haben, wird
das nicht besser werden. Darauf müssen sich die Anstrengungen richten.

Unternehmensberater:
    Was sagen Sie zu der These, dass das kluge Unternehmen selbst
nicht nur sozialen Vorteil stiftet und nicht nur seinen Markt entwickelt,
sondern auch Ethik stiftet im Sinn seiner partikulären Parteilichkeit?
Sprich: Wenn Sie hier den Globalisierungsentwurf in Frage stellen und
kritisieren und diskutieren, dann hat in meinen Augen dieser Globalisierungsentwurf, der momentan praktiziert und postuliert wird, selber den
Charakter einer Ethik; einer Ethik im Sinne von Idealismus, dass es klug
ist, das so zu machen. Eine andere These ist das nationale Geschehen.
Wir sehen durchaus eine soziale Problematik auf uns zukommen,
Arbeitslosigkeit oder das Arbeitslosengeld II, die in den Folgen nicht
ganz abschätzbar ist. Trotzdem entwickelt sich daraus keine Ethik in der
Gesellschaft im klassischen Sinn, dass man sagt: „Ja, wir müssen für die
Leute mitsorgen", sondern das Klima wird eher härter. Dieses „härter
Werden des Klimas" hat durchaus ethischen Charakter, dass man sagt:
„Es soll härter werden, es ist gut so."

Mario von Cranach:
    Das ist eine Ethik, die ich nicht teilen würde. Durch diese Härte ist
nichts gewonnen. Ein gesellschaftliches System muss auch gerecht sein,
und Gerechtigkeit umfasst auch soziale Bedingungen. Eine Globalisierung begünstigt, so wie sie heute verläuft, erstens die Großen; darum
haben wir die vielen Fusionen und Übernahmen. Ein großer Markt begünstigt einfach große Marktteilnehmer, außer es gibt Nischen, wo ein
paar kleine hineinschlüpfen können. Zweitens begünstigt es diejenigen,
die beweglich sind. Wenn es keine regulierenden gesellschaftlichen
Instanzen gibt, also eine Weltgesellschaft, dann übernehmen die Funktion der Regulation diejenigen, die überall sind und dort Interessen haben. Ich bin ja kein Mitglied der ATTAC (*globalisierungskritische
Nichtregierungsorganisation, Anm. der Hrsg.*), aber dass es eine Herrschaft der Konzerne gibt und in noch größerem Maße zu geben droht,

das ist völlig klar. Denn die Konzerne sind überall, aber die Bundesregierung ist nur hier. Und das ist eine sehr gefährliche Entwicklung: Demokratie könnte sich zur Plutokratie entwickeln. Deshalb müssen wir alles daran setzen, dass man in die Globalisierung regulierend eingreifen kann.

Im Übrigen bin ich nicht der Meinung, dass man die Globalisierung verhindern kann. Ich glaube auch, dass sie in vieler Hinsicht gut werden kann. Es gibt aber noch etwas: Man müsste sich überlegen, ob es nicht bestimmte Bereiche gibt, bei denen eine Regionalisierung besser ist. Diese ganze wirtschaftliche Globalisierung schaut ja nur auf den Gewinn, der am Markt entsteht. Und in der ganzen WTO-Satzung gibt es keinen einzigen Paragraphen, der sich z. B. mit sozialen oder ökologischen Funktionen beschäftigt. Und nur unter dem ökonomischen Gesichtspunkt kann man es vernünftig finden, wenn die Milch z. B. von Italien in die Schweiz gebracht wird. Das ist an und für sich unvernünftig, weil man die ökologischen und die sozialen Kosten berücksichtigen sollte. Aber wenn es „wirtschaftlich" ist, könnte es dazu kommen.

Oder nehmen Sie ein anderes Beispiel, das Sie in Deutschland auch kennen. Die Unternehmen haben die Lagerhaltung auf die Straße verlagert. *Just in Time* heißt das Liefersystem. Wenn Sie etwas brauchen, dann bestellen Sie es und am anderen Morgen ist es da. Und zwar deshalb, weil Zehntausende von Lastwagen und Kleinlastwagen nachts unterwegs sind, die das Zeug transportieren. Das Unternehmen spart sich erstens die Kosten und zweitens das Risiko der Lagerhaltung. Denn heutzutage ändern sich viele wirtschaftliche Bedingungen sehr schnell, und dann hat man in einem Lager die falschen Sachen. Aber ökologisch betrachtet ist es natürlich ein Wahnsinn. Und zwischen diesen Interessen muss man abwägen. Das kann natürlich nur eine übergeordnete Organisation, also ein Staat.

Unternehmensberater:

Aus dieser Perspektive heraus kann man ja sagen, dass man immer entscheidet, ob man jetzt dem betriebswirtschaftlichen Sinn das Wort redet, dem ökologischen oder dem psychologischen des Mitarbeiters usw. Aber es ist doch nicht so sehr die Frage, welche Betrachtungsperspektiven alle möglich sind, sondern dass die Summe des produzierten Sinnes immer die gleiche ist. Die Frage ist, wie viel Sinn wird überhaupt wahrgenommen und von wem? Bleibt die Summe an Sinn, die von den Unternehmen produziert wird, konstant, egal was es tut, egal wie es sich entscheidet? Also ich kann z. B. unterscheiden zwischen betriebswirtschaftlichem, psychologischem, ethischem oder ökologischem Sinn. Und ich kann im betriebswirtschaftlichen Sinn noch einmal unterscheiden, ob der Sinn kurzfristig oder langfristig beobachtet wird, aber die Summen werden immer die gleichen sein. Würden Sie dem zustimmen, dass es also nur beobachtbare Quantität an Sinn gibt?

Mario von Cranach:

Nein, dem würde ich nicht zustimmen wollen, obwohl ich mir das so schnell nicht vernünftig überlegen kann, weil es eine schwierige Frage ist. Aber mir kommt vor, die Sinnfrage ist überhaupt nur dann zu beantworten, wenn wir tatsächlich an gesellschaftliche Wertvorstellungen anknüpfen. Die können natürlich verschieden sein. Und betriebswirtschaftliche Fragen, aber auch nationalökonomische Fragen, knüpfen oft überhaupt nicht an gesellschaftliche Wertvorstellungen an.

Ein Beispiel: Sie wissen ja, dass das Bruttoinlandsprodukt oder das Bruttosozialprodukt vollkommen sinnfreie Parameter sind. Wenn ich 10 000 Tonnen Gift in den Rhein schütte, dann habe ich das Gift verbraucht. Das wird dem Bruttoinlandsprodukt angerechnet. Und wenn ich 100 Millionen verbrauche, um das Zeug wieder heraus zu filtern, dann kommt es auch zum Bruttoinlandsprodukt. Ich habe dann eine Hebung des Bruttoinlandsprodukts um 200 Millionen. Da sehen Sie, dass das überhaupt nichts mit Wertfragen zu tun hat. Das sind rechnerische Größen. Wie es betriebswirtschaftlich zu handhaben wäre, das kann ich Ihnen nicht sagen. Ich glaube aber, dass man diese ganze Sinnfrage immer an übergeordneten Wertvorstellungen festmachen muss. Und wenn man das bei dem Bruttoinlandsprodukt macht, dann sieht man, dass es eine ganze Reihe von Komponenten gibt, die absolut sinnlos sind.

Führungskraft im öffentlichen Dienst:

Am Schluss Ihres Vortrages haben Sie das Thema betriebliche, familienfreundliche Maßnahmen angesprochen. Sie haben grundsätzlich gesagt, dass die letztendlich positiv sind; anschließend, dass man so was aus betriebswirtschaftlichen Gründen machen muss. Aber man kann es natürlich auch aus ethischen Gründen machen, und noch drastischer formuliert, aus Nächstenliebe. Und da würde ich aufgrund meiner Erfahrungen doch sagen, dass auf Dauer rein wirtschaftliche Überlegungen letztendlich doch nicht erfolgreich sind, denn die Familienfreundlichkeit muss ja letzten Endes den ganzen Betrieb durchdringen. Und wenn ein einzelner Vorgesetzter z. B. sich gegenüber seinen unmittelbaren Mitarbeitern familienfreundlich benimmt, dann merkt der Mitarbeiter wahrscheinlich auch relativ schnell, aha der hilft mir, dass ich weiter fleißig bin. Oder er merkt, dass man ihm hilft, weil man meint, ihm sollte geholfen werden.

Dazu vielleicht ein Beispiel: Ich habe einmal einen Mitarbeiter gehabt, dessen Vater ins Altersheim musste. Er hatte drei Kinder und musste für den Heimplatz zahlen und machte sich wegen des Geldes Sorgen; eine Sache außerhalb des betrieblichen Alltags. Dann habe ich zu dem gesagt, ich kenne da jemanden, der kann helfen, und konnte ihn beruhigen, dass es für ihn höchstens ein paar 100 Mark im Monat sind. Und das überraschende Ergebnis war für mich dann ein betrieblicher Effekt, den ich nicht bedacht habe: Drei Tage später sagte er zu mir, entgegen seines sonstigen Verhaltens: „Also wenn Sie mal etwas zu tun haben, ich mache es gerne." Und diese Grundhaltung hat sich lange bemerkbar gemacht. Eine Wende in seinem Verhalten mir gegenüber ist eingetreten. Meine These ist, bei zu wirtschaftlichen Überlegungen ist die Gefahr, dass der Effekt nicht hält. Die ethische Komponente muss hinzukommen.

Mario von Cranach:

Im Prinzip könnte ich dem zustimmen. Natürlich wäre es mir auch viel lieber, wenn die Leute aus irgendwelchen grundsätzlichen Erwägungen oder auch Gefühlen heraus so handeln. Die meisten Leute, die das machen – darüber muss man sich auch klar sein – tun es nicht auf theoretischer Basis, so wie man das in den großen wirtschaftsethischen Lehrbüchern findet, sondern sie tun es aus dem Gefühl heraus: „Das müsste man eigentlich so machen." Es ist mir viel lieber, wenn sie das so machen. Aber anderseits ist es mir natürlich auch viel lieber, wenn sie eine Maßnahme treffen, weil sie glauben, sie haben dadurch Gewinn, als wenn sie gar keine treffen.

Und auf die Dauer nehme ich an, wirkt es auf die Handelnden zurück, wenn sie etwas tun. Es erinnert mich an meine Dissertation, die ich in grauer Vorzeit geschrieben habe. Da ging es z. B. um die Frage, was passiert eigentlich, wenn Leute einen Vortrag zu einem Thema halten müssen, der ihrem eigenen Standpunkt widerspricht? Die meisten Vortragenden waren dann hinterher von ihrem eigenen Vortrag überzeugt und haben ihre Einstellung in diese Richtung, in der sie geredet haben, geändert. Das heißt, wenn man handelt, ist es nicht nur so, dass das Handeln sich dem Denken anpasst, sondern das Denken passt sich auch dem Handeln in einer gewissen Weise an. Worüber wir psychologisch natürlich eine Menge sagen könnten. Aber die Hoffnung besteht immer.

Und deshalb verweise ich auf einen Vortrag von Ralf Dahrendorf, den ich einmal gehört habe, in dem er über solche ethischen Probleme gesprochen hat. Er hat etwa mit dem Wort an die Zuhörer geschlossen: „Passen Sie jetzt gut auf. Sehen Sie sich vor! Wenn Sie nicht wollen, dass Sie ethischer handeln, dann gehen Sie jetzt weg. Ethik steckt an, das ist eine gefährliche, ansteckende Krankheit. Es kann Ihnen passieren, dass Sie davon infiziert werden."

Klaus M. Leisinger
Novartis Stiftung, Basel

Respekt der Menschenrechte als soziale Verantwortung global arbeitender Pharmaunternehmen?

Einleitung

Der folgende Beitrag reflektiert, wie Menschenrechte im Kontext wirtschaftlichen Handelns gewahrt werden können, und beleuchtet die institutionellen Anstrengungen und Herausforderungen der Umsetzung des *UN Global Compact* bei der Novartis AG (*www.novartis.com*). Hier wird mehr bescheiden gefragt, denn abschließend geantwortet. Damit ist schon gesagt, dass die Materie keine leichte ist – vielmehr komplex, weil Sachlichkeit, Emotionalität und Moralität für alle Seiten nicht immer zu trennen sind. Es sind das diffuse Unbehagen über die elenden Lebensbedingungen der Menschen in Entwicklungsländern und die zornige Ohnmacht gegenüber einer kalten Rationalität, wie sie sich in den *Global Players* und den transnationalen Konzernen darstellen mag, welche die meist jungen Globalisierungsgegner zum Protest treibt. Seattle und Genua sind von den Führungsetagen nicht unbeachtet geblieben.

Im Gegenteil, das Gespräch mit den Kritikern wird heute intensiver gesucht. Der Dialog, aber auch die Kontroverse, gelten als die geeigneten Formen, die argumentative Auseinandersetzung zu gestalten. Für die weltweit präsenten Firmen ist die Globalisierung zu einem Anliegen geworden, das nicht über die Ökonomie zu lösen ist, sondern mit ihr eine wichtige unternehmensethische Relevanz hat. Worin diese Relevanz bestehen kann oder muss, welche Möglichkeiten sie hat und welche Grenzen ihr gesetzt sind, das kann oft nur in der Praxis ausgelotet werden. Deshalb möchte ich anhand einiger empirischer Beispiele die Schwierigkeiten verdeutlichen, die sich ergeben, wenn Unternehmen versuchen, ihrer sozialen Verantwortung gerecht zu werden. Dabei stütze ich mich vornehmlich auf die Erfahrungen, die Novartis bei der Umsetzung des UN Global Compact gemacht hat. Für umfassendere Ausführungen zum Thema „Novartis und der UN Global Compact" verweise ich Sie auf Leisinger (2003) und auf die Homepage der unabhängigen Novartis Stiftung für Nachhaltige Entwicklung (*www.novartisfoundation.com*).

Die Glaubwürdigkeit der Unternehmen

Neun von zehn befragten Menschen, die in Nichtregierungsorganisationen (*Non Governmental Organisations, NGOs*) arbeiten oder dieser Arbeit nahe stehen, sind davon überzeugt, dass die Globalisierung zu sehr auf Handelsfragen und Investitionen, aber nicht ausreichend auf Menschenrechtsfragen und Umwelt-Belange fokussiert. Sieben von zehn Befragten sind der Ansicht, die reichen Länder profitierten mehr von den aktuellen wirtschaftlichen Veränderungen als die Entwicklungsländer (Environics, 1999).

Diese Befunde sind brisant, weil hier Menschen befragt werden, denen man eine hohe Sozialkompetenz zugesteht; weil sie sich nicht nur verbal, sondern sehr aktiv für gesellschaftliche Belange einsetzen. Polemisch formuliert: Die Globalisierung dient nur den wenigen, privilegierten, manchesterliberal denkenden Eliten und den global dominanten, gewinnsüchtigen Konzernen der reichen Länder. Die große Mehrheit der Menschen leidet schwer unter den Auswirkungen der Globalisierung. „No Logo" ist der Schlachtruf; keine Konzessionen an den westlichen Konsumismus auf Kosten der Armen dieser Welt (Klein, 2002).

Empirisch ist ein solch dämonisches Bild gewiss nicht richtig. Die Unterschiede in den Einkommensverhältnissen zwischen den verschiedenen Drittweltländern werden zwar größer, nicht aber zwischen den reichen Ländern des Nordens und den Entwicklungsländern. Allerdings profitiert überwiegend eine kleine Gruppe von 12 bis 15 Entwicklungsländern von der Globalisierung; andere Länder, vorwiegend Länder in Afrika südlich der Sahara, haben daran keinen Anteil (Statistisches Bundesamt, 2003). Dies sind nur ein paar grobe Daten, die jedenfalls etwas sehr Grundsätzliches aussagen: Man muss die Dinge differenziert angehen. Nicht jedes Entwicklungsland stagniert oder verschlechtert sich; es gibt auch solche, die einen Weg gehen, der nach vorne führt. Oder anders formuliert: Trotz guten Resultaten bei den einen sind die negativen Entwicklungen bei den anderen im wahren Wortsinn erschreckend und beelendend.

Wenn in Industrieländern danach gefragt wird, wer sich glaubwürdig für das gesellschaftliche Interesse bemüht, so nehmen transnationale Unternehmen Rang 7 ein – nicht nur letztplaziert, sondern eigentlich disqualifiziert, da eine Mehrheit der Interviewten befindet, dass die Unternehmen gerade nicht im gesellschaftlichen Interesse arbeiten (vgl. Tabelle 1). An sich erstaunlich, ja kurios, wenn man bedenkt, wie viele

Arbeitsplätze direkt und indirekt an den Unternehmen hängen. Weniger erstaunt, dass an erster Stelle NGOs genannt werden. Knapp zwei Drittel geben den NGOs gute Noten, was soviel heißt, dass die NGOs in ihrem Engagement als glaubwürdig erscheinen.

Tabelle 1. Welche Institutionen arbeiten im besten Interesse der Gesellschaft?

Institution	arbeitet im gesellschaftlichen Interesse	arbeitet nicht im gesellschaftlichen Interesse
Nichtregierungs- organisationen (NGOs)	65	29
Religiöse Organisationen	58	37
Presse und Medien	52	46
Große inländische Unternehmen	49	47
Gewerkschaften	46	48
Nationale Regierungen	45	53
Transnationale Unternehmen	42	51

Quelle: Environics (1999) – Umfrage in 20 Industrie- und Schwellenländern (Antworten in %)

Wo bleibt die Glaubwürdigkeit der Unternehmen? Wer wird als legitime Kraft wahrgenommen, wer berechtigt und befähigt? Konkret kann das bedeuten: Wenn der Vertreter eines Unternehmens eine Pressekonferenz gibt und gleichzeitig ein Vertreter von Greenpeace zum gleichen Sachverhalt Stellung nimmt, dann startet der Unternehmensvertreter mit dem Malus und die Person von Greenpeace mit dem Bonus. Die Unternehmen haben ein Defizit an Glaubwürdigkeit. Und das ist ein großes Problem für Unternehmen. Wie kann nun ein Unternehmen dieses Glaubwürdigkeitsproblem lösen? Es gibt drei klare, einfache Grundsätze. Erstens: Es werden Unternehmensrichtlinien eingeführt; z. B. wird der UN Global Compact in vielen Unternehmen anerkannt. Zweitens: Es braucht Menschen, die diesen umsetzen. Das beinhaltet eine individualethische Fragestellung. Drittens: Man benötigt eine Unternehmenskultur, die den Mitarbeitern vermittelt, was von ihnen erwartet wird, was honoriert und was nicht geduldet wird.

Die Prinzipien des Global Compact

Die Global Compact Initiative (*www.globalcompact.org*) wurde im Januar 1999 durch den Generalsekretär der Vereinten Nationen, Kofi Annan, ins Leben gerufen. Der Global Compact appelliert an die Unternehmen, eine Führungsrolle bei der Gestaltung der Globalisierung zu übernehmen. Die Unternehmen werden aufgefordert, sich bei ihrer eigenen Geschäftstätigkeit, aber auch bei Geschäftspartnern aktiv für die Verwirklichung von zehn Prinzipien einzusetzen, die auf der Deklaration der Menschenrechte, den Richtlinien der Internationalen Arbeitsorganisation (ILO) sowie der Agenda 21 des Umweltgipfels von Rio de Janeiro basieren. Einmal freiwillig angenommen, verpflichtet Global Compact die Unternehmen:

- den Schutz der internationalen Menschenrechte in ihrem eigenen Einflussbereich zu unterstützen und zu respektieren (Prinzip 1) und
- sicherzustellen, dass ihr eigenes Unternehmen sich nicht an Menschenrechtsverletzungen beteiligt (Prinzip 2);

sich für die Arbeitsnormen einzusetzen, also für:

- die Wahrung der Vereinigungsfreiheit und die wirksame Anerkennung des Rechts zu Kollektivverhandlungen (Prinzip 3),
- die Abschaffung jeder Art von Zwangsarbeit (Prinzip 4),
- die wirksame Abschaffung der Kinderarbeit (Prinzip 5) und
- die Beseitigung der Diskriminierung bei Anstellung und Beschäftigung (Prinzip 6),

den Schutz der Umwelt zu gewährleisten, d. h.:

- im Umgang mit Umweltproblemen einen vorsorgenden Ansatz zu unterstützen (Prinzip 7),
- Schritte zur Förderung einer größeren Verantwortung gegenüber der Umwelt zu unternehmen (Prinzip 8),
- auf die Entwicklung und Verbreitung umweltfreundlicher Technologien hinzuwirken (Prinzip 9),

sowie gegen Korruption vorzugehen, d. h.:

- gegen alle Arten der Korruption, einschließlich Erpressung und Bestechung, einzutreten (Prinzip 10).

Diese Bemühungen sollen – wo immer möglich – auch bei Geschäftspartnern und Kunden zur Anwendung kommen. Die zehn Prinzipien
werden von den internationalen Unternehmen als Grundkonsens akzeptiert. Die meisten der Prinzipien sind auch unproblematisch. Dennoch
gibt es genügend Bespiele, bei denen Grenz- und Konfliktfälle deutlich
werden. Ich möchte Ihnen dafür drei Fälle nennen.

*Fall 1 – Prinzip 6: „Beseitigung der Diskriminierung bei Anstellung
und Beschäftigung".* Diskriminierung wird in Europa anders gelebt und
bewertet als in den USA. Folgendes Beispiel soll den unterschiedlichen
Umgang mit dem Prinzip verdeutlichen: American Airline verlor einen
Prozess gegen eine Stewardess, die das Unternehmen aufgrund von
Diskriminierung verklagt hatte. Die Frau besaß eine enorme Körperfül-
le, die es ihr unmöglich machte, die mittlere Gangway zu passieren.
Darauf wurde sie vom Unternehmen in den Bodendienst versetzt. Das
Unternehmen wurde verurteilt, 2 Millionen Dollar Schadensersatz an die
Stewardess zu bezahlen. Europäer sind an eine solche Rechtssprechung
noch nicht gewöhnt.

Fall 2 – Betroffen der Sportartikelhersteller Nike. Ein Anwalt hatte
Nike wegen Wettbewerbsmissbrauch mit der Begründung verklagt, Nike
habe den Global Compact unterschrieben. Damit würde versprochen,
sich ethisch einwandfrei zu verhalten: Nike besitze aber Fabriken in
Vietnam, in denen Prinzipien des Global Compact verletzt würden.
Kunden, die einen Nike-Schuh kaufen, würden daher belogen, weil die
Kunden annehmen müssten, Nike sei ein ethisch einwandfreies Unternehmen. Nike wurde auf 2 Mrd. Dollar Buße verklagt. In der Revision
vor dem Bundesgericht wurde die Buße abgelehnt und die Klage erneut
auf das kalifornische Gericht zurückverwiesen. Nun kann ein Unternehmen mit mehreren zehntausend Mitarbeitern nicht immer und ganz-
lich sicherstellen, dass sich alle Mitarbeiter an die unternehmensinternen
Vorgaben halten. Noch schwieriger wird es, wenn man nicht nur für
Praktiken im eigenen Haus verantwortlich gemacht wird, sondern auch
für die Geschäftspraktiken bei Zulieferern und Geschäftspartnern.

*Fall 3 – Im Umweltbereich erweist sich hauptsächlich das Prinzip
Nr. 7 als schwierig.* Inhaltlich bezieht es sich auf Formulierungen der
RIO-Konferenz von 1992; mitunter in Bezug auf die globale Erwärmung
durch den CO_2-Ausstoß. Darauf basiert auch das Kyoto-Protokoll. Argumentativ wurde damals vertreten: Bei Problemen, die eine globale
Schadensdimension haben, dürfe man nicht bis zum letzten wissenschaftlichen Beweis warten, bevor man handelt. Greenpeace in Deutschland und in der Schweiz wenden diese Argumentation auf grüne Gen-

technik an. Damit würde ein Unternehmen, das grüne Gentechnik betreibt und den Global Compact unterschreibt, gegen den Global Compact verstoßen.

Diese und weitere Fälle finden Sie ausführlich dokumentiert auf: *www.globalexchange.com*, *www.essential.org, www.corpwatch.com.*

Gute Gründe für eine Unternehmensethik

Ist es für ein Unternehmen sinnvoll, sich „ethisch" zu verhalten? Da gibt es eine klare Antwort: Weil es in vielerlei Hinsicht – moralisch wie sachlich – richtig ist, so zu handeln!

Wenn ein Unternehmen „ethisches" Handeln als moralischen Imperativ oder auch nur als selbstverständliche Verhaltensrichtlinie versteht, ernten solch „schöne Worte" Skepsis und Misstrauen. Dies, obschon man an sich davon ausgehen müsste, dass ein Minimum an Anstand durchaus als gegeben und anerkannt gelten könnte. Wenn nicht, wären die Meinungen über die Unternehmen sehr vernichtend. Abgesehen von den moralischen Aspekten, gibt es ganz handfeste Argumente, warum Unternehmen einen bestimmten Kodex berücksichtigen müssen. Auf diesem Wege kann überzeugend illustriert werden, dass sich Rücksichtslosigkeit oder Unrechtmäßigkeit nicht lohnen.

Aus der Sicht des *Risikomanagements* etwa hat ein Unternehmen ein geringeres Verwundungspotenzial, wenn es sich „unternehmensethisch" im weitesten Sinne verhält. Es bestehen weitaus weniger legale, finanzielle oder für die Reputation bedeutsame Risiken. Letztlich wird dadurch die Legitimität unternehmerischen Handelns in einer Marktwirtschaft sichergestellt. Ein Unternehmen wie die Novartis AG investiert jedes Jahr zwischen 4,5 und 5 Mrd. Schweizer Franken in die Forschung mit der Hoffnung, in den nächsten drei bis fünf Jahren Produkte zu entwickeln, die sich verkaufen lassen. Der Prozess, ein Produkt auf den Markt zu bringen, ist aber ein politischer Regulierungsprozess, d. h. es lässt sich nicht einfach vermarkten, was entwickelt wurde. Wenn ein Unternehmen als Teil eines gesellschaftlichen Problems betrachtet wird und nicht als Teil der Lösung von gesellschaftlichen Problemen, wird es ein nachteiliges politisches Umfeld finden. Eine zu geringe Reputation führt zu Schwierigkeiten auf den Produktmärkten, sei es über zunehmende Staatseingriffe oder Verbraucherboykotte. Ein Unternehmen erfährt einen anderen Regulierungsprozess, wenn es eine gute Reputation hat und als Organisation wahrgenommen wird, die unterstützt werden sollte (vgl. Leisinger, 1997).

Aber nicht nur nach außen ist ein gutes Image nützlich. Die positive Identität eines Unternehmens greift freilich auch nach innen. Zur *Corporate Identity* gibt es nicht wenige empirische Studien, die zeigen: Menschen, die sich mit dem Unternehmen identifizieren, neigen u. a. weniger zu Absenzen oder Fluktuation (Moser, 1996). Ein positives Beispiel hierfür ist Porsche. In einem Werk, das ich mir noch als Student angesehen hatte, fiel mir auf, dass in der Fabrik jeder Arbeiter den Satz anfing mit: „Wir bei Porsche …". Man hatte den Eindruck, da steht einer stolz da. Wenn dagegen ein Unternehmen Ansehensverluste erleidet, erzählt ein Mitarbeiter seinen Kegelbrüdern abends nicht mehr, wo er arbeitet, weil er deren Häme fürchtet.

Einen oft behaupteten *positiven Differenzierungseffekt* für die Rekrutierung neuer Arbeitnehmer sollte man dagegen mit einer gewissen Einschränkung erwähnen. Die großen Unternehmen konkurrieren weltweit um das eine Prozent der besten Abgänger der Universitäten von Harvard, Yale und anderen. Alle Unternehmen bieten ihnen annähernd gleichen Lohn und vergleichbare weitere Vergünstigungen. Die Abgänger werden jedoch das Unternehmen wählen, zu dem sie eine besondere Affinität verspüren, was auch durch ethische Reputation erzeugt werden kann. Bei einer Befragung antworteten MBA-Studenten mit hoher Zustimmung auf die Frage, ob sie ethisches Verhalten befürworten würden. Eine weitere Frage jedoch lautete: „How ruthless would you be, if it means to go at the top of your career?" Und die Antwort lautete bei 43 %: „somehow ruthless" (AIESEC/Profile, 1990). Dieses „somehow" ist bedenklich und zeigt natürlich eine Ambivalenz auf, die nicht unterschlagen werden darf. In der Wettbewerbswirtschaft sind Führungskräfte sehr stark auf Erfolg programmiert, der bisweilen auf einem Missverhältnis von Mittel und Zweck beruhen kann.

Zuletzt ein Nachweis aus der Finanzwelt. Das ethische *Investitionsverhalten* der Anleger ist eine Tatsache von einer ansehnlichen Größenordnung. Weltweit liegen 2800 Mrd. Dollar in Anlagefonds, die in der Zusammenstellung ethische Kriterien berücksichtigen. Unter sonst gleichen Bedingungen, d. h. bei gleich guten Produkten, einem gleich guten Forschungsprozess und gleichem Finanzmanagement können ethische Kriterien den Unterschied ausmachen, in welche Fonds das Unternehmen aufgenommen wird oder nicht. Damit trägt ethisches Verhalten zur nachhaltigen Kapitalsicherung von real existierenden Unternehmen bei.

Global Compact in der Umsetzung

Wenn der Aufsichtsratspräsident oder Vorstandsvorsitzende eines großen Unternehmens vom UNO-Generalsekretär aufgefordert wird, konzernweit die Menschenrechte zu wahren, faire und gesunde Arbeitsbedingungen zu gewährleisten und die Umwelt zu schützen, kann er die Zustimmung nicht verweigern, ohne einen Glaubwürdigkeitsverlust zu erleiden. Denn die Grundprinzipien des Global Compact enthalten – auf den ersten Blick – nur Selbstverständlichkeiten. Da jedoch bekanntlich der Teufel immer im Detail steckt, und es unterschiedliche Vorstellungen über die inhaltliche Ausgestaltung der zehn Prinzipien gibt, ist der Implementierungsprozess von Global Compact für ein Unternehmen brisant, kritisch und fordernd.

Am Anfang steht das „Warum?". Warum gerät das Unternehmen in die Kritik? Was soll nicht stimmen? Welche Bereiche werden problematisiert? Welche Argumente spielen für die Kritiker eine Rolle? Und welche Position nehmen wir überhaupt ein? Haben wir überhaupt eine? Aber andersherum: Haben die Kritiker die richtigen Argumente? Oder stilisieren sie ein Problem, wo keines ist? Kurz: Im Unternehmen wird ein Reflexionsprozess angestoßen, der weit reichend sein kann – und im Rahmen von Global Compact Folgen hat. Das Unternehmen nimmt nach außen den Dialog mit den Kritikern auf. In der Mediengesellschaft wird man ohnehin sehr schnell dazu herausgefordert. In der Öffentlichkeit trifft man beispielsweise auf NGOs wie Greenpeace oder Amnesty International, aber auch auf viele andere, die weniger bekannt sind oder gerade durch die Intervention bekannt werden. Viele Vorwürfe sind nach unserer Erfahrung nicht primär faktisch begründet. Wahr ist, was „wahr"-genommen wird. Oder präziser: Wahr ist, wie es von wem wahrgenommen wird.

Die Novartis AG wird als global tätiger Konzern der chemischen und pharmazeutischen Industrie in einer bestimmten Weise wahrgenommen, unabhängig von einem konkreten Fall, der zur Diskussion steht. Chemie und Pharmazie wecken keine Sympathien. Objektiv betrachtet, ist das zwar befremdlich, denkt man allein an die Fortschritte in der modernen Medizin. Befremdlich oder nicht: Da ist ein *Bias*. Die Novartis AG spielt mit einem empfindlich höheren *Handicap*. Deshalb genügt es nie, einfach nur zu informieren. Auch darf man sich nicht in die Polemik reißen lassen. Wortgefechte sollen durch die sachliche Argumentation in ethisch motivierte und vernünftige Gesprächsbahnen gewandelt werden. Gleichzeitig muss man vermitteln, dass Unternehmen nicht bösartig darüber nachsinnen, wie sie den Rest der Welt schädigen können. Manchmal stellt man ein Manko an intellektueller Redlichkeit fest. Transparenz und Offenlegung der „eigentlichen" Motive für oder gegen eine bestimmte *Causa* sind keine artige Forderung, sondern müssen durch die Gegensätzlichkeiten in den Argumenten und den Positionen profiliert werden. Und das konjugiert sich in den meisten Fällen nicht harmonisch. Man „versteht" dadurch die Erwartungen an das Unternehmen besser oder überhaupt. Aber man „begreift" im Kontrast auch klarer, wie das Unternehmen zu entscheiden hat und was es für richtig und falsch hält. Und nur dies kann es nach außen überzeugend vertreten. Bis dahin ist es ein weiter, auch sehr mühseliger Weg.

So müssen Unternehmensrichtlinien erarbeitet werden, die operationalisierbar, d. h., die messbar und nachprüfbar sind. Was nicht in konkreten Maßnahmen und Handlungsprozessen bestimmbar ist, existiert in einem Unternehmen auch nicht. Richtlinien wären lediglich Leuchtreklame. Und darum müssen die Richtlinien mit den allgemeinen Managementprozessen verknüpft werden. Das ist eine Querschnittsaufgabe, die viele Facetten enthält, wie individuelle Zielvereinbarungen, Boni-Systeme, Compliance-Systeme, *Auditing* und *Reporting*. Die Integration in den allgemeinen Managementprozess ist eine notwendige Voraussetzung für das Gelingen des Global Compact, da gerade viele Führungskräfte erst dann reagieren, wenn sie einen Teil ihres Bonus nicht erhalten, weil sie einen Teil ihrer Ziele verfehlt haben. Das Hauptanliegen des Managements ist nicht die Umsetzung des Global Compact, sondern das Erreichen von klar definierten und vereinbarten Zielen. Wenn in einem Unternehmen Dinge wichtig sein sollen, dann muss in dieser Sprache gesprochen werden: messbare Leistung und klare Zielvereinbarungen.

Auch die externe Überprüfung ist ein notwendiger Bestandteil des Implementierungsprozesses, wobei kritisch nachgefragt werden muss: Wie extern ist extern? Das Verhalten von Arthur Andersen im Fall Enron hat nicht dazu beigetragen, Vertrauen in externe Prüfer aufzubauen. Von der kritischen Öffentlichkeit wird bezweifelt, ob Wirtschaftsprüfungsgesellschaften ihr Geschäft mit dem zu prüfenden Unternehmen aufs Spiel setzen würden, wenn sie systematisch auch nach Verletzungen des Global Compact suchen müssten. Theoretisch könnte man sich wünschen, dass die Umwelt von Greenpeace, die Menschenrechte von Amnesty International und Sozialnormen von den Gewerkschaften auditiert werden. Doch wie sollten Unternehmen mit den Ergebnissen umgehen? Gesetzt den Fall, Greenpeace würde die Novartis AG auditieren:

Greenpeace hätte möglicherweise kein Interesse daran, öffentlich zu dokumentieren, wenn sie keine gravierenden Umweltprobleme bei der Novartis AG gefunden hätte. Greenpeace bekäme dann Glaubwürdigkeitsprobleme bei ihrer Klientel. Demgegenüber wäre die Novartis AG nicht erfreut, wenn Greenpeace einen isolierten Problemfall in Mexiko in einer großen Kampagne herausstellen würde, wenn das Unternehmen für sich selbst konstatiert: Wenn auf der ganzen Welt mit mehr als 140 Standorten nur in dieser einen Fabrik ein ökologischer Störfall besteht, ist die Bilanz gut. Prüfungen und Audits sind daher ein sehr delikates Geschäft, zumal Dinge von weitreichendem öffentlichen Interesse zu begutachten sind, die gerade durch die Publikation leicht zerredet werden können. Die kritische Distanz geht verloren; das objektiv-sachliche Urteilsvermögen hat kaum noch ein Wort.

Zudem muss beachtet werden, dass sich die Kriterien der Bewertung permanent verändern: In der Betriebswirtschaftsprüfung der 50er oder 60er Jahre wurden viele Themen unter einem anderen Blickwinkel betrachtet. Vieles was damals als richtig galt, gilt heute als defizitär. Daraus ergibt sich zwingend die Schlussfolgerung: Was wir heute nach bestem Wissen und Gewissen tun, wird in zehn Jahren als falsch erachtet werden. Es gehört eine gewisse Demut zum Prozess, um nicht die Sensibilität für Veränderungen zu verlieren.

Unterschiedliche Gewichtungen dürften eine Grundschwierigkeit bei vielen Konsultationsprozessen sein: Der Finanzchef der Novartis AG spricht in seiner Arbeit überwiegend mit Finanz-Analysten und Banken, d. h. mit Menschen, deren Welt sich vorwiegend durch monetäre Kriterien zusammensetzt. Als Leiter der Novartis Stiftung dagegen bin ich mindestens 2 Monate meiner Zeit in Nairobi im *Slum* oder einem Sanitätshaus in der südlichen Sahara. Das heißt: Wir sind auf der gleichen Erde, aber wir bewegen uns in völlig anderen Welten. Finanz-Analysten sind natürlich nicht die schlechteren Menschen; es sind Menschen, die gelernt haben, Bilanzen zu lesen. Und sie unterhalten sich mit ihren Reflexionspartner nach dieser Maßgabe. Allerdings: Durch die Sprachlosigkeit, die oft zwischen Wirtschaftsleuten und NGOs herrscht, werden archaisch anmutende Muster von Freund- und Feinddenken gefördert.

Unternehmen im Spannungsfeld der Menschenrechte

Bei vielen Forderungen, die von gesellschaftlichen Anspruchsgruppen an Unternehmen gestellt werden und die öffentlich diskutiert werden, stellt sich nicht die Frage nach deren prinzipieller Berechtigung. Vielmehr: Sind die Unternehmen der richtige Adressat für die Forderungen? Die Menschenrechte werden in politische und bürgerliche Rechte (Art. 1-21) sowie in wirtschaftliche, soziale und kulturelle Rechte (Art. 22-29) unterschieden. Politische und bürgerliche Rechte sind negative Rechte, indem sie eine Intervention des Staates in den individuellen Privatbereich verhindern. Die ökonomischen, sozialen und kulturellen Rechte, wie die Forderung nach besserem Zugang zu Gesundheitsdiensten oder besserer Ausbildung sind hingegen positive Rechte, indem eine Leistung erbracht werden muss, um diese Rechte zu erfüllen. Eine Übernahme unternehmerischer Verantwortung für wirtschaftliche, soziale und kulturelle Menschenrechte ist sehr viel schwieriger umzusetzen als für politische und bürgerliche Rechte, wobei aber festgehalten werden muss, dass alle diese Rechte zunächst vom Staat gewährleistet werden müssen.

Das Unternehmen als Adressat für politische und bürgerliche Rechte

Was kann ein Unternehmen im Bereich der politischen und bürgerlichen Rechte tun? Die Antwort heißt: relativ wenig. Das Mindeste aber ist: Ein Unternehmen sollte nicht davon profitieren, wenn andere die Menschenrechte verletzen. Doch sollte man Unternehmen misstrauen, die sich moralisch heroisierend gebärden, weil sie nicht in Burma produzieren. Burma ist nur ein kleines Land mit einem geringen Markt. Hingegen stellt China mit 1,3 Mrd. Menschen eine echte Herausforderung dar. Dort existiert ein riesiger Markt, und es ist möglich, in der Produktion eine phantastische Qualität zu gewährleisten. Hier stellen sich Fragen wie: Wie vermeidet man alles, was mit Gefangenenarbeit zu tun hat? Oder: Wie vermeidet die Novartis AG, dass sie für die Transplantationsmedizin Organe aus Exekutionen erhält? In China werden pro Jahr zwischen 20 000 und 30 000 Menschen exekutiert. Verwundbarkeiten für ein Unternehmen entstehen hier schon durch die reine Anwesenheit in diesem Land. Zudem stellt sich die Frage, wie ein Unternehmen eine klare Politik kommunizieren kann, ohne sich opportunisierend an der

Verharmlosung zu beteiligen, die in politischen Zirkeln gerne betrieben wird?

Das Unternehmen als Adressat für wirtschaftliche, soziale und kulturelle Rechte

Wie soll sich ein Unternehmen in einem Land verhalten, wenn die Regierung nicht willens oder sich finanziell nicht in der Lage sieht, ihre wirtschaftlichen, sozialen und kulturellen Menschenrechte zu respektieren und durchzusetzen? Nigeria hat in den letzten 25 Jahren 800 bis 900 Mrd. US-Dollar mit Öl verdient. Nigeria investiert heute noch drei bis viermal mehr in Rüstung und Militär als in Bildung und Gesundheit, behauptet aber, es sei kein Geld vorhanden, um für die Aidskranken die notwendigen Medikamente zu kaufen. Ist das nun das Problem des Pharmaunternehmens, der Regierung oder der internationalen Gemeinschaft? Die Antwort ist nicht ganz einfach: Vielleicht sind es *Joint Ventures* und *Private Public Partnerships*, die eine Lösung bringen können. Aber sollte die nigerianische Regierung aus der Pflicht genommen werden? Wohl nicht.

Damit aber wird deutlich, dass die Bekämpfung von Aids nicht nur eine Problematik der Patente ist, sondern vor allem auch eine Allokationsproblematik. Die Regierungen müssen hier ihren Pflichten nachkommen. Der Artikel 25, Absatz 1, des Menschenrechtskatalogs lautet:

> Jeder hat das Recht auf einen Lebensstandard, der seine und seiner Familie Gesundheit und Wohl gewährleistet, einschließlich Nahrung, Kleidung, Wohnung, ärztliche Versorgung und notwendige soziale Leistungen, sowie das Recht auf Sicherheit im Falle von Arbeitslosigkeit, Krankheit, Invalidität oder Verwitwung, im Alter sowie bei anderweitigem Verlust seiner Unterhaltsmittel durch unverschuldete Umstände.

Was bedeutet das für ein Pharmaunternehmen wie die Novartis AG? Das Medikament GleevecTM/Glivec® wirkt fast wundersam gegen chronisch-myeloische Leukämie: Der Erkrankte, der es rechtzeitig erhält, lebt, derjenige, der es nicht erhält, stirbt. Ist es eine Menschenrechtsverletzung, wenn die Novartis AG ein Produkt auf den Markt bringt, das in der Regel (für die normale Behandlung) zu 50 000 Franken im Jahr verkauft wird? Das bedeutet natürlich, Afrika südlich der Sahara erhält es nicht. Oder ist die Aufgabe des Pharmaunternehmens, das Medikament kostenfrei abzugeben, wenn die Menschen es sich nicht leisten können? Die Novartis AG hat folgendes Prozedere gewählt: Das Medikament wurde mit einem festgesetzten Preis in den USA eingeführt. Erkrankte, die nicht versichert sind oder über ein Einkommen von unter 100 000 Dollars verfügen, erhalten es kostenfrei. Sofort haben die Regierungen von Indien und Südkorea Gleiches gefordert. Was die Novartis AG bei der Einführung des Medikamentes kund zu tun versäumte: Der Abgabepreis des Medikamentes ist weder von den Herstellungskosten noch von dessen Vertriebskosten abhängig, sondern wird allein dadurch bestimmt, welche Kaufkraft auf dem Markt bzw. in dem Land herrscht, in dem das Medikament zum Einsatz kommt (sog. Kaufkraft-Parität). Da nahezu alle Inder unter einem Jahreseinkommen von unter 100 000 Dollars bleiben, könnte nichts mehr erwirtschaftet werden. Also bliebe nur, das Produkt herzuschenken. Für den kleinen Markt, der dann noch besteht, werden dann letztlich von anderen Unternehmen Generika produziert. Hier ist die klare Antwort der Novartis AG: Nein, das kann nicht unsere Aufgabe sein.

Bei all diesen Diskussion tritt erschwerend das Paradox auf, dass nicht die Unternehmen, die sich den unternehmensethischen Fragestellungen und öffentlichen Diskussionen verweigern, kritisiert werden, sondern ausschließlich Unternehmen, die sich der Diskussion stellen. Diese Situation ruft dann schnell auch unternehmensintern Unwillen hervor, weil ein Bemühen um unternehmensethische Fragestellungen sinnlos erscheint.

Veränderte Erwartungen an die großen Unternehmen

Eine Umfrage mit über 20 000 Menschen in den OECD-Ländern zeigt folgende Befunde: Von den großen Unternehmen wird erwartet, gesunde und sichere Arbeitsplätze zur Verfügung zu stellen, Diskriminierung zu vermeiden, auf Bestechungsgelder zu verzichten, Sorge für den Umweltschutz zu tragen und Kinderarbeit zu bannen (Environics, 2002). Immerhin noch zwei Drittel der Befragten verlangen von den Unternehmen, dass sie Steuern entrichten. Diese Forderung spiegelt die US-amerikanische Sichtweise von „the business of business is business" wider, was soviel bedeutet wie: Die Unternehmen bezahlen die Steuern, und die Sorge für die allgemeine Wohlfahrt soll der Staat übernehmen. Bei der Umfrage in den OECD-Ländern fordern ca. 60 % der Befragten, überall auf der Welt gleich hohe Standards umzusetzen; 45 % wünschen, dass ein Unternehmen zu öffentlichen Themen Stellung bezieht (vgl. Abbildung 1).

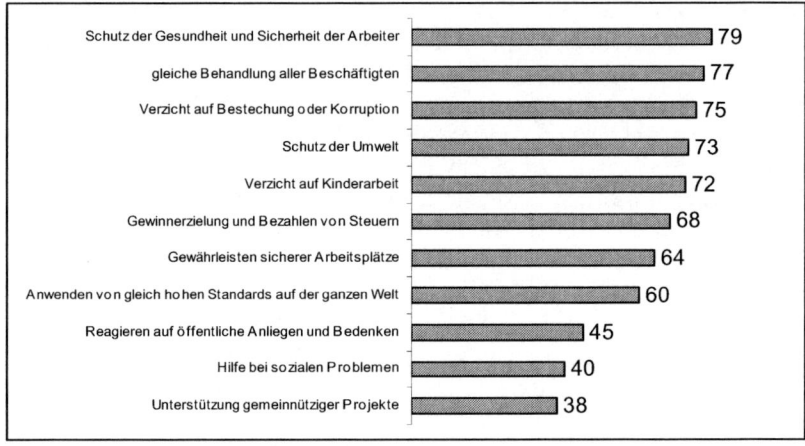

Abbildung 1. Was 20 000 Befragte in über 20 OECD-Ländern von den großen Unternehmen erwarten (Environics, 2002)

Was gefordert wird, ist also im Prinzip, was der Global Compact erfassen und umsetzen möchte. Vergleichend zu diesen Befunden hat man bei der Nachfolgekonferenz von Rio in Johannisburg auch Manager befragt, wie sie zu denselben Fragen stehen. 87 % der Manager glauben, dass die Erwartungen an die Industrie höher sind als an die Regierungen. Und immerhin 67 % nehmen wahr, dass von den großen Unternehmen im zunehmenden Maße erwartet wird, dass sie auch basale, Existenz sichernde Bedürfnisse erfüllen.

Daher sollte man annehmen, dass ein nachprüfbares Bemühen, die Normen des Global Compact in der täglichen Praxis umzusetzen und zusätzliche humanitäre Leistungen, sicherstellen sollten, dass Unternehmen als verantwortungsvolle Mitglieder der globalen Gemeinschaft wahrgenommen und akzeptiert werden.

Anstoßen der Reflexionsprozesse – Beispiele aus der unternehmerischen Praxis

Für wirtschaftliche Aktivitäten wird zunehmend ein Prozess der Bewusstseinsbildung notwendig. Die meisten Menschen machen sich über soziale und ökonomische Zusammenhänge meist nur am Rande Gedanken. Deshalb sollen – heuristisch – einige Anstöße gegeben werden.

Die Rolle des Corporate Commitment

Das Marketing sollte Fragen abklären, wie groß die Absorbtionskapazität in den Entwicklungsländern ist. Wie viel kann verkauft werden? Welche Probleme hat mein Kunde? Welche Probleme hat das Umfeld meines Kunden? Derartige Fragen können in einem Unternehmen nur dann sinnvoll gestellt und beantwortet werden, wenn sie Teil des normalen, operativen Geschäfts sind. Dazu ist ein *Corporate Commitment* erforderlich, eine klare, nicht-ambivalente Aussage des Topmanagements, die für alle Geschäftsbereiche gilt. Zudem muss gewährleistet sein, dass Führungskräfte und Mitarbeiter diesen Prozess durch ihre eigene Motivation unterstützen.

Existenz sichernde Löhne

Bei der Novartis AG wurde eine interne Studie zur Sicherung der existentiellen Bedürfnisse der Mitarbeiter durchgeführt. Es wurde untersucht, ob weltweit *Living Wages* (Existenz sichernde Löhne) sichergestellt sind, d. h. ob in den untersten Kategorien ausreichend hohe Löhne gezahlt werden, so dass die Menschen durch ihre Arbeit ihre Kernfamilie ernähren und ihre Grundbedürfnisse befriedigen können. Lokale NGOs wurden gebeten, einen Warenkorb zusammenzustellen, um die Grundbedürfnisse in der lokalen Währung zu quantifizieren. Dies wurde dann mit den untersten Löhnen verglichen. Ich selbst war ethnozentrisch genug, um Probleme in Südostasien, in Südafrika oder in Mexiko zu vermuten. Das Problem lag jedoch in Basel. Am Standort wurde vor drei Jahren das Reinigungspersonal in eine eigene Firma ausgegliedert. Dort wurden Löhne von 2 900 Franken gezahlt; der Living Wage in der Schweiz beträgt aber 3 100 Franken. Das hatte einen enorm sensibilisierenden Effekt. Hätten wir gefragt: „Haben wir ein Problem in Basel?", hätte jeder verneint. Aber wenn wir schon in Basel nicht sicher sein können, wie denn dann in Indien?

Die Studie zu den Living Wages zeigt, dass auch in Indien Herausforderungen bestehen. Allerdings ist das Problem nicht, dass im Vergleich zum Landesdurchschnitt nicht genug gezahlt würde, gerade das Gegenteil ist der Fall: Die Novartis AG zahlt in Indien im Durchschnitt

zu hohe Löhne, was dazu führt, dass der lokalen Wirtschaft die besten
Talente abgezogen werden. Die Schwierigkeit liegt darin, wie der
Warenkorb definiert wird. Der Warenkorb sollte nach Ansicht der
NGOs Ersparnisse beinhalten. Unklar ist nun, wie hoch diese Ersparnisse sein sollen. Wichtiger noch als die Ergebnisse der Studie ist dagegen
der Reflexionsprozess, der angestoßen wird. Viele Manager sind gezwungen, über Themen nachzudenken, die sie sonst nicht beachten würden. Das hat einen außerordentlich wertvollen, sensibilisierenden Effekt.

Anforderungen an das Management

Maßnahmen zur sog. *Corporate Social Responsibility* dürfen keine
„Kopfgeburt" einer Stabsabteilung sein. Natürlich kann man Hochglanzbroschüren verschicken und deren Erhalt von allen Führungskräften unterschreiben lassen. Anschließend legen sie die Broschüren dann
auf den Stapel mit anderen unbearbeiteten Akten und mit der Absicht,
sie irgendwann zu lesen, wenn mehr Zeit vorhanden ist. Das hat keine
gute Prognose.

Stattdessen muss man die Menschen aktiv einbeziehen. Es ist notwendig, die bestehenden Wertprämissen zu reflektieren und die anstehenden politischen Fragen zu beantworten. Dazu braucht es Sach- und
Orientierungswissen. Fundiertes Sachwissen ist die wichtigste Voraussetzung für kompetentes Entscheiden unter komplexen Bedingungen,
um die vielen Alternativen und die Vielfalt der Konsequenzen abzuwägen. Das Sachwissen muss durch ein wertebasiertes Orientierungswissen
ergänzt werden, nämlich die Fähigkeit, die moralische Bedeutung der
möglichen Handlungsoptionen zu beurteilen. Viele Problemfelder ermöglichen keine simplen Ja-Nein-Antworten, bestenfalls ein *Dilemma
Sharing*. Sind in diesem einen Fall „dies" die Vorteile und „jenes" die
Nachteile, so besteht in einem anderen Fall ein anderes Set von Vor- und
Nachteilen. Entscheiden kann man sich letztlich aber nur für das kleinere Übel. Und das ist desillusionierend. Man kann nicht die beste aller
Welten kreieren, sondern oft nur das unvermeidliche, kleinere Übel
realisieren. Erschwerend kommt hinzu, dass dieses kleinere Übel, für
das sich das Unternehmen entscheidet, aus anderen Perspektiven, z. B.
aus Sicht von NGOs und Öffentlichkeit, häufig als das größere der Übel
betrachtet wird.

Reporting

Es wäre seriös, für den jährlichen Geschäftsbericht einige Seiten zu veranschlagen, in denen über Fälle berichtet wird, die in diesem Jahr vom Unternehmen nicht berichtigt werden konnten. Schließlich ist es unwahrscheinlich, dass es Unternehmen gibt, die nicht an Problemen arbeiten, die sie aktuell noch nicht lösen können. Es ist glaubwürdiger, sowohl über Erfolge als auch über Misserfolge zu informieren. Misserfolge sind nicht böser Wille. Ein Beispiel: Die Novartis AG hat mehr als 50 000 Zulieferer. Wo soll sie mit der Auditierung beginnen, wenn sie sich für die soziale und ökologische Performanz der Drittfirmen verantwortlich fühlt? Sie beginnt bei denjenigen, bei denen sie mehr als 60 % des Umsatzes ausmacht. In der Praxis werden insgesamt fünf Jahre benötigt, um alle Drittfirmen zu durchleuchten. Solange ist das Unternehmen verwundbar. In dieser Zeit könnte immer Anklage erhoben werden.

Die Shell AG ist mit gutem Beispiel vorangegangen. Shell hat vor einigen Jahren angefangen, über Korruption im Unternehmen zu informieren. Shell berichtete z. B. im letzten Jahr von 84 Fällen von Korruption, in diesem Jahr von 46 Fällen. Es ist ihr Ziel, unter 30 zu kommen. Implizit heißt das allerdings: Korruption ist noch vorhanden. Trotzdem ist dieses Vorgehen sehr viel glaubwürdiger, als wenn Firmen mit ebenfalls Zehntausenden von Angestellten behaupten, bei ihnen gäbe es keine Korruption. Derartige Behauptungen sind entweder mutig oder naiv.

Issue Monitoring und Networking

In vielen Fällen wissen Manager nicht, was gemeint ist, wenn über Kinderarbeit geredet wird. Bei der Novartis AG existiert deshalb eine Intranet-Website, um sich über menschenrechtspezifische Fragen informieren zu können. Zudem sollte immer auch ein sog. *Issue Monitoring* betrieben werden: Welche Themen werden in der öffentlichen Diskussion aufgegriffen? Wo sind hier die Schwachstellen des Unternehmens? Die Analyse ist notwendig, denn die Schwachstellen möchte man nicht am nächsten Tag in der Bildzeitung finden müssen. Wenn man das Gefühl hat, im Unternehmen gibt es noch unerkannte Risikofelder, sollte man alle Hebel in Bewegung setzen. Vielleicht besteht ja keine Gefahr – was aber, wenn doch?

Und wenn doch, ist Networking mit anderen Organisationen eine Möglichkeit. Die Amnesty International Business Group in England unterhält z. B. ein *Help Desk*, bei dem Unternehmen um Hilfe bitten können. Das Help Desk bietet unideologische Unterstützung, indem es Best Practices aufzeigt und Prozesse benennt, die eingeleitet werden können. Dies ist viel sinnvoller für das Erreichen von vorzeigbaren Ergebnissen als der Versuch, Verbesserungen über Kampagnen zu erzwingen.

Herausforderungen für die Zukunft

Kritik an Pharmaunternehmen bezieht sich häufig auf den Zugang zu Medikamenten. Wenn ein Unternehmen über ein Medikament verfügt, das über Leben und Sterben entscheidet, dann leuchtet es nicht ein, warum die Kaufkraft den Zugang zu dem Medikament ermöglichen bzw. verhindern sollte. Doch die Praxis gestaltet sich schwieriger. Ein Beispiel hierzu: Ein Aids-Cocktail besteht aus bis zu 60 verschiedenen Medikamenten, der zu bestimmten Zeitpunkten am Tag eingenommen werden muss. Dies erfordert eine disziplinierte *Compliance* der Patienten. Die Zuverlässigkeit der Medikamenteneinnahme funktioniert jedoch schon in den Slums der amerikanischen Großstädte nicht. Deswegen gibt es dort medizinische Stützpunkte, sog. *Dots, Daily Observed Treatments*. Man holt die Patienten dreimal täglich in die Stützpunkte und lässt sie dort das Medikament unter Beobachtung einnehmen.

Ein solcher Aufwand lässt sich andernorts, z. B. im ländlichen Bereich in Afrika südlich der Sahara, aber oft nicht realisieren. Auch wenn alle Aids-Medikamente kostenfrei abgegeben würden, lässt es sich nicht durchsetzen, dass die Patienten die vielen Tabletten täglich, koordiniert und in der notwendigen zeitlichen Reihenfolge für den Rest ihres Lebens einnehmen. Und wenn die Medikamente nicht in der definierten Art eingenommen werden, drohen Resistenzbildungen. Resistenzen zerstören die Wirksamkeit der Arznei. Man sieht, dass der Preis für Pharmaka ein Element in einer langen Kette von anderen Konditionen ist. Leider, denn sonst könnte die Gesundheitsversorgung der Armen in den Entwicklungsländer leichter, schneller, vor allem handfest und unmittelbar verbessert werden.

Ein ähnliches Beispiel betrifft ein Medikament gegen Malaria. Die Novartis AG verkauft ein Medikament gegen Malaria, das mehr als 95 % aller Malariafälle heilt. Für dieses Medikament wird ein *Differential Pricing* angewandt: Das Medikament kostet in der Schweiz und in

Deutschland etwa 70 Franken. Für arme Länder wird es für 2,50 Dollars an die WHO abgegeben. Damit ist aber die Schwierigkeit noch nicht beseitigt. Es ist zwar kein Problem, mit der WHO einen Vertrag abzuschließen; das macht die Weltgesundheitsorganisation gerne. Es ist auch für die WHO ein Leichtes, die Zustimmung der Regierung von Tansania oder eines anderen Landes einzuholen. Die Krux ist, wie bekommt man die Medikamente vom *Central Medical Store* in Dar es Salaam in die ländlichen Gebiete von Tansania? Und wie stellt man sicher, dass die Patienten das Antimalarium über die Dauer von drei Tagen korrekt und tatsächlich einnehmen? Wenn schon die Logistik nicht funktioniert, wie kann dann schon die medizinische Versorgung aussehen? Aus Erfahrung ist bekannt, dass über 70 % der Armen aufhören, ein Medikament einzunehmen, wenn die Symptome verschwinden. Eine nicht komplette Behandlung ist das Schlechteste, was passieren kann. Nicht nur bei Malaria; aber auch dann, wenn der Preis keine gewichtige Variable ist.

Beide Beispiele machen deutlich, dass Unternehmen, die ernsthaft an der Lösung solcher Probleme interessiert sind, Allianzen benötigen. Allerdings stellt sich dann wieder die Frage nach einer fairen gesellschaftlichen Arbeitsteilung: Wer ist wofür zuständig? Und was passiert, wenn der Zuständige versagt? Das sind Fragen, die ein Unternehmen nicht alleine lösen kann.

Fazit

Um ihrer sozialen und ökologischen Verantwortung gerecht zu werden, brauchen die Unternehmen die Zusammenarbeit mit den *Stakeholdern*. Dialog und *Dilemma Sharing* sind die Wegmarken: langfristiges und konzentriertes Engagement statt Notfalldienst. Im Realismus erkennen, dass nicht alles erfüllt werden wird, was die gesellschaftlichen Akteure von einem Unternehmen erwarten. Der Konsens kann weder das Ziel sein, noch darf er es. Die Konfliktsituationen dürften überwiegen; es kommt allerdings darauf an, wie man damit umgeht. Auch hat nicht alles, was aus ethischer Sicht wünschenswert sein könnte, Rechtspflicht. Es gibt, ganz klar, die Grenzen der Verantwortlichkeit für Unternehmen. Es muss sie geben. Unternehmen produzieren Waren oder verkaufen Dienstleistungen; das ist ihre Bestimmung. In diesem Rahmen gewinnt die Ethik an Relevanz.

Es ist klar, dass diejenigen, die die „breiteren Schultern" haben, mehr leisten sollen. Aber was genau? Bestimmte Sachverhalte, wie das

Einhalten der Gesetze, verstehen sich von selbst. Bei der Einhaltung der Menschenrechte ist die Novartis AG kompromisslos. Ganz grundsätzlich sind uns hohe ethische Standards wichtig; wir wollen auch Führung übernehmen und Vorbild sein. Aber immer wieder stellt sich dabei die Frage, was das konkret bedeuten kann oder muss.

Die Novartis AG beteiligt sich an humanitären Sonderleistungen (z. B. *Sponsoring*, kostenfreie Abgabe von Medikamenten). Ein Problem der Global-Compact-Initiative zeigt sich jedoch darin, dass viele Unternehmen, die unterschrieben haben, ihr philanthropisch-humanitäres Superprojekt wie ein „Kaninchen aus dem Hut gezogen" haben, darauf gedeutet haben und verlautbaren ließen: Das ist Global Compact. Das ist er eben nicht! Der amerikanische Ausdruck heißt „beyond legal and philanthropy". Das gesetzlich Geforderte und philanthropische Sonderleistungen machen noch nicht den Global Compact aus. Die freiwilligen Leistungen dazwischen sind Teil des Global Compact.

Was können die Unternehmen tun? Um ernsthaft und langfristig Sinnvolles zu leisten, ist das „langsame Bohren von harten Brettern mit Leidenschaft und Augenmaß" gefragt. Global Compact ist ein Prozess. Immer wieder wird man auf Dinge stoßen, die man nicht für möglich gehalten hätte und die zu verurteilen sind. Zwar kann man auf der Ebene der *Corporate Governance* klare Verhaltenskodizes vorgeben und die für die Implementierung notwenigen Strukturen schaffen, im Kern ist man aber darauf angewiesen, mit Menschen zu arbeiten, denen Global Compact keine lästige Pflicht, sondern ein wichtiges eigenes Anliegen ist.

Literatur

AIESEC/Profile (1990). *Tomorrow's Managers: Sheep, Horse or Wolf?* Brüssel: AIESEC.
Environics (1999). *The Millennium Poll.* New York: Environics International.
Environics (2002). *Corporate Social Responsibility Monitor.* New York: Environics International.
Klein, N. (2002). *No Logo!* München: Riemann.
Leisinger, K. M. (1997). *Unternehmensethik: Globale Verantwortung und modernes Management.* München: Beck.
Leisinger, K. M. (2003). Opportunities and risks of the United Nations Global Compact. The Novartis case study. *Journal of Corporate Citizenship, 11,* 113-131.
Moser, K. (1996). *Commitment in Organisationen.* Bern: Huber.
Statistisches Bundesamt (2003). *Statistisches Jahrbuch 2003 für das Ausland.* Wiesbaden.

Diskussion

Universitätsprofessor I:

Ich habe keine Frage, nur einen Kommentar: Die Vorlesungsreihe findet an der Universität statt. Die Universitäten sollen Wirtschaftsbetriebe werden, heißt es immer. Das ist meistens in der Form gemeint, dass wir uns gegenseitig an die Gurgel fahren sollen und den anderen noch mehr strangulieren, als das mit uns passiert. Das heißt dann Wirtschaft. Die neuen Professoren nach der W3-Besoldung werden wahnsinnig arbeiten und so bezahlt wie eine Unterstufenbetreuung im Gymnasium. Das ist die Motivationslage, die geschaffen wird. Ich habe den Eindruck, in diesem Bereich der Gesellschaft ist das, was hier gesagt wird, so überhaupt nicht angekommen. Das ist so fern. Sie könnten an der Universität Regensburg in Afrika südlich in der Sahara sein, wenn Sie über solche Sachen reden. Wenn man das jetzt auf uns anwenden würde, müssten wir den ganzen Betrieb umstellen. Aber dazu wird nie Geld vorhanden sein, um so etwas zu machen.

Klaus Leisinger:

Da gibt es den Spruch von Norbert Blüm (*ehemaliger Arbeitsminister; Anm. der Hrsg.*), dass alle zwar der Meinung sind, man müsse den Gürtel enger schnallen, jeder aber an der Gürtelschnalle des Anderen zieht. Das ist auch Teil unserer Reformdebatte in Deutschland. Ich enthalte mich jetzt jeden Kommentars, der politisch interpretiert werden könnte. Aber wenn man von Reformen redet: Es gibt eine Umfrage, die in der Frankfurter Allgemeinen Zeitung abgedruckt war. Im Prinzip sind 89 % der Deutschen dafür, dass es Reformen geben müsste, aber nur 22 % dann, wenn es sie selber betrifft. Just das ist nicht möglich. Ich halte hier nur bedingt etwas von Politikerschelte. Die wollen alle vier Jahre wieder gewählt werden. Im Prinzip sind das Pawlowsche Reflexe, in vieler Hinsicht, was hier und da andiskutiert werden muss. Und dann kommt etwas hinzu: Es kann doch nicht sein, dass ein intelligentes Volk darauf wartet, dass die gesellschaftliche Situation schlechter wird, dass der Leidensdruck steigt. Das ist irrational. Da warten wir dann auf die Führung, die uns aus der Misere führt.

Ich habe jetzt etwas Einfaches vorgestellt. Weil eine Organisation ein nicht-demokratisches Gebilde ist, können Sie so etwas durchsetzen. Sie können sanktionieren, indem Sie die Leute, die sich nicht so verhalten, wie Sie das wollen, rausschmeißen. Das ist undemokratisch, aber es funktioniert unter dem Strich im Großen und Ganzen. Aber sind Sie an einer Universität, in einer Partei, beim FC Bayern München oder in einer Gewerkschaft in einer prinzipiell anderen Situation?

Wie Sie jetzt aktuell gesehen haben oder ich sage mal so: Ich stelle Ihnen anheim, für sich allein im stillen Kämmerlein, folgendes auseinander zu dividieren: Was hat Florian Gerster (*Behördenchef der Bundesagentur für Arbeit, April 2002 bis Januar 2004, wurde zum Rücktritt aufgefordert; Anm. der Hrsg.*) durch sein persönliches Auftreten und seinen Mangel an Demut falsch gemacht? Was hat er sachlich richtig oder falsch gemacht? Und dann schauen wir, welche Leute sich gegen ihn gewandt haben. Da stoßen Sie vielleicht auf völlig andere Motivationsstrukturen, als man a priori denken würde.

Nicht jede Veränderung, jede soziale Wandlung, hat Gewinner und Verlierer. Das ist das, was ich meinte mit dem Einbinden in soziale Prozesse und *Ownership*. Sie müssen die Leute einbinden. Sie dürfen auch in Unternehmen Leuten nicht etwas wegnehmen, ohne etwas anderes dazu zu geben. Es ist völlig illusorisch zu sagen, ihr dürft nicht schmieren, wenn in einem Markt Marktanteile gewonnen werden, indem man gewisse Leute schmiert. Da müssen Sie es entweder wie *Transparency International* oder die sog. *Islands of Integrity* machen, was bedeutet: Alle im Markt hocken sich zusammen und gehen analytisch vor; sagen: „Eigentlich wollen wir nicht schmieren." Oder Sie müssen sagen: „Ich bin bereit den Preis zu zahlen." Ich trete transparent auf und sage: „Schaut her, ich verhalte mich so. Wir verlieren laufend Marktanteile, aber ratet mal warum!" Was Sie sicher nicht dürfen, ist im Unternehmen eine Firmenpolitik zu haben, die auf dem Rücken des Mitarbeiters ausgetragen wird; der sich letztlich schizophren verhalten muss, weil er weiß, es wird von der Politik erwartet, aber es wird auch, wie vorher, in Zahlen mehr erwartet. Das kann nicht sein.

Universitätsprofessor II:

Alles, was Sie zu den ethischen Fragen gesagt haben, könnte ich voll unterstreichen. Trotzdem habe ich ein sehr ungutes Gefühl. Denn ich glaube nicht, dass das, was Sie in dieser Fülle und Tiefe angesprochen haben, überhaupt realisierbar ist.

Beispiel: Klar ist, wenn Sie einen Finanzmann haben, der über Finanzen im Unternehmen entscheidet, dann sollte er wirklich mit Ihnen nach Bombay fahren und in die Slums gehen. Die Frage ist nur, was passiert, wenn er in die Slums geht? Er wird es als Einzelereignis nehmen, wenn Sie nicht permanent mit ihm da hinein können. Sie werden ihn auch nicht eine Woche lang mit Slumbewohnern zusammenbringen können. Das wird er gar nicht aushalten. Er sieht das auch nicht als seinen Job an. Es ist ein Einzelereignis. Er wird mit schreckgeweiteten Augen nach Hause kommen und wird seinen Job weitermachen; das Segment, für das er zuständig ist. Ob er dann wirklich in der Vorstandssitzung noch in der Lage ist, sich daran zu erinnern, und zu sagen: „Stopp, bevor ich mich entscheide, was für Konsequenzen hat es für die Slumbewohner?"

Sie haben nicht von Arbeitsteilung gesprochen. Wenn Sie der Anwalt für die ethischen Fragen im Unternehmen sind, und Sie haben ein Mitspracherecht bei Entscheidungen, bei denen es um weit reichende Entscheidungen geht, dann wäre das ja eine Möglichkeit, diese Verantwortung jetzt nicht jedem Einzelnen aufzubürden. So habe ich das von Ihnen gehört: Jeder sollte das Bewusstsein haben. Aber vielleicht sollte Verantwortung arbeitsteilig sehen?

Ein anderes Beispiel: Ich habe mich seit den siebziger Jahren sehr viel mit Indien und mit den Kirchen in Indien beschäftigt. Hier gibt es neben der Kirche selbst meistens noch eine Schule und auch ein Krankenhaus. Deshalb sind in Indien in großen Städten die großen medizinischen Versorgungssysteme in den Händen der christlichen Kirchen und die Krankenhäuser sind sehr gut und haben einen hohen Standard. Die haben die Krankenversorgung, insbesondere die Impfungen gegen Kinderkrankheiten. Man kann hier Medikamente liefern, großflächig angelegt, ohne daran zu denken, dass sie die Kindersterblichkeit reduzieren. Aber damit lässt man plötzlich in einem bestimmten ökologischen Umfeld eine riesige Menge Menschen sich bis zu einem Alter entwickeln, die dieses ökologische Umfeld überhaupt nicht mehr ernähren kann. Die Menschen gehen dann in einem Elend zugrunde, sterben an Hunger, sterben an Krankheiten, weil sie nichts zu essen haben und infektionsanfällig sind.

Da habe ich mich immer gefragt, war das eigentlich moralisch vertretbar, alle diese Massenimpfungen gegen Kinderkrankheiten durchzuführen, wenn man die Folgen nicht abschätzt und man kein Programm zur Familienplanung hat? Das funktioniert in Indien bis heute nicht. Es gibt kein Programm zur wirtschaftlichen Entwicklung verlassener Regionen, kein Programm zur Abschaffung des Kastensystems, das bestimmte Bevölkerungsgruppen bei der Geburt schon diskriminiert. Das ist das, was Sie angesprochen haben, dass das Vorausschauende entscheidet. Und bei so dramatischen Dingen: Kann man das von einer Person, kann man das von einer Organisation überhaupt verlangen, ohne zu sagen: „Das ist ein Illusionist, das hört sich alles schön an, wie eine Sonntagsrede, aber das hat praktisch keine Konsequenzen."

Klaus Leisinger:

Lassen Sie mich mit dem Schwierigen zuerst beginnen. Ich könnte jetzt sagen, ich schicke Ihnen mein Buch, aber das geht ja nicht. Fakt ist, Menschen wollen überlebende Nachkommen. Überall dort, wo Menschen eine einigermaßen stabile Sicherheit haben, dass die gewünschte Anzahl ihrer Kinder überlebt, passen sie ihr reproduktives Verhalten an. Das Problem des sog. demografischen Übergangs entsteht, weil die Geburtenhäufigkeit, die Geburtenrate durch archaische und schwer veränderbare Indikatoren in Motivationslagen gebracht werden kann. Die Frage ist nicht, sollten wir die Kindersterblichkeit durch Impfprogramme senken? Das ist für mich ein ethisches Gebot. Darüber kann man nicht diskutieren. Die Frage ist, wie stellen wir sicher, dass diejenigen, die leben, in einem menschenwürdigen Umfeld leben können? Da muss man fragen, was *Good Governance* ist in Bezug auf das, was von der Regierung erwartet werden muss. Da gibt es das Beispiel in Sri Lanka; Kerbala in Indien ist das andere. Das ist internationale Solidarität, die hier geleistet werden muss. Ich halte es für einen absoluten Zynismus zu sagen, wenn mehr Kinder sterben, regeln wir das Problem über die Sterberaten. Es ist übrigens ineffizient. Es werden pro Tag 300 000 Kinder geboren, und es sterben pro Tag etwa 150 000 Menschen. Sie müssten die Sterberaten sehr viel deutlicher erhöhen, um den gleichen Effekt wie bei der Senkung der Geburtenraten zu haben.

Die Frage ist, ist es die Rolle eines einzelnen Unternehmens? Wir haben es hier mit hoch komplexen Problemen zu tun und mit Mosaiksteinen von Lösungen. Die Novartis AG oder ein anderes Unternehmen hat zu diesem Mosaikbild nur ein oder zwei Steine. Die verlange ich von ihm. Das Bild kommt aber erst zustande, indem andere soziale Akteure ihre Steine liefern: Es braucht im Bezug auf Indien auch eine Ressourcenallokation. Indien hat eine Atombombe; Indien kann interkontinentale Raketen starten; Indien unterhält einen sehr kostspieligen Kaschmir-Konflikt. Es ist sicher nicht nur eine Frage der Ressourcenverfügbarkeit; es ist auch eine Frage der Ressourcenallokation.

Was kann ein Unternehmen machen, wenn es hier ist? In welchen Bereichen sind wir bereit, von Marktmechanismen auf Dauer abzuweichen? Wir Unternehmen geben alle Lepramedikamente kostenfrei ab, bis zur Elimination der Krankheit. Hier besteht ein *Commitment*, und das ist öffentlich. Das kostet uns 10 Millionen Dollar im Jahr. Das kann man machen: Novartis macht genug Gewinn.

Es gibt Differential Pricing. Das heißt, es gibt zwei Preise: einen für die Industrieländer, und für die armen Länder geben wir Produkte zu anderen Bedingungen ab. Das hat zwei Hypothesen, die nicht immer eingehalten werden: Die erste, wichtigste Hypothese geht davon aus, dass der Konsument im Norden auf Dauer bereit ist, eine Quersubvention für die Armen zu bezahlen. Da habe ich so meine Zweifel, dass das auf Dauer funktionieren wird.

Aber die andere Frage ist, was ist die Arbeitsteilung in Unternehmen? Wir haben ein sog. *Corporate Social Responsibility Stearing Comittee.* Dort werden politische Entscheidungen gefällt. Dort wird auch das Orientierungswissen angebracht. Aber wenn man das nur als Basler Angelegenheit betrachtet, dann wird es in einem Unternehmen, das in 120 Ländern arbeitet, nicht funktionieren. Sie müssen das letztlich als eine Linienverantwortung ansehen. Sie müssen das mit Zielvereinbarungen und mit Erfolgskontrollen umsetzen, sonst geht das nicht. Es gibt Unternehmen, auch in Deutschland, wo der Verwaltungsratspräsident Bücher über Unternehmensethik publiziert hat. Dort im Unternehmen meinen die Leute, sie lachen darüber, weil sie völlig andere Signale über die Linienverantwortung bekommen, als das was der Herr Sowieso sagt, der die Bücher schreibt. So etwas ist viel schädlicher, als gar nichts zu tun.

Ich bin der Meinung, wenn ein Unternehmen sagt, wir wollen das nicht, oder wir können das nicht, kann man sagen: „Schade, aber Sie sind wenigstens ehrlich." Aber wenn das allzu sehr auseinander klafft, die Rhetorik der Führungsetage und die Realität des Rests des Unternehmens, dann verlieren Sie gute Leute, weil sie das nicht aushalten. Das Mittelmaß wird immer bleiben. Und die Schlechten werden tun, was Sie wollen. Und das kann es letztlich nicht sein. Dass das ein steiniger Prozess ist, das müssen Sie mir nicht erklären. Ich mache das seit 30 Jahren.

Unternehmensberater I:

Bezug nehmend auf meinen Vorredner habe ich folgende Frage. Findet das ethische Dilemma nicht weniger auf der Ebene des Einzelnen als vielmehr auf der Ebene der Organisation oder der Doktrin statt? Wenn die evangelischen und die katholischen Kirchen in Indien sozial karitativ im Sinne der Menschenrechte aktiv werden, dann aus dem Hintergrund heraus, missionarische Tätigkeiten zu verrichten, um Seelen zu gewinnen. Sie tun das aber auch aus der westlichen und christlichen Idee heraus, Kinder müssen überleben. Das war bei uns in unserem soziokulturellen Kontext ja auch der Fall. Da wurden Kinder zur Amme auf das Land geschickt, wissend, dass von zehn Kindern eines zurückkommt.

Ist das ethische Problem nicht eher ein Problem auf der Ebene der Doktrin, dass ein Unternehmen ein bestimmtes Selbstverständnis in unserer Gesellschaft hat? Was dazu führt, ein bestimmtes Steuerrecht zu fordern oder auch zu nutzen, das Verluste im Großbritannien – meinetwegen durch Aufkauf eines Konzerns, der dann kaputt geht – hier in Deutschland absetzen lässt. Das hat die Folge, dass in Deutschland bei besten Ergebnissen die Steuereinnahmen dieses Konzerns fehlen. Oder eine Rentengesetzgebung ermöglicht eine Altersrente ab 60, früher 65. Das wird sofort im Unternehmen in Arbeitsverträge umgesetzt, indem man sagt: „Du arbeitest maximal bis zum 60. Lebensjahr." Das steht dann im Arbeitsvertrag. Ich habe solche Verträge gehabt. Ein bestimmter Zustand der Sozialversorgung in diesem Staat findet durchaus aus dieser Nutznießung durch das Unternehmen statt. Und man beklagt sich aber heute darüber, die Sozialbeiträge wären zu hoch, die aber eine Relevanz für die Gesellschaft haben.

Klaus Leisinger:

Ich gehöre zu jener 68er Generation, die von der Privatisierung der Rendite und Sozialisierung der Verluste gesprochen hat. Das findet in dem Bereich der vorgezogenen Ruhestandsregelung statt. Das war Verlagerung der Kosten von der privaten in die öffentliche Hand. Es ist für mich Politikversagen, es ist kein Gefangenendilemma. Wir haben meiner Meinung nach mindestens drei Ebenen. Die eine Ebene ist die politische Ebene. Was haben wir für Spielregeln? Das ist die Politik. Und wir haben die Unternehmenspolitik, das sind die Spielzüge innerhalb der Regeln. Und wir haben dann die Individualentwicklung, bei der man sagen muss: Welche Menschen setzen das wie um? Solange wir hier im Prinzip Ambivalenzen schaffen, dass der Gute der Dumme ist, sollten wir uns nicht wundern, wenn man das als Unternehmen oder als andere Institution ausnützt.

Ich möchte jetzt einfach nur des lustigen Inhalts wegen sagen, schauen Sie mal, wie die Gewerkschaften in Ihren Betrieben umgegangen sind, die ja ganz anders argumentieren. Wenn man von den Spielregeln her *Fouls* erlaubt, wo man die gelben und roten Karte abgibt, dann führt man ein Kalkül ein, nach dem man sagt: „Ja, wenn das geht, werden wir das machen." In Amerika haben sie Arbeitsverträge, in denen keine Altersgrenze mehr steht, weil hier mehrere Leute prozessiert haben: „Mit 65 nicht mehr weiter arbeiten zu dürfen, das ist *Age Discrimination*." Schwups, war das weg. Heute können Leute bis 70 arbeiten. Vielleicht ist es ganz sinnvoll, wenn Menschen die geistige Berufe ausüben, solange arbeiten können sollen, wie sie wollen. Aber Menschen, die am Rande ihrer körperlichen Kraft arbeiten müssen, sollten vielleicht mit 55 aufhören. Es gibt ja viele rationale Gründe dafür.

Aber ich möchte jetzt auf die klare Frage antworten: Ich finde das nicht in Ordnung, wenn so etwas passiert. Nur, dann müssen wir auf dem Gesetzesweg die Spielregeln ändern und nicht das Unternehmen, das das nachher ausnützt, wenn es um kurzfristige Rentabilität geht. Das hat mit Unternehmenspolitik zu tun, aber da wäre der Gute der Dumme. Das macht keinen Sinn. Unabhängig von der ethischen Bewertung, ist es immer noch nicht das, was ich als das „Gelbe vom Ei" sehe.

Wenn man betrachtet, was hier in Deutschland seit Jahren an Mangel an handwerklichen Qualitäten des Politischen läuft, muss man sich nicht wundern, wenn selbst Leute, die es gut meinen, nicht mehr durchblicken, was es bedeutet, wenn sich jetzt gesetzlich etwas verändert. Dann führt das zu einem Ausfiltern dessen, was als profitabel und nicht profitabel angeschaut wird. Ich möchte jetzt nicht noch mehr verwirren, indem ich feststelle, dass durch Steinkohle-Subventionen noch heute neue Lehrlinge für Untertagebau ausgebildet werden, anstatt dieses Geld für Strukturveränderungen in anderen Bereichen zu investieren. Fehlhandlungen auf Unternehmensebene werden nicht legitimiert durch politische *Bad* oder *Good Governance*. Aber zumindest in einem Land in der Mitte Europas würde ich erwarten, dass man sich hier manchmal besser Gedanken macht, bevor man etwas herauslässt, das nachher zu anderen Konsequenzen führt.

Gewerkschaftler:

Sie haben die Bedeutung des Managements beschrieben. Ich habe eine Frage zu der Ausgestaltung des ganz einfachen Arbeitsplatzes. Wenn ich so durch die Stadt gehe und frage Ausländer — egal ob sie bei Siemens arbeiten oder an der Universität — wie sie denken, wie sie hier besser mitbestimmen können, oder wie sie ihr Land, aus dem sie kommen, rückbefruchten können. Da sagen über 90 %, sie wissen gar nicht, was ich meine. Jetzt glaube ich, dürfen wir bei den Tarifverhandlungen der Gewerkschaften nicht nur über Finanzen reden, sondern wir müssen an ethischen Werten hineinbringen können, was Arbeit ist. Aber Arbeit ist so ein pauschales Wort. Da gehört vielmehr etwas Soziokulturelles,

Sozialpädagogisches in die Definition hinein: Was gibt es für Leistungen an dem Arbeitsplatz, die das Zwischenmenschliche stärker ausgestalten? Haben Sie da ein paar konkrete Vorschläge, wie wir das in unserer Republik einmal voranbringen können?

Klaus Leisinger:
Nein, ich habe da keine Vorschläge. Wenn Sie auf *www.fairnessstiftung.de* gehen, finden Sie Angaben über *Mobbing*, über mieses zwischenmenschliches Verhalten in deutschen Unternehmen. Der wirtschaftliche Schaden beläuft sich auf etwa 18 Mrd. Euro pro Jahr. Geht es hier um die Individualethik der Menschen? Wenn ja, was bedeutet es in einem Unternehmen? Ab dem 24. Lebensjahr gilt die Sozialisation im Großen und Ganzen abgeschlossen, auch die ethische Sozialisation. Kann man da noch etwas machen? Was kann das Unternehmen machen?

Ich glaube, die Probleme liegen trotz modernster Technik für mich nicht so sehr in Deutschland, in der Schweiz oder in Europa. Die Probleme liegen für mich sehr viel mehr in Ländern wie Indien, China oder Südafrika, wo sie Arbeitslosigkeitszahlen von 33 bis 45 % bei Erwachsenen haben. Dort ist die Macht des Einzelnen, der arbeiten will, so gering, dass man ihm viele Dinge mehr zumuten könnte, als man das unter ethischen Gesichtspunkten tun sollte. Ich habe oft das Gefühl, ohne jetzt im Einzelfall etwas schön reden zu wollen, dass die Diskussion bei uns eine Luxusproblem-Diskussion ist, im Vergleich zu dem, was in drei Viertel der restlichen Welt passiert. Für mich ist die Gefahr der Globalisierung, wenn sie nicht auch eine Werteglobalisierung ist, dass es zu einer Erosion von Standards anstatt zu einer Anhebung von Standards kommen wird. Die Unternehmen, die international akzeptabel arbeiten wollen, sollten eben nicht nur Produktionsstandorte verschieben, sondern Wertestrukturen innerhalb des Unternehmens geltend machen.

Vertreter des Arbeitskreises Postautistische Ökonomie:
Wenn ich Sie richtig verstanden habe, ist das Problem nicht die Steuerzahlung, sondern dass der Staat die richtigen Regeln vorgibt.

Klaus Leisinger:
In diesem konkreten Fall war der Inhalt dieser Frage: Soll BMW in München die Verluste von Rover absetzen dürfen? Das ist für mich eine Frage des Steuerrechts. Wenn BMW das kann, dann werden sie das tun. Und wenn sie das nicht dürfen, dann ist die Frage, werden sie dann

Steuern hier in München bezahlen, oder werden sie ihren Betriebsstandort in die Schweiz verlegen?

Vertreter des Arbeitskreises Postautistische Ökonomie:
Dann habe ich Sie richtig verstanden. Das heißt aber dann, dass Unternehmen wie Novartis mit Gruppierungen wie ATTAC (*globalisierungskritische Nichtregierungsorganisation; Anm. der Hrsg.[1]*) zusammenarbeiten müssten, um das Steuerrecht zu ändern, um der Erosion der Steuerbasis vorzubeugen. Das sind in verschiedenen Bereichen Milliardensummen, die dann auch hier an den Hochschulen oder für Entwicklungspolitik fehlen.

Klaus Leisinger:
Es gibt mehrere Beispiele. Das eine ist Rover bei BMW. Das zweite ist die Fokker bei Daimler Chrysler. Im Großen und Ganzen sind das meines Wissens drei oder vier Extremfälle gewesen, die bei hochprofitablen Unternehmen dazu geführt haben, dass sie keine Steuern zahlen. Die Telekom war auch so ein Fall. Die Frage ist nicht, wie viel Prozent der Steuer im Einzelfall das ist. Stoßend ist, dass ein Unternehmen, das Milliardengewinne macht, nicht in dem Maße, wie es den Regeln der Fairness entspricht, zur Steuer herangezogen wird.

Die Problematik, die wir hier haben, ist aber auch noch eine andere; und das sage ich nach bestem Wissen und Gewissen. Ich habe das Gefühl, in Deutschland wird im Großen und Ganzen im politischen Bereich gesucht, wie die Gehälter gefunden werden, die man braucht, um die Bedürfnisse der Bürokratie und der Politik zu befriedigen. Das ist nur meine Meinung. Ich habe das Gefühl, dass man zumindest glaubwürdig von beiden Seiten an die Problematik herangehen soll. Das sind Dinge, die nicht durch Administration und Politik gemacht werden müssen.

Aber im Prinzip haben Sie Recht, dass es als stoßend empfunden wird, wenn es solche Dinge gibt. Die Frage, ob das die Spitze des Eisberges ist oder der ganze Eisberg, liegt wahrscheinlich an der Schönheit in den Augen des Betrachters.

---

[1] ATTAC als Akronym steht für *association pour une taxation des transactions financières pour l'aide aux citoyens et citoyennes*, was bedeutet „Vereinigung für eine Besteuerung von Finanztransaktionen zum Wohle der Bürger und Bürgerinnen" (www.attac.de).

Vertreter des Arbeitskreises Postautistische Ökonomie:
Diese ethischen Vorschläge hören sich immer gut an. Es stecken sicher sehr gute Ideen drin. Es hört sich nur sehr ähnlich an, wie die Debatte in den siebziger Jahren um die neue Weltwirtschaftsordnung, um die Gründung der UNCTAD (*United Nations Conference on Trade and Development, Konferenz der Vereinten Nationen für Handel und Entwicklung; Anm. der Hrsg.*).
Es geht um die Ideen, dass da zum ersten Mal die Großunternehmen wahrgenommen wurden und wie sie international handeln. Damals wurde der *Code of Conduct* der OECD eingeführt. Als die Öffentlichkeit von dem Thema weg war, war natürlich auch der Code of Conduct weg, und alles erodierte.

Klaus Leisinger:
Der Code of Conduct ist ja noch da. Das prinzipielle Problem der *New Economic Order* war, dass man international eine Bürokratie aufbauen sollte, nach dem System der sozialen Planwirtschaft, was letztlich nicht durch die Politik gedeckt war. Das war in der UNO nicht mehrheitsfähig. Das sind die beiden Extreme. Ich möchte, dass der Staat über diese Mittel verfügt, damit er seine Kernkompetenzen in angemessener Qualität auch umsetzen kann. Wir können nicht einen Staat als Kompetenzträger berufen, wenn wir ihm die dazu notwendigen Mittel nicht zur Verfügung stellen. Die gibt es nur über die Steuern. Und da ist es einfach stoßend, dass die Putzfrau im Angestelltenverhältnis an der Stelle bluten muss und andere, wie Unternehmen, Gewinn machen.
Die Frage ist aber auch: Was sind die notwendigen Kernkompetenzen des Staates? Was kann der Staat? Was braucht der Staat nicht? Sie wissen vielleicht auch, dass der Staat heute noch immens mitredet: bei der Telekom, bei der Post. Muss das der Staat? Und wenn der Staat das nicht muss, was für alternative Möglichkeiten gibt es? Muss – entschuldigen Sie, wenn ich jetzt jemandem auf die Füße trete – muss ein Professor im Beamtenverhältnis sein? Warum sind das nicht Angestelltenverhältnisse? Warum bezahlt man dann die Leute nicht entsprechend, anstatt über die Sicherheit des Arbeitsplatzes zu diskutieren? Es gibt viele solche Fragen, die auch in den gleichen Diskussionstopf gehören.

Unternehmensberater II:
Sie haben mehrfach von moralischer Gauß-Verteilung gesprochen, was ja Quantifizierung von Moral voraussetzt. Wie quantifizieren Sie das?

Klaus Leisinger:

Ich quantifiziere das nicht. Soziologisch gesehen, finden Sie eine bestimmte Verteilung für die meisten Probleme von der Schwulenehe bis
zu allen anderen Fragen. Da waren – im Mittel – immer 12 bis 13 %
dafür und immer etwa 12 bis 13 % dagegen. Das sind die Leute, die sich
festlegen. Das ist in den Unternehmen so; das ist außerhalb der Unternehmen so. Das ist jetzt auch nicht gut oder schlecht, moralisch gut oder
moralisch schlecht, sondern das sind reine Faktenprobleme, die dahinter
liegen. Und Sie haben hier ca. 70 % Menschen, die im Prinzip lernbereit
sind, zuhören können, reflektieren können, und denen das eigentlich
total egal ist, was wir machen. Wenn Sie jetzt diskutieren: Sollen wir
oder sollen wir nicht mit adulten embryonalen Zellen arbeiten? Dann
haben ganz viele Personen Probleme. Sie sagen: „Auf gar keinen Fall
auch adulte Stammzellen. Sie enthalten die ganze Individualität. Das ist
eine Sünde." Sie haben Leute, die sagen: „Alles was geht, machen wir."
Das sind die beiden irrelevanten Teile für die internen und die externen
Entscheidungsfindungen. Dies ist die moralische Gauß-Verteilung. Was
empfinden Menschen als gut und böse, was empfinden sie als akzeptabel
oder nicht akzeptabel? Wie ist es da draußen, wie ist die Gesellschaft?

Ich komme sehr oft in eine Situation, in der junge Menschen, Studenten oder NGOs davon ausgehen, dass die Novartis-Gauß-Verteilung
auf die böse Seite verschoben ist. Wenn man schon die Löhne sieht,
geschweige anderes, dann kommt hier etwas herein, was einen morali-
sierenden Charakter hat. Aber das ist nicht so. Fakt ist, bei jedem Unternehmen, das mehr als tausend Leute hat, haben Sie eine fast identische
Verteilung von „das empfinde ich als moralisch akzeptabel oder inak-
zeptabel" aus dem Raster der verschiedenen Probleme – von der
Stammzellenforschung bis hin zu Umweltproblemen. Deshalb meine
ich, Sie können die Leute in Unternehmen in dieser Hinsicht über die
gleiche Ebene ansprechen.

Unternehmensberater II:

Das betrifft also nur die Einstellungen?

Klaus Leisinger:

Das ist die Einstellung!

Wissenschaftlicher Mitarbeiter:

Ich wollte Sie zu Individualethik befragen. Sie haben nie das Wort
Gewissen erwähnt; dass man, wenn man Manager in China oder Indien

ist, auch mal sein Gewissen befragen kann. Es setzt natürlich voraus, dass eine Erziehung vor dem 24. Lebensjahr gefördert wurde.

Klaus Leisinger:
Natürlich ist es eine Gewissensfrage. Natürlich brauchen wir Leute, die Gewissen haben. Erst recht brauchen wir bei Leuten, deren Entscheidungen für andere Menschen Konsequenzen haben, dass sie ein Gewissen haben und das auch nutzen, und zwar in den Betrieben, nicht nur am Sonntagmorgen. Aber die Frage ist: Wie können sie als Unternehmen Einfluss auf die Gewissensbildung nehmen? Ich glaube, eher nein. Was ich als Unternehmen kann, ist die richtigen Anreizsysteme zu haben, dass diejenigen, die ihrem Gewissen entsprechend handeln, auch im Unternehmen nicht die Dummen sind; dass also Feedback-Mechanismen sie darin verstärken, in dem, was sie tun wollen.

Vertreter von ATTAC:
Ist denn Novartis eigentlich nicht schon viel zu groß? Der Aspekt, der mir gefehlt hat, war: Ein zentraler Aspekt eines Unternehmens ist es halt doch, Gewinne zu erwirtschaften. Wenn ein Konzern politische und ökonomische Macht hat, kann er das über viel mehr Arten und Weisen tun als ein Mittelständler. Und ökonomische Macht über Patentschutz ist einfach ein Faktum. Da stellt sich die Frage, ob die Marktkräfte überhaupt funktionieren, wenn man sich anschaut, mit was für Werbekampagnen Ritalin$^{®}$ in die Märkte hineingedrückt wurde. Novartis hat das Präparat mit einer gigantischen Marketingoffensive zur allgemein akzeptierten Kinderdroge schön geworben. Mir ist das zu statistisch, was hier passiert. Ist jetzt Stammzellenmanipulation gut oder schlecht?
Diese Gauß-Verteilung ergibt sich bezüglich bestimmter Fragen aus einem gesellschaftlichen Prozess heraus. Und dieser gesellschaftliche Prozess wird in eben dieser Standortwettbewerbsgesellschaft, oder andere Leute sagen Turbokapitalismus, in eine ganz bestimmte Richtung verschoben, in eine ganz bestimmte Entwicklungsrichtung. Und wenn Novartis Milliarden irgendwo reininvestiert hat, dann wird die Frage nicht mehr neutral zu stellen sein, ob irgendetwas ethisch vertretbar ist oder nicht, sondern dann wird eben das durchgedrückt. Dazu hat man bei Novartis natürlich Mittel und Wege. Es gibt meines Erachtens nur die Gesellschaft, die versuchen kann, irgendwie Wertehandlung und Werteorientierung in so ein Unternehmen hinein zu bringen. Deswegen ist Unternehmensethik ein Anhängsel von einer gesellschaftlichen Ethik. Es stellt sich die Frage, ist denn die Gesellschaft überhaupt noch in der

Lage, sich zu äußern, wenn Konzerne in einem derartigen Standortwettbewerb stehen und die Konzerne alles durchdrücken können?

Klaus Leisinger:
Spezifisch kann ich zu Ritalin® sagen: Da liegt die Schönheit in den Augen des Betrachters. Ich habe eine eigene Meinung dazu: Mein Kind hätte nach nordamerikanischen Standards Ritalin® verschrieben bekommen. Wir haben es in den Turnverein geschickt; das hat seine überhöhte Aktivität in andere Bahnen gelenkt. Wissen Sie, Ritalin® ist 40 Jahre alt. Es ist längst nicht mehr patentiert und seit 40 Jahren völlig umstritten. Es gibt viele Menschen, die dezidiert dagegen sind. Und es gibt viele Ärzte, die dezidiert dafür sind. Ich, als Eltern, würde meinem Kind nicht Ritalin® geben wollen. Ich würde die Verantwortung der Eltern anfordern, dass sie in diesem Zusammenhang nicht nur das akzeptieren, was die Ärzte ihnen verschreiben. Aber das ist nicht nur bei Ritalin® so. Es gibt eine Reihe von Medikamenten, die unterschiedlich in der Medizin bewertet werden. Jahrelang hat man in Amerika für Betablocker kein Geld gegeben, weil man da Bypass-Operationen für das bessere Mittel gehalten hat.

Das ist nicht unbedingt eine ethische oder eine Machtfrage, das ist das Eine. Das Andere ist Größe. Wissen Sie, welche Größe denn jetzt groß genug ist? Bei uns sagt man – und das ist abgeleitet von einem Glaubenssatz – man müsse mindestens sechs bis acht Mrd. Franken pro Jahr in die Forschung investieren können, sonst hätte man bei diesem Generika-Druck heute keine Chance mehr zu überleben. Zum Beispiel: Voltaren® ist ein Produkt, das hat zwei Mrd. Umsatz gemacht. Nachdem der Patentschutz entfallen ist, ist es auf einen Bruchteil heruntergefallen, weil man es nun als Diclofenac oder in anderen generischen Formen kaufen kann. Das hat mit den Patenten zu tun. Die Frage ist nicht: Wollen wir Patente oder wollen wir nicht Patente? Die Frage ist: Wollen wir private Forschung oder nicht? In der öffentlichen Forschung braucht es keine Patente. Sobald Sie ein Unternehmen dafür brauchen, will das Unternehmen seine Forschung refinanzieren. Das geht nur über Patente. Es braucht heute so 6 bis 8 Jahre, bis ein Produkt auf dem Markt ist. Der Patentschutz dauert 20 Jahre. Sie können also 12 Jahre etwas verkaufen. Ist das genug oder ist das zuviel? Das sind Fragen, die in unserer Gesellschaft völlig unterschiedlich beurteilt werden. Das habe ich ganz am Anfang gemeint, als ich sagte *Licence to Operate*. Aber das glaube ich nicht, dass das als solches zur Diskussion gestellt wird. Schauen Sie an, was im Ostblock oder der Türkei passiert ist, wo es keine Patente gibt, was mit Innovationen aus dem Westen passiert ist. Das ist meiner Meinung nach lapidar. Aber die Frage: Was ist eine gerechte Länge von Patenten? Das hat mit Gesellschaft zu tun, das hat mit Politik zu tun, das hat mit Gerechtigkeit zu tun, mit Fairnessüberlegungen. Und da ist ein Unternehmen gut beraten, wenn es sich hier Gedanken macht: „Wie können wir im Grenzbereich umgehen, mit einer sanften Art von Patenten, mit Freigabe von Patenten, mit Differential Pricing?" Es gibt viel innovativere Mittel als allein die Ja-Nein-Frage, Patente oder Nicht-Patente.

Was das Marketing angeht: Lipobay® von Bayer wurde zu einem großen Skandal hochgejubelt. Lipobay® ist ein Cholesterinsenker, der nachgewiesen die Infarkt- und die Hirnschlagshäufigkeit senkt, weil es den Cholesteringehalt im Blut senkt. Nach bestem Wissen und Gewissen sind weltweit sechzig Menschen an Lipobay® gestorben, weil sie es anders eingenommen haben, als Arzt und Beipackzettel gesagt haben. Bayer wurde als skrupelloses Unternehmen in die Ecke gestellt, das Milliardengewinne macht und solche Nebeneffekte akzeptiert. Gleichzeitig gibt es heute zwischen fünf- und siebentausend Viagra®-Tote. Menschen, die an Herzinfarkt oder an Kreislaufkrankheiten sterben, weil sie sich sportlich in einem Alter betätigen, in dem das vielleicht nicht so gemacht werden sollte. Die Viagra®-Sterblichkeit wird nicht einmal problematisiert. Das hat mit männlicher Sexualität zu tun. Das ist nicht etwas, das man auf dem offenen Markt austrägt, geschweige denn zugibt oder gar problematisiert. Sie haben für einen *Lifestyle Drug* 6000 bis 8000 Tote als akzeptierten Posten und für eine lebensrettende Medikation um die 60 Tote, einen unakzeptierten Posten. Wie soll ein Unternehmen damit umgehen? Das gebe ich Ihnen jetzt einfach mit nach Hause.

Spezifische Themenfelder

Alexander Thomas

Interkulturelle Handlungskompetenz als Bedingung wirtschaftsethischen Verhaltens in der internationalen Zusammenarbeit

Thesen
Begründungen
Beispiele für Probleme wirtschaftsethischen Verhaltens im internationalen Management
Interkulturelle Kompetenz
Verantwortungsethik im internationalen Management
Konsequenzen
Literatur
Diskussion

Helmut Heid

Übertragung von Verantwortung – die Verwandlung fremdbestimmten Sollens in selbstbestimmtes Wollen?

Einleitung
Zwecke betrieblicher Verantwortungsübertragung
Was „ist" Verantwortung?
Handlungsabhängigkeit zu verantwortender Ereignisse
Konsequenzen der Vernachlässigung wesentlicher Voraussetzungen verantwortlichen Handelns
Retrospektive versus prospektive Verantwortlichkeit
Bedingungen verantwortlichen Handelns
Problematik aller Versuche, Verantwortungsbereitschaft zu „vermitteln"
Literatur
Diskussion

Bernhard Laux

Ökonomische Vernunft und ihr Anderes – oder: Warum baut Nike Kathedralen?

Prof. Dr. Alexander Thomas
Universität Regensburg

Interkulturelle Handlungskompetenz als Bedingung wirtschaftsethischen Verhaltens in der internationalen Zusammenarbeit

Thesen

Das Thema geht von folgenden Annahmen aus:
1. Wirtschaftsethisches Verhalten spielt nicht nur in der Nationalökonomie und im nationalgebundenen Human Ressource Management eine Rolle, sondern auch in der internationalen Zusammenarbeit.
2. Wirtschaftsethisches Verhalten gelingt nicht allein aufgrund des guten Willens und der moralischen Integrität der Akteure, sondern bedarf besonderer Anstrengungen.
3. Kulturspezifische Determinanten sind bei der Anwendung wirtschaftsethischen Verhaltens in der internationalen Zusammenarbeit zu berücksichtigen.
4. Interkulturelle Handlungskompetenz ist eine Voraussetzung zum Gelingen wirtschaftsethischen Verhaltens.

Begründungen

Für wirtschaftsethisches Verhalten spielen moralische Dilemma-Situationen eine entscheidende Rolle, was sich ja auch schon im Titel der Ringvorlesung zeigt: Ökonomie und Moral bzw. Ethik. Wie in moralischen Dilemma-Situationen entschieden wird, richtet sich nach den Kriterien für handlungsrelevante Entscheidungen, wobei die Prioritätensetzung individuumsspezifisch, gruppenspezifisch, unternehmensspezifisch und schließlich kulturspezifisch erfolgen kann.

Wenn man Kultur als Bedeutungs- und Orientierungssystem definiert, das einen maßgeblichen Einfluss auf das Verhalten der sich ihr zugehörig fühlenden Mitglieder ausübt, dann ist das individuelle

Verhalten in Bezug auf die Prioritätensetzung in moralischen Dilemma-
ta-Situationen mehr oder weniger stark determiniert von den national-
kulturellen, unternehmenskulturellen bzw. gruppenkulturellen Vorgaben. So wird ein Mitarbeiter in deutschen Unternehmen nach Leistung
und nicht nach Bedürftigkeit bezahlt. Die aufgrund von Tarifvereinbarungen vom Unternehmer zu zahlende Grundentlohnung, verbunden mit
einer aufgrund individueller Leistungen erworbenen Zuzahlung, wird als
eine gerechte Entlohnung angesehen, unabhängig davon, ob dieser Be-
trag ausreicht, dass der Mitarbeiter den ihm obliegenden Verpflichtungen seiner Familie gegenüber gerecht werden kann oder nicht. Verpflichtungen, auch finanzieller Art, gegenüber Familienmitgliedern,
Verwandten, Freunden und sonstigen abhängigen Personen trägt der
Einzelne alleine, sie fallen nicht in die Verantwortung des Unternehmens, bei dem er beschäftigt ist. Der Mitarbeiter muss selbst sehen, wie
er mit diesen Verpflichtungen zurechtkommt. In Deutschland und vielen
westlichen Ländern gilt es, die scharfe Trennung zwischen privatem und
beruflichem Aufgaben- und Verpflichtungsbereich zu beachten. Eine
Vermischung beider Bereiche gerät immer in den Verdacht der Vettern-
wirtschaft, Begünstigung und der Korruption. Auf jeden Fall ist damit
eine Leistungsminderung verbunden, so die gängige Meinung.

In ostasiatischen Ländern beispielsweise trägt der Mitarbeiter aufgrund der kulturellen Werte-, Normen- und Regelsysteme (z. B. Konfu-
zianismus, Daoismus) zunächst einmal nur und ausschließlich eine hohe
Verantwortung seinen Familienangehörigen gegenüber. Für sie hat er zu
sorgen, für ihr Wohlergehen hat er Verantwortung zu tragen, das Wohl
der Familie genießt oberste Priorität und ist wiederum die Basis für die
eigene Existenz. Fürsorge, Rücksichtnahme, Aufopferung, Anstrengungen jeglicher Art zum Wohle der Familie sind selbstverständliche Gebo-
te und werden bei Missachtung im Diesseits und im Jenseits geahndet.
Hinzu kommt, dass in diesen Kulturen Erwerbsarbeit, der dazu erforder-
liche Leistungsaufwand und die zu erzielenden Gewinne nicht getrennt
und losgelöst betrachtet werden von der allgemeinen persönlichen, familiären und sozialen Lebensgestaltung. Beides wird als miteinander verzahnt und in einem ganzheitlichen Lebenskontext miteinander verwoben
wahrgenommen und bewertet. Es wird zwar eine Verpflichtung des
Arbeitnehmers gegenüber dem Arbeitgeber zur Erbringung der erforder-
lichen Arbeitsleistungen anerkannt, aber wenn der Einzelne in eine Situation gerät, in der er sich entscheiden muss zwischen der Verpflichtung
gegenüber dem Arbeitgeber und der moralischen Verpflichtung gegenüber der eigenen Familie, wird er, wenn eine Umgehung des Dilemmas

unvermeidlich ist, sich für die Familie und deren Wohlergehen entscheiden. Diese Familien-, Clan- und Gruppenverpflichtungen sind von viel existenziellerer Bedeutung als die Verpflichtungen gegenüber dem Arbeitgeber, die ja nur domänspezifischen, partiellen, zeitlich begrenzten und schnell wechselnden Bedingungen unterliegen.

In diesen, auch mit dem Begriff *High Context Cultures* bezeichneten Kulturen, womit gemeint ist, dass die Menschen sehr stark in einen sozialen Kontext eingebunden sind, der ihnen unausweichliche Verpflichtungen auferlegt, wird vom Arbeitgeber erwartet, dass er auf diese familiären, privaten, sozialen Verpflichtungen Rücksicht nimmt und bei der Einforderung zugesagter Arbeitsleistungen entsprechende Konzessionen macht. Damit übernimmt der Arbeitgeber bzw. der Betrieb eine Verantwortlichkeit seinen Mitarbeitern gegenüber, die deutlich über den in westlichen Kulturen klar abgegrenzten Domänbereich „Erwerbsarbeit" hinausgeht.

Bekannt ist die umfassende Fürsorglichkeit traditioneller japanischer Unternehmen ihren Mitarbeitern gegenüber, nicht nur in Bezug auf eine dauerhafte resp. lebenslange Beschäftigungsgarantie, sondern auch in Bezug auf die Schaffung sozialer Versorgungseinrichtungen, nicht nur für den einzelnen Mitarbeiter, sondern auch für dessen Familienangehörige. Verantwortungsvolles ethisches Verhalten traditioneller japanischer Unternehmer bekommt somit eine völlig andere Qualität und unterliegt anderen Normsetzungen als dies bei deutschen Führungskräften und Unternehmern der Fall ist. Auch ein Professor wird unter Umständen in die Pflicht genommen, neben allen anderen, für das leibliche und seelische Wohl seiner Studenten zu sorgen.

Nebenbei sei bemerkt, dass neueste Beobachtungen und vergleichende Forschungsarbeiten über die Dynamik wirtschaftlicher Entwicklungsprozesse in japanischen Unternehmen im Vergleich zu westlichen Industrieunternehmen offensichtlich Konvergenztendenzen belegen, die darin bestehen, dass einerseits internationale und global tätige japanische Unternehmen diese traditionellen umfassenden Verpflichtungen ihren Mitarbeitern gegenüber reduzieren (z. B. Abrücken von der lebenslänglichen Beschäftigungsgarantie) und dass andererseits Unternehmen in den westlichen Industrienationen stärker als noch vor Jahrzehnten den Mitarbeiter nicht nur als ein in einem bestimmten System zu funktionierendes Individuum behandeln, sondern ihn wieder mehr in seinem sozialen Umfeld betrachten und so wieder mehr eine Verpflichtung darin sehen, auf sein Wohlbefinden und damit den dauerhaften Erhalt der Leistungsfähigkeit zu achten. Das zunehmende Interesse an

Coaching-Maßnahmen für Führungskräfte im Auslandseinsatz und die Einbindung von mitausreisenden Familienmitgliedern in die Auslandsvorbereitung von Fach- und Führungskräften sind z. T. aus diesem Paradigmenwechsel heraus zu erklären.

Beispiele für Probleme wirtschaftsethischen Verhaltens im internationalen Management

Die folgenden Beispiele stammen aus Forschungsarbeiten zum Thema „Kulturell bedingt kritische Interaktionssituationen zwischen deutschen Managern und ausländischen Partnern" sowie aus Trainings- und Beratungsgesprächen zur Förderung interkultureller Kompetenz. Es handelt sich um authentisch erlebte und in Interviews berichtete Interaktionssituationen, die für den deutschen Partner erwartungswidrig verliefen und so zu Verunsicherungen, zu Orientierungs- und Kontrollverlust führten und unter Umständen den Beziehungsabbruch zur Folge hatten.

1. Beispiel: Expertenteam in Tansania
Situation: Im Rahmen einer Nachbereitungsstudie im Auftrag deutscher Kreditgeber besucht ein zweiköpfiges Expertenteam die Zementfabrik „Saruji" in der Küstenregion Tansanias. Die Fabrik war vor 27 Jahren mit deutscher Hilfe errichtet worden und beliefert die gesamte Region mit dem notwendigen Baustoff. Grund für den Besuch ist die geringe Kapazitätsauslastung der Anlagen, die nur zu 20 % genutzt werden. Es sollen mit dem Management der Zementfabrik die Kosten für ein Rehabilitationsprogramm ausgehandelt werden. Bei ihrer Ankunft werden die Experten mit einem festlichen Empfang geehrt. Als sie jedoch die Anlagen besichtigen wollen, stellen sie nach kurzer Recherche verwundert fest, dass seit Tagen die ohnehin geminderten Laufzeiten der Maschinen fast völlig zum Erliegen gekommen sind. Auf Nachfrage gibt das Management an, dass zurzeit größere Lieferschwierigkeiten von Rohstoffen die Auslastung der Anlagen minimiert hätten und deshalb Teile der Belegschaft in zeitweilig bezahlten Urlaub geschickt worden seien. Diese Begründung überzeugt die angereisten Experten jedoch nicht so recht. Was steckt dahinter? Mögliche Erklärungen sind:
a)   Es handelt sich schlicht um Taktik: Das Management will eine günstige Verhandlungsposition gegenüber dem deutschen Expertenteam einnehmen.

b)   Umfangreiche Vorkehrungen für einen angenehmen Empfang der
     deutschen Delegation nahmen die Arbeitszeit von großen Teilen der
     Belegschaft in Anspruch.

c)   Die betriebliche Situation des Zementwerkes ist real schlechter als
     aus den vorliegenden Daten und Informationen des Managements
     ersichtlich.

Nähere Erläuterungen dazu: Die Erklärung b) ist die eher zutreffende. Je
nach Rang einer Delegation – in diesem Fall gelten die Delegierten als
ausgesprochen hochrangig – werden Empfänge ausgerichtet, die einer
umfangreichen Vorbereitung bedürfen. Da es sich um offizielle Gäste
handelt, müssen Girlanden aus frischen Bougainvillea-Blüten für sie
geflochten werden, um den nötigen Respekt gegenüber den Gästen auszudrücken. Mindestens eine Ziege oder ein Rind werden geschlachtet,
Obst und Pilau-Reis müssen oftmals unter den schwierigen Bedingungen einer Mangelgesellschaft eingekauft und recht umständlich zuberei-
tet werden, damit die Gäste und dazu sämtliche Mitarbeiter, die mit den
Vorbereitungen beauftragt sind, satt werden und sich wohl fühlen. Satt
zu sein als Vorbereitung für nachfolgende Gespräche ist in Ostafrika
besonders wichtig, weil die Auffassung besteht, dass erst dann eine gute
Arbeitsatmosphäre geschaffen ist, wenn die Verhandlungspartner hinsichtlich der leiblichen Beköstigung auf dem gleichen Stand sind. Reden
und   kulturelle   Darbietungen,   besonders   Tanz-   und   Trommel-
Darbietungen, werden sorgfältig vorbereitet. Nicht zuletzt werden for-
melle Reden vorbereitet und gehalten, die oftmals nichts mit dem Grund
des Besuchs zu tun haben, sondern eher dazu dienen, freundliche und
warme Beziehungen aufzubauen, bevor es zur Sache geht.

Vielfach sehen die Gastgeber es als nötig an, aufwändige Reparatu-
ren vorzunehmen, damit die Gäste einen angenehmen Eindruck bei der
Ankunft haben. Zur Durchführung all dieser Vorbereitungen, die in der
Regel erst anlaufen, wenn die Delegation schon im Land ist, sind zahl-
reiche Aufwendungen notwendig. Zu diesem Zweck stehen in erster
Linie die Mitarbeiter des Betriebs zur Verfügung.

Kaum jemand käme in Ostafrika auf die Idee, dass diese Vorbereitungen nach außen zu verlagern wären, damit der betriebliche Ab-
lauf möglichst ungestört bleibt. Der Betrieb gilt nämlich als ein der
Familie ähnlich strukturiertes Gebilde reziproker Leistungen und hat
somit selbst für den Empfang von Gästen zu sorgen.

Dieses kulturspezifisch determinierte Konzept der Vorbereitung und
Durchführung des Gästeempfangs und den damit verbundenen Ver-

pflichtungen ist der wahrscheinlichste Grund für die hohe Abwesenheitsrate in der Fabrik (Auszug aus Mayer, Boness & Thomas, 2003, Beispiel 9: Fernbleiben vom Arbeitsplatz).

2. Beispiel: Werkzeugnutzung in Tansania

Situation: Herr Pfitzler aus Kassel ist Leiter des Automotive Technology Centers in Ujiji am Tanganyika-See, das von der Kreditanstalt für Wiederaufbau finanziert wird. Sein *Counterpart*, Herr Siona, arbeitet seit längerer Zeit gut mit ihm zusammen. Eines Tages nimmt Herr Siona ein Spezialwerkzeug mit nach Hause, da ihn ein einheimischer Geschäftsmann angesprochen hat, seinen Landrover privat zu reparieren. Herr Pfitzler erfährt davon und reagiert sofort überaus scharf auf das Verhalten des tansanischen Counterparts. Es ist nämlich schon mehrfach passiert, dass sich Beschäftigte Werkzeug zum eigenen Gebrauch mitnahmen, einfach so, und nicht zurückbrachten. Herr Pfitzler erläutert dem Tansanier, dass das Ausleihen von Werkzeug aus dem Betrieb nicht erlaubt sei. Falls sich das wiederhole, müsse er damit rechnen, dass entsprechende Maßnahmen ergriffen würden. Daraufhin entschuldigt sich der Tansanier für sein Verhalten. Was ist der Grund? Mögliche Erklärungen sind:

a) Von Europäern kann man sich nichts ausleihen, denn sie sind geizig.
b) Herr Pflitzler ist zwar gutmütig, aber er hasst es, wenn Werkzeuge verschwinden, ohne dass er informiert worden ist.
c) Herr Pfitzler muss umdenken, denn Werkzeug in Projekten der Entwicklungszusammenarbeit ist zur gemeinschaftlichen Nutzung da und nicht privater Besitz der Geberorganisation.

Nähere Erläuterungen dazu: Erklärung c) ist die wahrscheinlichste Antwort. Die Selbstverständlichkeit, mit der der Tansanier das Werkzeug als Gemeinschaftseigentum betrachtet, kollidiert mit der Haltung des Deutschen. Es ist ein relativ neues Phänomen in Ostafrika, dass Besitz und Eigentum von Gegenständen hinsichtlich privater und öffentlicher – in diesem Fall projekteigener – Nutzung deutlich unterschieden wird. Bis heute gilt nämlich der in der Tradition verankerte Grundsatz: Wer etwas braucht, darf es auch benutzen, wenn der, dem es gehört, es gerade nicht nutzt.

Wenn der Eigner den Gegenstand – das kann Werkzeug wie auch Land sein – erneut benötigt, muss er sich wieder bei dem derzeitigen Nutzer melden, um es zurückzufordern. Geschieht das über längere Zeit hinweg nicht, geht die genutzte Sache in den Nießbrauch des Nutzers über. Dieses besitzrechtliche Phänomen ist mutatis mutandis auch auf Geld zu übertragen.

Herrn Siona wird der kulturell unterschiedliche Umgang mit der Verfügungsgewalt von Eigentum deutlich. Aus diesem Umstand schließt der Tansanier zutreffend, dass er seinen deutschen Arbeitgeber vor der Ausleihe fragen oder darüber informieren muss (Auszug aus Mayer et al., 2003, Beispiel 18: Werkzeuge ausleihen).

3. Beispiel: Der afrikanische Mitarbeiter
Situation: Eine weltweit tätige NGO (Nichtregierungsorganisation) beschäftigt einen Afrikaner, der in Nairobi das Afrikabüro der Organisation leitet. Bei einer Überprüfung der Buchhaltung dieser afrikanischen Repräsentanz wurde festgestellt, dass ihr Leiter die für das Studium seiner Tochter in den USA anfallenden Kosten über eines der Konten der Organisation finanziert hat. Ohne viel Aufsehen zu machen und um das Ansehen der NGO nicht zu beschädigen, wurde dem Leiter mit sofortiger Wirkung gekündigt, denn Unterschlagungen und korruptes Verhalten duldet die Organisation in keinem der Länder, in denen sie tätig ist. Das *Headquarter* in Deutschland ist nun auf der Suche nach einem Nachfolger des entlassenen Repräsentanten und fragt bei einer Unternehmensberatung an, ob sie einen Afrikaner vermitteln könnten, der nunmehr die Position übernehmen kann. In einem Gespräch zwischen dem Personalleiter des deutschen Headquarters und einem Mitarbeiter der Unternehmensberatung entsteht folgender Dialog:

Personalleiter: „Können Sie uns einen neuen Mitarbeiter für unsere *Dependance* in Nairobi besorgen? Er muss aber Afrikaner sein und aus einem afrikanischen Land kommen."

Unternehmensberater: „Das wird nicht so ganz einfach sein, eine für diese schwierige Aufgabe qualifizierte Person zu finden. Warum wurde denn der Repräsentant entlassen?"

Personalleiter: „Der Repräsentant hat einfach seine Tochter auf unsere Kosten in den USA studieren lassen, und das über drei Jahre hinweg."

Unternehmensberater: „Und wie wurde dies festgestellt?"

Personalleiter: „Bei einer Innenrevision ist festgestellt worden, dass auf einem der Konten Geld fehlt, und bei einer näheren Analyse stellte sich heraus, dass das Geld an die Universität gezahlt wurde, an der seine Tochter studiert, und zwar genau in der Höhe der anfallenden Studiengebühren."

Unternehmensberater: „Deshalb haben Sie Ihren Repräsentanten fristlos entlassen? Hat er sich sonst irgendetwas zuschulden kommen lassen?"

Personalleiter: „Nein, er war ein fachlich gut qualifizierter Mitarbeiter und wickelte seine Aufgaben immer korrekt und auf hohem Niveau ab. Aber grundsätzlich herrscht in unserer Organisation null Toleranz in Bezug auf Unterschlagungen und Korruption. Dies ist ein moralischer Standard, den wir auch nicht zu unterlaufen gedenken. Davon machen wir keine Ausnahmen."

Unternehmensberater: „Das ist eigentlich schade. Denn Sie hätten Ihren so qualifizierten Mitarbeiter nicht entlassen sollen. Besser wäre es gewesen, Sie hätten sich die Mühe gemacht, mit ihm über den offensichtlich gravierenden Konflikt zu diskutieren, den er zu bewältigen hatte. Es ist zu vermuten, dass er in einem Loyalitätskonflikt oder man könnte auch sagen moralischen Dilemma stand: Einerseits ist er aufgrund seiner afrikanischen Stammestradition absolut seiner Familie gegenüber verpflichtet. Das Wohlergehen, der Fortschritt, der soziale Aufstieg, die Erhöhung des Lebensstandards usw. seiner Familie haben für ihn oberste Priorität.

Andererseits wusste er, dass in Ihrem Unternehmen Unterschlagungen nicht geduldet werden und entsprechendes Fehlverhalten streng geahndet wird. Nun hat er aber nicht versucht, alle ihm zur Verfügung stehenden Möglichkeiten zur Unterschlagung von Geld zu nutzen, sondern er hat diesen Schaden deutlich auf den ungerechtfertigten Einzelfall der Gebührenbezahlung für das Studium seiner Tochter in den USA begrenzt.

Vielleicht hätten Sie in einem Gespräch mit Ihrem Mitarbeiter herausfinden können, wie sehr er in diesem Dilemma gefangen war und dabei auch das Interesse der NGO in seinen Überlegungen zur Lösung des Dilemmas berücksichtigt hat. Sie hätten dann mit ihm eine Vereinbarung treffen können, die für beide Seiten zu einer Auflösung des Dilemmas und zu einer vertieften vertrauensvollen Zusammenarbeit für die Zukunft hätte führen können. So haben Sie zwar ein Fehlverhalten aufgedeckt und entsprechend Ihren Regeln moralisch-ethisch korrekten Verhaltens reagiert, sind aber zugleich einen qualifizierten Mitarbeiter losgeworden, der womöglich am Ende einer solchen, auf die Lösung seines Dilemmas hin geführten

Diskussion ein höheres Maß an Vertrauen, Dankbarkeit und Bindung Ihrem Unternehmen gegenüber aufgebracht hätte."

Zweifelsohne hat der Personalleiter der Nichtregierungsorganisation im Sinne der eigenen Maßstäbe korrekt gehandelt, auf der anderen Seite hat er in Bezug auf die kulturspezifischen Kontextbedingungen und die daraus resultierenden Zwänge für seine Mitarbeiter unklug gehandelt, denn er hat keine Garantie, dass ein Nachfolger nicht in noch viel größerem Umfang und mit mehr Raffinesse Unterschlagungen begeht und korruptes Verhalten an den Tag legt. Von den Kosten, die mit der Einschaltung einer Unternehmensberatung bei der Personalsuche und der Einarbeitung eines neuen Mitarbeiters entstehen, ganz zu schweigen, hat er auch noch eine Chance zur Erhöhung des *Commitments* des nun entlassenen Mitarbeiters vertan.

Interkulturelle Kompetenz

Eine produktive internationale (interkulturelle) Zusammenarbeit kann nicht dadurch erreicht werden, dass Vertreter einer Nation/Kultur den Mitgliedern einer anderen Kultur vorschreiben, was und wie sie zu denken und zu handeln haben – wie dies ja tatsächlich in der Vergangenheit oft der Fall war und auch jetzt noch tagtäglich geschieht.

Produktiv kann sich die globale Zusammenarbeit nur durch gegenseitige Akzeptanz und Anpassungsbereitschaft entwickeln. Aus dieser Erkenntnis lassen sich schon jetzt Anforderungsmerkmale für den produktiven internationalen Manager ableiten, wie sie bereits in der internationalen Forschungsliteratur zu finden sind (siehe Tabelle 1).

Tabelle 1. Anforderungen an international tätige Manager

1. Fachliche Qualifikation	7. Flexibilität, Lern- und Anpassungsfähigkeit
2. Führungsfähigkeit	8. Toleranz
3. Managementfähigkeit	9. psychische und physische Belastbarkeit
4. Unabhängigkeit	
5. Zielstrebigkeit	10. soziale Handlungskompetenz
6. Kommunikationsfähigkeit	11. Fremdsprachenkenntnisse usw.

Mit diesen „Qualifikationslisten für den erfolgreichen Auslandsmitarbeiter" nahezu identische Merkmalslisten finden sich für die „qualifizierte Führungskraft" eines modernen Unternehmens, für den „erfolgreichen Geschäftsmann" oder das „Ideal des modernen Menschen", wie aus jedem Werbetext einer Personalanzeige zu ersehen ist. Damit werden diese Qualifikationsmerkmale aber zu einer Ansammlung unspezifischer, ja beliebiger Etikettierungen ohne konkret praktischen Nutzen.

Statt personenspezifische Merkmale zu thematisieren, ist es sinnvoller, zentrale Aufgabenfelder des international tätigen Managers zu bestimmen, von denen bekannt ist, dass sie kulturspezifischer Beeinflussung unterliegen (siehe Tabelle 2).

Problemstellungen, die sich aus der Aufgabenbewältigung in diesen Feldern unter internationalen Managementbedingungen ergeben, erfordern eine spezifische Reaktionsbereitschaft auf Fremdheit und ein angemessenes Leistungspotenzial.

Tabelle 2. Kulturell beeinflusste Aufgabenfelder international tätiger Manager

1. Kommunikation und Interaktion	10. Partizipationsgrad festlegen
2. Wertorientierung	11. Mitarbeiterführung
3. Entscheidungsverhalten	12. Teammanagement
4. Verhandlungsverhalten	13. Arbeitsmotivation/ -zufriedenheit
5. Konfliktlösungsverhalten	
6. Austausch von Kritik	14. Austausch von Emotionen und Empfindungen
7. Festlegung von Prioritäten	
8. Umgang mit Raum/Zeit	15. Interaktion in Problemlösesituationen
9. Bewertungskriterien entwickeln und anwenden	16. Arbeits- und Organisationskultur

Aus der Literatur lassen sich für das internationale Management – aber nicht nur für dieses – folgende vier Reaktionstypen generieren (siehe Tabelle 3).

Nur die im vierten Reaktionstyp sichtbar werdenden Verhaltensreaktionen lassen erwarten, dass die Konfrontation mit Fremdheit und die individuelle Reaktion auf kognitiver, emotionaler und verhaltensbasierter Ebene auf kulturell bedingt erwartungswidriges Verhalten zum Aufbau interkultureller Handlungskompetenz beitragen. Alle anderen Reaktionstypen werden eher überhaupt keinen oder allenfalls einen verzögerten bzw. nur auf geringem Qualitätsniveau wirksamen Aufbau interkultureller Handlungskompetenz ermöglichen.

Tabelle 3. Reaktionstypen auf Fremdheit

1. *Der Ignorant:* Wer nicht so denkt und handelt wie es richtig ist, d. h. wie ich es gewohnt bin, ist entweder dumm (ihn muss man aufklären), unwillig (ihn muss man motivieren oder zwingen) oder unfähig (ihn kann man trainieren). Wer sich nach allen erdenklichen Bemühungen immer noch falsch verhält, dem ist nicht zu helfen. Er kommt als Partner nicht in Betracht. Kulturell bedingte Verhaltensunterschiede werden nicht wahrgenommen, nicht ernst genommen oder einfach negiert.

2. *Der Universalist:* Menschen sind im Grunde auf der ganzen Welt gleich. Kulturelle Unterschiede haben – wenn überhaupt – nur unbedeutende Einflüsse auf das Managementverhalten. Mit Freundlichkeit, Toleranz und Durchsetzungsfähigkeit lassen sich alle Probleme meistern. Im Zuge der Tendenz zur kulturellen Konvergenz werden die noch bestehenden Unterschiede im „global village" sowieso rasch verschwinden.

3. *Der Macher:* Ob kulturelle Einflüsse das Denken oder Verhalten bestimmen oder nicht, ist nicht so wichtig. Entscheidend ist, dass man weiß, was man will, dass man klare Ziele hat, sie überzeugend vermitteln kann und sie durchzusetzen versteht. Wer den eigenen Wettbewerbsvorteil erkennt und ihn zu nutzen versteht, gewinnt – unabhängig davon, in welcher Kultur er lebt und tätig wird.

4. *Der Potenzierer:* Jede Kultur hat eigene Arten des Denkens und Handelns ausgebildet (kulturspezifisches Orientierungssystem), die von den Mitgliedern der Kultur gelernt und als „richtig" anerkannt werden. Produktives internationales Management muss diese unterschiedlichen Denk- und Handlungsweisen auch als Potenzial erkennen und ernst nehmen. Kulturelle Unterschiede können aufeinander abgestimmt und – miteinander verzahnt – synergetische Effekte erzeugen und so einen Wettbewerbsvorteil im internationalen Management bieten.

In den letzten Jahren ist das Bedürfnis nach gut ausgebildeten, international einsetzbaren Fach- und Führungskräften immer deutlicher artikuliert worden. Interkulturelle Handlungskompetenz auf hohem Qualitätsniveau wird gefordert, und das mit Recht, weil die Erwartungen an den erfolgreichen Auslandseinsatz zu oft enttäuscht wurden, z. B. liegt die Abbrecherquote der im Ausland eingesetzten Mitarbeiter bei 50 %.

Wenn man Kultur definiert als den vom „Menschen geschaffenen Teil der Welt" (Triandis, 1988) oder als die „Gesamtheit der Form menschlichen Zusammenlebens" (UNESCO, 1997), dann lässt sich unter dieser sehr breiten Definition „Kultur" funktional so fassen:

> Kultur ist ein universelles, für eine Gesellschaft, Organisation und Gruppe aber sehr typisches Orientierungssystem. Dieses Orientierungssystem wird aus spezifischen Symbolen gebildet und in der jeweiligen Gesellschaft usw. tradiert. Es beeinflusst das Wahrnehmen, Denken, Werten und Handeln aller ihrer Mitglieder und definiert somit deren Zugehörigkeit zur Gesellschaft. Kultur als Orientierungssystem strukturiert ein für die sich der Gesellschaft zugehörig fühlenden Individuen spezifisches Handlungsfeld und schafft damit die Voraussetzungen zur Entwicklung eigenständiger Formen der Umweltbewältigung. (Thomas, 2003, S. 436 f.)

Auf der Basis dieser Definition lässt sich interkulturelle Handlungskompetenz unter folgenden Aspekten näher bestimmen:

1. Interkulturelle Kompetenz ist die notwendige Voraussetzung für eine angemessene, erfolgreiche und für alle Seiten zufrieden stellende Kommunikation, Begegnung und Kooperation zwischen Menschen aus unterschiedlichen Kulturen.
2. Interkulturelle Kompetenz ist das Resultat eines Lern- und Entwicklungsprozesses.
3. Die Entwicklung interkultureller Kompetenz setzt die Bereitschaft zur Auseinandersetzung mit fremden kulturellen Orientierungssystemen voraus, basierend auf einer Grundhaltung kultureller Wertschätzung.
4. Interkulturelle Kompetenz zeigt sich in der Fähigkeit, die kulturelle Bedingtheit der Wahrnehmung, des Urteilens, des Empfindens und des Handelns bei sich selbst und bei anderen Personen zu erfassen, zu respektieren, zu würdigen und produktiv zu nutzen.
5. Ein hoher Grad an interkultureller Kompetenz ist dann erreicht, wenn
    *   differenzierte Kenntnisse und ein vertieftes Verständnis eigener und fremder kultureller Orientierungssysteme vorliegen,

- aus dem Vergleich der kulturellen Orientierungssysteme kulturadäquate Reaktions-, Handlungs- und Interaktionsweisen generiert werden können,
- aus dem Zusammentreffen kulturell divergenter Orientierungssysteme synergetische Formen interkulturellen Handelns entwickelt werden können,
- in kulturellen Überschneidungssituationen alternative Handlungspotenziale, Attributionsmuster und Erklärungskonstrukte für erwartungswidrige Reaktionen des fremden Partners kognizierbar sind,
- die kulturspezifisch erworbene interkulturelle Kompetenz mit Hilfe eines generalisierten interkulturellen Prozess- und Problemlöseverständnisses und Handlungswissens auf andere kulturelle Überschneidungssituationen transferiert werden kann,
- in kulturellen Überschneidungssituationen mit einem hohen Maß an Handlungskreativität, Handlungsflexibilität, Handlungssicherheit und Handlungsstabilität agiert werden kann.

Bei diesem Entwicklungsprozess sind Persönlichkeitsmerkmale und situative Kontextbedingungen so ineinander verschränkt, dass zwischen Menschen aus unterschiedlichen Kulturen eine von Verständnis und gegenseitiger Wertschätzung getragene Kommunikation und Kooperation möglich wird. Die Phasen der Entwicklung interkultureller Handlungskompetenz zeigt die Tabelle 4.

Interkulturelle Handlungskompetenz auf einem Niveau, wie es zum erfolgreichen Einsatz im internationalen Management benötigt wird, ist das Resultat eines Lern- und Entwicklungsprozesses, der sich über mehrere Phasen hinweg vollzieht. Verschiedene personelle und soziale Ausgangsbedingungen und besonders ihre wechselseitigen Verschränkungen in der individuellen Lerngeschichte einschließlich der eigenkulturellen Sozialisation und Enkulturation sind insofern als handlungsrelevante Input-Faktoren zu betrachten, weil sie das Hintergrundwissen und die Präformation individueller Handlungsorientierung, -steuerung und -ausführungsgewohnheiten bestimmen.

Tabelle 4. Phasen der Entwicklung interkultureller Handlungs-kompetenz

		Phasen	Kennzeichen
Handlungs-Input-Faktoren		**Präformation**	• Personale und soziale Ausgangsbedingungen • Eigenkulturelle Sozialisation und Enkulturation
Handlungs-Prozess-Faktoren	Interkulturelle Erfahrungsbildung	**Konfrontation**	• Erstbegegnung mit Fremdheit • Gewahrwerden der Bedeutungshaltigkeit eigenkultureller Identität • Wissen und Erfahrung mit interkulturellen Themen
		Reaktion	• Abwehrhaltung • Vermeidungsverhalten • Gespannte Erwartung • Neugier • Interaktion
	Interkulturelles Lernen	**Information und Reflexion**	• Fremdkulturelles Wissen / Verstehen • Eigenkulturelles Gewahrwerden • Interkulturelles Wissen • Hypothesengenerierung • Verarbeitungskonzepte
	Interkulturelles Verstehen	**Aktion / Handeln**	• Eigenständige Versuche zum interkulturellen Handeln • Prüfung der Hypothesen • Erprobung von Handlungsplänen
		Evaluation	• Ist-Soll-Vergleich • Bilanzierung des Erreichten • Schlussfolgerungen
		Qualifikation	• Optimierung der Fähigkeiten zum interkulturellen Handeln • Interkulturelles Verstehen • Interkulturelle Wertschätzung
	Interkulturelles Vermögen	**Transformation**	• Übertragung kulturspezifischer Qualifikationen auf andere Kulturen • Generalisierte Strategien interkulturellen Lernens und Handelns
		Perfektion	• Fähigkeit zum interkulturellen Handeln (Analysieren, Konzipieren, Agieren) in vielfältigen Kulturen • Generalisiertes interkulturelles Prozess- und Problemlöseverständnis und Handlungswissen
		Stabilisation	• Verfestigung von Kompetenz interkulturellen Handelns • Entwicklung und Einübung von Handlungsroutinen • Erleichtertes Aktivieren und Ausführen kultureller Skripts
Handlungs-Output-Faktoren		**Interkulturelle Handlungs-kompetenz**	• Anpassung des Gelernten an vorhandene personale Organisationsstrukturen (Schemata) • Veränderung personaler Organisationsstrukturen (Schemata) • Internalisierung • Entwicklung der Persönlichkeit

Verantwortungsethik im internationalen Management

Wenn Einverständnis darin besteht, dass westliche Wertvorstellungen resp. ethische und speziell wirtschaftsethische Grundsätze nicht einfach auf andere Kulturen übertragen werden können, sondern in jedem Einzelfall ein von allen Kooperationspartnern akzeptiertes verantwortungsethisches Verhalten entwickelt und angewandt werden muss, dann hat das Konsequenzen für das kulturspezifische, deklarative Wissen, das Prozesswissen und das kulturäquivalente, diskursethische Verhalten.

Da sich internationales Management nicht in einem globalen, luftleeren Raum vollzieht, sondern immer im Kontext von Unternehmen mit einer eigenen Unternehmens- und Organisationskultur, sind auch die hierbei wirksamen Determinanten zu berücksichtigen. Zur Veranschaulichung bietet sich das anthropologische Modell der Organisationspsychologie von Berkel (1998) an (siehe Abbildung 1).

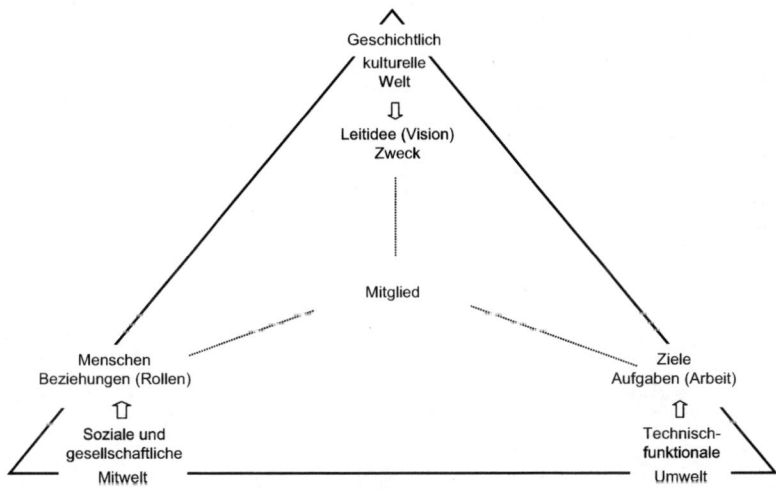

Abbildung1. Anthropologisches Modell der Organisationspsychologie (nach Berkel, 1998, S. 121)

Alle genannten Aspekte sind kulturspezifisch determiniert und einer verantwortungsethischen Wertung verpflichtet:

Gegenstand der Organisationspsychologie ist demnach das Erleben und Verhalten des einzelnen Mitgliedes *stets im Hinblick darauf,* wie es ihm zugewiesene Aufgaben meistert und konkrete Ziele erreicht; wie es mit anderen Rollenträgern (Vorgesetzten, Kollegen, Mitarbeitern), aber auch externen Personen (Inhaber/Dienstherr, Kunden, Lieferanten) kommuniziert und zusammenarbeitet; und wie es sich der Leitidee (Auftrag) der Organisation verpflichtet hat und die in ihr intendierten Werte zu verwirklichen sucht. Der anthropologische Ansatz kann verständlich machen, daß das Daß und Wie dieser Bezüge, ob intra- oder interpersonal, nicht nur funktionalen, sondern in sich schon ethischen Charakters ist. (Berkel, 1998, S. 122, Hervorhebungen im Original)

Unter führungsethischen Aspekten hat Berkel sein anthropologisches Modell der Organisationspsychologie zu einem Modell der Tugenden und Grundhaltungen einer Führungskraft erweitert (siehe Abbildung 2).

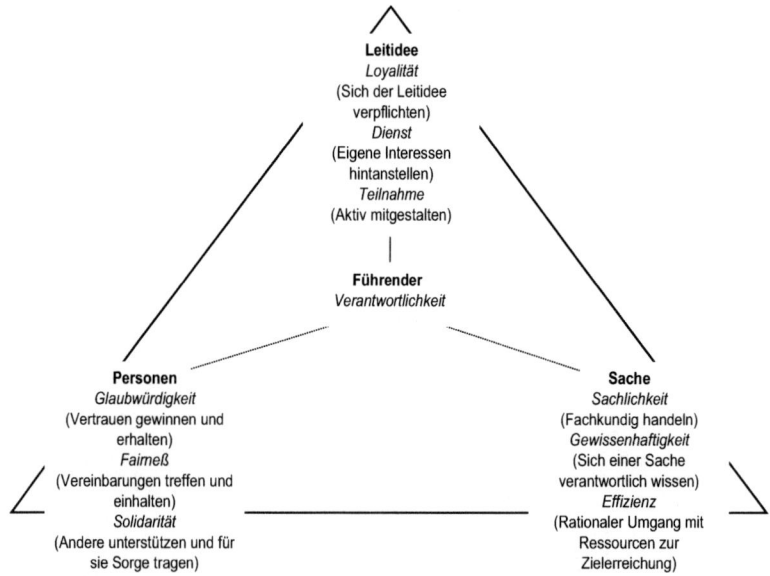

Abbildung 2. Tugenden und Grundhaltungen einer Führungskraft (nach Berkel, 1998, S. 132)

Zu Recht betont er, dass die in diesem Modell angesprochenen Verantwortlichkeiten nicht nur für Führungskräfte, sondern auch für Mitarbeiter zu gelten haben:

> Genau besehen sind diese vier Grundhaltungen [Verantwortlichkeit, Loyalität, Glaubwürdigkeit und Effizienz] nicht Führungskräften reserviert, sie gelten für alle Mitglieder einer Organisation ... Damit stoßen wir auf eine fundamentale Einsicht: *Führungskräfte und Mitarbeiter unterscheiden sich in ihren funktionalen Beiträgen, nicht aber in ihrem ethischen Gefordertsein.* Ethik ist, anders als Rollen und Funktionen, nicht arbeitsteilig organisierbar. Führungskräfte können jedoch aufgrund ihrer positionsbedingten Machtchancen viel stärker die Bedingungen gestalten und beeinflussen, die den Erwerb von Tugenden ermöglichen. *Die spezifisch ethische Verantwortung von Führenden liegt darin, die Rahmenbedingungen so zu gestalten, dass Mitarbeiter die institutionell relevanten Tugenden erwerben können.* (Berkel, 1998, S. 132 f., Hervorhebungen im Original)

Soweit der organisationspsychologische Aspekt wirtschaftsethischen und führungsethischen Verhaltens.

Nun gibt es aus der Ethikforschung eine Reihe von Theorien ethischen Verhaltens, die sich auf Wirtschaftsorganisationen anwenden lassen. Von Blickle (2003) stammt die Auflistung in Tabelle 5. Relevant erscheinen im hier diskutierten Zusammenhang folgende Theorien:
1. Theorie der Interpretation von Grundrechten,
2. Theorie der Diskursethik,
3. das hermeneutische Ethikkonzept.

Sie sind geeignete Antworten auf die Frage danach, wie die Erfüllung ethischer Forderungen im internationalen Management vorzubereiten und zu fundieren ist.

Konsequenzen

Erforderlich ist die Schaffung einer gemeinsamen Orientierungsbasis durch Diskurs, wobei eine sich gegenseitig befähigende Verständigung erreicht werden soll. Dies ist aber nur auf der Grundlage interkultureller Handlungskompetenz möglich. Der Wirtschaftswissenschaftler Pless (1998) formuliert, aufbauend auf den Grundlagen von Dachlers Diskursethik im Kontext der Globalisierung (1998), folgende Regeln für den in-

Tabelle 5. Theorien ethischen Verhaltens

Theorien ethischen Verhaltens

1. Vertragstheorie der Ethik
„Verträge müssen eingehalten werden!" Man ist verpflichtet, das einzuhalten, wozu man sich freiwillig und in Kenntnis der Inhalte und Umstände des Vertrages verpflichtet hat.

2. Utilitarismus
Es besteht die Pflicht, so zu handeln, dass daraus der größtmögliche Nutzen und das größtmögliche Glück für die größtmögliche Zahl von Menschen resultieren.

3. Grundrechtsakzeptanz
Der „kategorische Imperativ" (Kant, 1785) gilt: Andere und sich selbst nicht alleine als Mittel, sondern immer auch als Zweck in sich selbst zu behandeln. Forderung nach Achtung der Würde, Freiheit, Recht auf Leben, Eigentum, Meinungsäußerung etc. Die Grundrechte sollen von überhistorischer und übergesellschaftlicher Gültigkeit sein.

4. Interpretation von Grundrechten
Grundrechte sind interpretationsbedürftig und werden so nur in ihrer Interpretation im historisch-gesellschaftlichen Kontext wirksam. So gilt heute nicht nur das Tötungsverbot, sondern weitergehend das Recht auf physische und psychische Unversehrtheit.

5. Diskursethik
Die Gerechtigkeitsfrage steht im Mittelpunkt. Normen sind nur gültig, wenn sie auf freiwilliger Zustimmung aller Betroffenen beruhen. Ausgleich der Interessen wird durch Aushandeln ermöglicht und gerechtfertigt. Freiwillige Zustimmung aller Betroffenen, resultierend aus dem Austausch von Argumenten, ist gerechtfertigt.

6. Dezisionismus
Es gilt als Recht, was die Gesetzgebung zu Recht erklärt. Die Bindung an Werte beruht auf der Verankerung in historisch gewachsenen Gemeinschaften, deshalb sind allgemeinverbindliche Begründungen ethischer Prinzipien nicht möglich.

7. Hermeneutisches Ethikkonzept
Moralische Normen sind Abstraktionen aus konkreten Situationen:
*   ständiger Prüf- und Korrekturprozess,
*   ethische Konzepte situationsspezifisch interpretieren,
*   unterschiedliche Gesichtspunkte unter Berücksichtigung der all-gemeinen ethischen Theorien gegeneinander abwägen.

(nach Blickle, 2003, S. 382 ff.)

terkulturellen Verständigungsdiskurs als Fundament wirtschaftsethischen Verhaltens:

- *Wechselseitige Anerkennung:* Die Anerkennung der jeweils anderen Standpunkte im Sinne von ‚different but equal' bedeutet zunächst nichts Anderes, als dass man anderen Standpunkte zubilligt, innerhalb ihrer Ontologie bzw. Verständniswirklichkeit begründbar, ‚wahr' und rational zu sein (...).

- *Gegenseitiges Vertrauen:* Auf der Grundlage wechselseitiger Anerkennung kann durch beständige Beziehungsarbeit ein gegenseitiges Vertrauensverhältnis entwickelt werden, das jedoch der dauerhaften Pflege bedarf (...).

- *Mutuelles Enabeling:* Die verschiedenen Diskursteilnehmenden tragen dafür Sorge, dass sich die pluralen (gerade auch die bisher marginalisierten) Stimmen in den Verständigungsprozess einbringen können.

- *Gegenseitiges Verstehen:* Die Konstruktion einer gemeinsamen Verständniswirklichkeit erfordert die Zuwendung zu, das aktive Hören von und die verständnisbemühte Auseinandersetzung mit den jeweils anderen Standpunkten.

- *Multilogisches Verhandeln:* Durch Bewusstmachen der verschiedenen Rahmenerzählungen und die wechselseitige Bezugnahme auf diese … werden im Minimum die impliziten Grundannahmen offen gelegt und die Wirklichkeiten der Beteiligten erweitert und verändert. Im besten Falle wird eine Transformation zu einer gemeinsamen ‚welterweiternden' Verständnisbasis initiiert. (Pless, 1998, S. 363 f., Hervorhebungen im Original)

Sehr praxisnah und speziell auf das internationale Personalmanagement bezogen stellt Wittmann (1998) drei allgemeingültige Kriterien auf, die von Personalmanagementverantwortlichen konsekutiv zu erfüllen sind, wenn sie ethischen Verpflichtungen im Kontext des internationalen Personalmanagements entsprechen sollen:

1. Respektiere den Mitarbeiter vorbehaltlos als Person!
   Mit der Konstitution der ‚*Mit-Arbeiter*' als ‚*Mit-Menschen*' muss diesen die gleiche physisch und psychisch stets verletzliche, humane Subjektqualität zuerkannt werden, die der Handelnde als Mensch für sich selbst in Anspruch nimmt: Jeder schuldet jedem die Anerkennung als Gleicher. (S. 405, Hervorhebungen im Original)
   Diese Forderung ist eng verknüpft mit dem Prinzip der Achtung der Menschenrechte, erhebt einen Universalanspruch und fordert einen kategorischen Geltungsanspruch.

2. Handle nur nach Maximen, die den diskursethischen Legitima-
    tionsprozess bestehen!
    Diese Verpflichtung (...) bedeutet in praxi, dass die Verfolgung eige-
    ner und/oder personalwirtschaftlicher Handlungsabsichten, ebenso
    wie die etwaige Erfüllung damit unter Umständen konfligierender
    Ansprüche der Mitarbeiter oder anderer Stakeholder (z. B. Kapitalei-
    gentümer) prinzipiell von ihrer in einem *praktischen Diskurs* unter
    (zumindest gedankenexperimenteller) Einbeziehung der Betroffenen
    zu überprüfenden intersubjektiven Berechtigung in der konkreten Si-
    tuation abhängig gemacht werden soll. (S. 407 f., Hervorhebungen im
    Original)

3. Verbessere die Bedingungen der Möglichkeit ethisch verpflich-
    teten Handelns!
    In den Blick ethisch-kritischer Reflexion geraten vor allem die (unter-
    nehmens-) politisch konstituierten *institutionellen Voraussetzungen*,
    die (moralische) Handlungsfreiräume in Personalpolitik und Mitarbei-
    terführung vorregeln (z. B. Unternehmensstrategie, Unternehmensver-
    fassung, nationales und internationales Arbeitsrecht, Industrial Relati-
    ons); die Personalmanagement-Ethik geht in *Ordnungsethik* auf. Sinn
    der dritten personalmanagement-ethischen Verpflichtung ist es, die I-
    nitiative gegenüber den sogenannten Sachzwängen der technischen
    Zivilisation zurückzugewinnen und Handlungsrestriktionen, die zu
    den *Zumutbarkeits- und Verantwortbarkeitsproblemen* der ethischen
    Sollensforderung beitragen, durch aktive, innovative und konstruktive,
    aber selbst wieder (diskurs-) ethisch zu legitimierende (ordnungs-) po-
    litische Strategien zu verändern. (S. 409, Hervorhebungen im Origi-
    nal)

Die aus der Analyse und Theorie zu ziehenden Konsequenzen werden in
den folgenden, durchaus diskussionswürdigen Thesen zusammengefasst:
1. Verantwortungsethische Grundsätze haben nicht nur in nationalen
    Unternehmen Gültigkeit, sondern gelten auch für das internationale
    Geschäft.
2. Als allgemeinverbindlich hingestellte ethische Grundsätze, über die
    mit den davon betroffenen Menschen weder ein Diskurs geführt
    wurde noch ihnen eine Prüf- und Korrekturmöglichkeit eingeräumt
    wurde, laufen Gefahr, als Herrschafts- und Machtinstrument funkti-
    onalisiert und so auch interpretiert zu werden. Erreicht wird so eher
    das Gegenteil von dem, was angestrebt wurde.
3. Unternehmensethische Grundwerte, die z. B. in Unternehmens- und
    Führungsleitlinien verankert sind und die sich im nationalen Unter-
    nehmenskontext bewährt haben, sind im internationalen Kontext

immer auf ihre Akzeptanz, Funktionalität und Effizienz hin zu ü-
berprüfen und zu verändern.

4. Die Überprüfung und Anpassung unternehmensethischer Grundsätze an die kulturspezifischen Bedingungen im Zielland und die dort
vorgefundene Unternehmenskultur müssen nach der Theorie der
Diskursethik und dem hermeneutischen Ethikkonzept unter den Bedingungen der allseitigen Beteiligung, der Freiwilligkeit, der Situa-
tions-/Kulturspezifität und der wechselseitigen Argumentation erfolgen.

5. Zur Beantwortung der in der Diskursethik zentralen Gerechtigkeitsfrage ist von besonderer Bedeutung, dass der Diskurs der beteiligten
Personen auf der Grundlage kultureller Wertschätzung stattfindet.
Nicht das kulturelle Orientierungssystem bezüglich Theorie und
Praxis unternehmensethischen Handelns des einen Partners domi-
niert gegenüber dem des anderen Partners, sondern beide bringen
ihre kulturspezifischen Werte, Normen und Überzeugungen in die
Diskussion ein. Sie prüfen sie und entwickeln ein für beide effizien-
tes und akzeptables Konzept unternehmensethischen Verhaltens,
das interkulturellen Handlungsansprüchen genügt. Um diese Aufgabe leisten zu können, werden Partner benötigt, die über interkulturelle Handlungskompetenz auf hohem Niveau verfügen.

6. Selbst wenn ein kulturangepasstes unternehmensethisches Konzept
entwickelt und im Sinne des hermeneutischen Ethikkonzepts praktiziert wird, ist zu erwarten, dass auf beiden Seiten ethisch nicht ver-
tretbares Verhalten vorkommt und ethische Leitlinien verletzt werden. Beispiele wie die oben geschilderten sind auch dann nicht zu
vermeiden. Interkulturelle Handlungskompetenz erleichtert aber das
Aufdecken, evtl. schon das Antizipieren solcher konfliktträchtiger
Schnittstellen und schafft die Grundlage zur Entwicklung von Lö-
sungsmöglichkeiten.

7. In der Entwicklung und Ausbildung interkultureller Handlungskompetenz als Schlüsselqualifikation für Fach- und Führungskräfte
mit berufsbedingten interkulturellen Anforderungen im In- und
Ausland gehört zweifellos die Behandlung von Problemen und Lö-
sungsmöglichkeiten für international relevante unternehmensethische Anforderungen. Bislang wird dieser Thematik aber weder in
der Forschung noch in der Praxis die ihr gebührende Aufmerksamkeit geschenkt. Motivationsverluste und Effizienzminderung auf
Seiten aller Mitarbeiter und Führungskräfte sind die Folge.

Für international tätige Unternehmen wird es nicht ausreichen, Führungs- und Mitarbeiterleitlinien auf wirtschaftsethischen Grundlagen als Teil der Unternehmensphilosophie und -kultur zu entwerfen und auf alle in- und ausländischen Teilunternehmen anzuwenden. Es wird auch nicht ausreichen, jedem Teilunternehmen selbst die Aufgabe zur Entwicklung von wirtschaftsethischen Leitlinien zu überlassen. Es wird für international operierende Unternehmen, die auf dem Wege sind, sich zu transnationalen Unternehmen zu entwickeln, erforderlich sein,

1.   einen Kernbestand an gemeinsam zu tragenden unternehmensethischen Leitlinien zu entwickeln, z. B. kulturelle Wertschätzung, Transparenz,

2.   kulturspezifische Leitlinien zu entwickeln, z. B. soziale Verpflichtung, Vertrauensbildung,

3.   einen Anpassungs- und Veränderungszirkel einzubauen.

Literatur

Berkel, K. (1998). Führungsethik: Organisationspsychologische Perspektiven. In G. Blickle (Hrsg.), *Ethik in Organisationen* (S. 117-136). Göttingen: Hogrefe.

Blickle, G. (2003). Ethik in Organisationen. In A. E. Auhagen & H.-W. Bierhoff (Hrsg.), *Angewandte Sozialpsychologie. Das Praxishandbuch* (S. 380-393). Weinheim: Beltz.

Dachler, P. H. (1998). Mögliche Grenzen für die Entfaltung der Diskursethik im Kontext der Globalisierung. In T. Maak & Y. Lunau (Hrsg.), *Wirtschaftsethik. Globalisierung auf dem Prüfstand der Lebensdienlichkeit. St. Galler Beiträge zur Wirtschaftsethik* (Band 20, S. 97-119). Bern: Haupt.

Kant, I. (1785/1968). Grundlegung zur Metaphysik der Sitten. In *Kants Werke*. Akademie Textausgabe, Bd. IV (S. 385-463).

Mayer, C.-H., Boness, C. & Thomas, A. (2003). *Beruflich in Kenia und Tansania. Trainingsprogramm für Manager, Fach- und Führungskräfte.* Göttingen: Vandenhoeck & Ruprecht.

Pless, N. M. (1998). Globalisierung und der Umgang mit kultureller Diversität. In T. Maak & Y. Lunau (Hrsg.), *Weltwirtschaftsethik. Globalisierung auf dem Prüfstand der Lebensdienlichkeit. St. Galler Beiträge zur Wirtschaftsethik* (Band 20, S. 355-366). Bern: Haupt.

Thomas, A. (2003). Psychologie interkulturellen Lernens und Handelns. In A. Thomas (Hrsg.), *Kulturvergleichende Psychologie – Eine Einführung* (2. Auflage, S. 433-485). Göttingen: Hogrefe.

Triandis, H. C. (1988). Collectivism vs. individualism: A reconceptualization of a basic concept in cross-cultural social psychology. In C. Bagley & G. K. Verma (Eds.), *Personality, cognition and values: Cross-cultural perspectives on childhood and adolescence* (S. 60-95). London: Macmillan.

UNESCO (1997). *Unsere kreative Welt. Bericht der Weltkommission „Kultur und Entwicklung"* (2. Auflage). Bonn: Deutsche UNESCO-Kommission.

Wittmann, S. (1998). Ethische Normen für das internationale Personalmanagement. Begründung und Anwendung. In T. Maak & Y. Lunau (Hrsg.), *Weltwirtschaftsethik. Globalisierung auf dem Prüfstand der Lebensdienlichkeit. St. Galler Beiträge zur Wirtschaftsethik* (Band 20, S. 401-422). Bern: Haupt.

Diskussion

Angestellter in der freien Wirtschaft I:
Sie haben über die Schwierigkeiten deutsch-chinesischer Kommunikation geredet. Wo würden Sie jetzt die erste nennenswerte Kulturschwelle oder -schranke sehen? Sie hatten auch ein Beispiel gebracht, ein *Joint Venture* mit tschechischen Partnern. An der Sprache liegt es schon nahe, dass es ein anderer Kulturkreis ist. Wo würden Sie jetzt von Regensburg aus den Kreis ziehen, wo man mit ernsten, interkulturellen Konflikten rechnen darf?

Alexander Thomas:
Ich betrachte das nationalkulturell. Ich würde sagen: über die Grenze hinweg. Ich könnte Ihnen auch sagen, dass es natürlich Verfremdungseffekte gibt, wenn man aus dem Rheinland nach Bayern zieht. Aber das ist keine Thematik, die ethische Grundsätze berührt hat, bei mir jedenfalls nicht. Ich wüsste im Augenblick nicht, wo ich das festmachen sollte, an ethischen Grundsätzen.
Bleiben wir jetzt mal vielleicht im Wirtschaftsbereich. Bleiben wir domain-spezifisch. Ich kann mir nicht vorstellen, dass ein Unternehmen in Hamburg, das Überseehandel betreibt, ethische Grundsätze für die Führungskräfte und Mitarbeiter entwickelt im Jahr 2003, und dass ein Unternehmen, das in Regensburg angesiedelt ist, zur gleichen Zeit unternehmensethische Grundsätze entwickelt, die sich wesentlich unterscheiden, nur weil es regionale Unterschiede in Deutschland gibt. Ich habe noch nie erlebt, dass es dazu eine Arbeit gibt.
Es gibt in den vielfältigen Untersuchungen zu West- und Ostdeutschland, also der ehemaligen DDR und den alten Bundesländern, eine ganze Reihe psychologischer Studien über die Unterschiede, kurz nach der Wende. Jetzt kommt noch einmal eine Welle von Untersuchungen. Da müsste man einmal nachschauen, ob die Ethikthematik eine Rolle spielt. Es spielt schon die Thematik soziale Netzwerke, soziale Kontakte usw. eine Rolle. Aber ob das im Rahmen eines unternehmensethischen Diskurses eine wichtige Unterscheidung ist, müsste man prüfen.

Universitätsprofessorin:
Ich würde ganz gerne zwei Begriffe zusammenbringen: Afrika und Rheinland. Es gibt doch einen „Kölschen Klüngel". Ich würde zwar sagen, dass man keine Probleme hat, wenn man als Rheinländer nach Bayern geht. Aber ich glaube schon, wenn man als Bayer, als Führungs-

kraft, nach Köln geht und Geschäfte machen soll, dass man ähnliche Gesichtspunkte in Kauf nehmen muss, wie bei den Afrikanern, die für ihren Clan verantwortlich sind. So ist es ja beim „Kölschen Klüngel" auch: Der ist für seinen Clan verantwortlich. Da muss ich mich vielleicht fragen, will ich den Auftrag haben und bin bereit zur Korruption, oder verzichte ich aus ethischen Gründen auf diesen Auftrag? Ich möchte jetzt sagen, Afrika ist mitten unter uns, und was über die Grenzen hinausgeht, da sowieso. Ich glaube, innerhalb Deutschlands haben wir auch Klärungsbedarf.

Alexander Thomas:
Ich würde das ein bisschen anders sehen. Der „Kölner Klüngel" zeichnet sich meiner Ansicht nach dadurch aus, dass das ein spezifisches Beziehungsnetzwerk ist, und dass in den Beziehungsnetzwerken etwas läuft. Das hat Sicherheits-, Orientierungs- und Haltefunktion, auch für Notfälle. Man kann es auch anders sehen: wie ein Clan. Ich würde es auf dieser Ebene einmal andeuten. Sie haben aber den Begriff Korruption damit in Zusammenhang gebracht. Bei der Umweltanlage und den Korruptionen, da sind Düsseldorfer ja auch mit beteiligt. Das ist für mich eine andere Thematik.

Aber Sie haben natürlich Recht. Das könnte man darauf hin mal untersuchen, inwieweit in bestimmten deutschen Regionen Beziehungsnetzwerke unabdingbare Voraussetzungen sind; dass Kennen und Mitmachen können im Beziehungsnetzwerk die unabdingbare Voraussetzung dafür ist, um erfolgreich zu sein. Ob es wirklich so salient, so wirkmächtig ist, dass man in dem empirischen Datenmaterial und Methoden, die man zur Verfügung hat, wirklich was Substantielles finden kann, das sei noch mal eine andere Frage.

Ich gebe auch zu, dass die Ethikthematik, wenn man sie so angeht, wie ich das tue, sich hauptsächlich bei großen Unternehmen in Leitlinien und so etwas niederschlägt. Aber im Familien- und Handwerksbetrieb, der im „Kölner Klüngel" verankert ist, und wo die Aufträge hin und her geschoben werden, und es auch Preisabsprachen gibt, ist das nicht der Fall.

Angestellter in der freien Wirtschaft II:
Können Sie sich vorstellen, oder ist es schon so, dass sich in den ganzen Bevölkerungsschichten so etwas wie eine globale Ethik ausbildet? Es gibt ja Leute, die reisen kreuz und quer durch die Welt. Ist es da

so, dass diese Klientel schon gemeinsame, globale Wertvorstellungen
entwickelt hat?

Alexander Thomas:

Ja schon; das ist allerdings die Frage, inwieweit die Globalreisen, sagen wir einmal die *Global Players* wirklich in die ethische Verpflichtung genommen werden. Also diejenigen, die in Nadelstreifen und mit
dem Köfferchen, Musterkoffer oder Geldkoffer, in einer Woche durch
drei Nationen reisen, sehen und erfahren auch nichts anderes, als das
Flugzeug, das überall gleich aussieht, das Hotel, das überall gleich aussieht, und sitzen in Verhandlungen, die auch überall gleich aussehen.

Das ist eine andere Art von Erfahrung und Herausforderung als z. B.
Entwicklungsspezialisten, wie sie die GTZ (Gesellschaft für Technische
Zusammenarbeit), der deutsche Entwicklungsdienst und andere Träger-
organisationen, auch viele Nichtregierungsorganisationen, ausschickt.
Die machen vor Ort mit Kleinunternehmen Projekte oder versuchen,
was einige Mittlerorganisationen machen, den Genossenschaftsgedanken in China zu implementieren. Die Friedrich-Naumann-Stiftung hat
z. B. versucht, in einem Riesenprogramm den Genossenschaftsgedanken
auf dem Land zu implementieren, da man nach den deutschen Erfahrungen mit dem Genossenschaftswesen sagen kann, die Vermarktung über
die Genossenschaft würde einen Mehrwert bringen gegenüber den Groß-
aufkäufern.

Die werden in ganz anderer Weise, viel differenzierter und direkter,
mit den kulturspezifischen Unterschieden auf der moralisch-ethischen
Ebene konfrontiert, bei Themen wie Transparenz; Beteiligung der Personen an Entscheidungen; den Versuch, die intrinsische Motivation zu
fördern; nicht die extrinsische Motivation, dass man sagt: „Ja, ich mach
mit, und kriege Geld dafür", sondern die intrinsische Motivation.

Dafür ist das Projekt da. Es ist nicht dafür da, dass zehn Einheimi-
sche finanziert werden sollen; und wenn der Verantwortliche wieder
geht, haben die zwar Geld bekommen, aber das Projekt läuft nicht mehr.
Sondern das soll im Land und der Kultur selbst implementiert werden.
Das sind andere Herausforderungen. Da muss man sehr genau unterscheiden.

Universitätsprofessor I:

Ich habe die Serie von Thesen von Herrn Thomas als Warnung verstanden, sich die Sache nicht zu einfach vorzustellen und übers Knie zu
brechen.

Aber was mir besonders dringlich jetzt im Anschluss daran notwendig erscheint, die Methoden aufzulisten – wenn nicht sogar zu prüfen – mit denen man diese Thesen umgehen kann. Denn verwirklicht werden sie wohl kaum werden. Ich bring mal drei Beispiele, Gegenbeispiele, dass diese Thesen nicht funktionieren können.

Erstes Beispiel: Benedikt XIV, der Papst, der als Wissenschaftler gilt, brachte die Mission in China zum Erliegen, weil er sich grundsätzlich nicht einverstanden erklärte, dass der Ahnenkult in der katholischen Religion dort in der spezielle Variante für China die Rolle spielen sollte, auf der die Chinesen bestanden. Damit war die über viele Jahrzehnte aufgebaute Arbeit der Jesuiten zum Erliegen gekommen. Und der ganze Orden wurde dann vom Papst aufgelöst.

Zweites Beispiel: Ich kann mir nicht vorstellen, dass die Wortmeldung von Bundeskanzler Schröder, jetzt in China das Internet beliebig zu verwenden, auch für Gegenpropaganda gegen die Regierung, in einem einvernehmlichen Diskurs im Sinne dieser Thesen beigelegt werden kann.

Ich kann mir nur vorstellen, und das ist jetzt das dritte Beispiel, dass es diesen Thesen so ähnlich ergehen wird, wie den verschieden Betriebsverfassungen – ich meine nicht den juristischen Teil, sondern diese ideologischen Dokumente, in denen steht, worüber man lange einvernehmlich diskutiert hat. Man hat diese Regelungen verabschiedet, und dann geht es darum, nach Bestem diese Regeln hochzuhalten, in Wirklichkeit sich aber keineswegs ihnen zu beugen, so wie etwa wie die Double-Bind-Theorie aus Kalifornien, von der man meinte, sie erzeuge Schizophrenie. (Sie war eigentlich in ganz wenigen Fällen zutreffend; im Übrigen aber fördert sie soziale Intelligenz.)

Nachzutragen ist, wie mir scheint, zu prüfen, wie man diese schönen Thesen, die programmatisch und weltmännisch wirken, konstruktiv, das heißt, tatsächlich und mit Erfolg umgehen kann; und zwar als empirische Studie. Es bleibt ja gar nichts anderes übrig. In China wird natürlich nicht das Internet zugelassen; jede Wette.

Alexander Thomas:

Sie haben Beispiele genannt, dann nenne ich auch ein Gegenbeispiel. Ich habe 1991 die ersten Befragungen in China durchgeführt. Das Erste, was ich gemacht habe war, Interviewpersonen zu suchen. Das habe ich über den deutschen Wirtschaftsverband und über die Banken in Peking, Hongkong und Taipeh gemacht. Die Banken waren zur damaligen Zeit die Anlaufstellen für die deutschen Unternehmen, die Mitarbeiter suchten; die Hausbank. Deshalb hatten die als erste Repräsentanzen. Und die haben mir gesagt: „Wissen Sie, worunter wir leiden? Nicht, dass wir mit den Chinesen nicht zurechtkommen. Wir leiden unter den deutschen Politikern, die permanent hierher kommen, die Menschenrechte vor sich her tragen und uns das Geschäft versauen."

Und ich habe an einer dieser Sitzungen mit dem Wirtschaftsvertreter der deutschen Botschaft in Peking und diesen Unternehmern teilgenommen, und die haben den Botschafter fertig gemacht. Er hat immer gesagt: „Ja, das können wir nicht anders, das ist für die *Political Correctness.*" Wie können wir den Bundestagsabgeordneten, die nach China kommen, die zunächst mal fragen: „Wie ist es denn mit den Menschenrechten? Wir wollen hier die Gefängnisse und die Folterkammern sehen", klar machen, dass das im Augenblick nicht das Thema ist?

Ich bin auch nicht überzeugt, dass von heute auf morgen das Internet frei gegeben wird. Ich bin auch nicht überzeugt davon, dass das, was Herrn Schröder von den Chinesen versprochen worden ist, auch morgen umgesetzt wird. Aber die Gelassenheit sollte man nicht unterschätzen, mit der die Chinesen das Thema im Augenblick bearbeiten; aber auf dem Hintergrund der wirtschaftlichen Beziehungen, die sich inzwischen langsam peu a peu entwickelt haben.

Gerade da China eine Wirtschaftsmacht ist und alle davon sprechen, dass die Chinesen einen rasanten Aufschwung machen, könnte man sagen, die haben es doch gar nicht nötig, sich von Schröder „diesen ganzen Dreck vor die Füße schmeißen" zu lassen. Die könnten sagen: „Nein, das interessiert uns überhaupt nicht. Entweder Sie reden jetzt über Technik, oder Sie fahren nach Hause." Nein, sie gehen schon auf das Thema ein. Und es ist im Bewusstsein vorhanden, dass man das Thema ernst nehmen muss und zum Gegenstand von Gesprächen machen muss; nicht mehr nur hinter verschlossenen Türen. Das halte ich für Fortschritt. Und das habe ich eben mit der Langsamkeit gemeint, derer diese Prozesse bedürfen. Und man darf nicht unterschätzen, dass die deutschen Unternehmen, die z. B. in China Produktionsstandorte eröffnen, eine ganze Menge sind; dass sie von einer überschaubaren Anzahl von Personen in China Qualität produziert haben wollen, wie sie sie hier auch haben.

Dazu bedarf es einer Ausbildung und Qualifizierung, nicht nur außerhalb des Unternehmens, sondern innerhalb des Unternehmens, einer Qualifizierung am Arbeitsplatz. Und über diese Qualifizierungsprozesse, über das Vorbildverhalten von Führungskräften, die diese Leitlinien ernst nehmen und die das der Kultur angepasst, sensitiv umsetzen, das hat eine Lernwirkung, die nicht zu unterschätzen ist. Die halte ich für höher als alles, was in einer Ausbildungseinrichtung, in der Management-Schulung in China vermittelt würde. Dazu muss man aber auch eines sagen – als Psychologe muss man das sagen – die Dinge gehen nur voran, wenn Leidensdruck da ist.

Vor vier Jahren im Bundeswehrprojekt wurde Trainingsmaterial entwickelt, damit die Soldaten auf die Auslandseinsätze vorbereitet werden. Am Montag war eine Sitzung mit Führungskräften. Und sie sagen: „Wir wissen von deren Projekten überhaupt nichts. Wir haben wieder das Rad von neuem erfunden." Jetzt ist der Leidensdruck groß; die interkulturelle Thematik ist das Thema Nr. 1 für die Bundeswehr. Das Trainingsmaterial ist praktisch irgendwo in der Organisation versackt und versunken; keinerlei Implementierung ist geschehen. Der Leidensdruck ist im Augenblick international, in der NATO und überhaupt bei allen Truppenverbänden so groß, dass sie gar nicht genug an Training, Informationen und Orientierungssystemen kriegen können. Jetzt müsste man sich fragen, wenn man sich dieser Thematik annimmt: Wo sind die Druckkräfte? Und wo ist der Leidensdruck? Der Leidensdruck ist da, aber er wird nicht empfunden und ausgesprochen. Also müsste man den Leidensdruck transparent machen, in Worte fassen und präsentieren. Er muss spürbar sein. Dann entwickelt sich da schon was. Ich würde, wenn ich eine Untersuchung machen würde, versuchen die jungen Nachwuchsführungskräfte in China, also nicht die alte Kadergeneration, die jetzt dran ist, sondern die Nachwuchsführungskräfte, ins Auge zu fassen. Also ich vertrete die These, das dauert lange – in China sowieso – aber das entwickelt sich. Da bin ich Optimist, aber nicht blauäugig.

Angestellter in der freien Wirtschaft I:
Bei der Zusammenarbeit von Deutschland und Tschechien haben Sie gesagt, es gäbe da ganz schwere, große Probleme auf der einen und auf der anderen Seite. Dann haben Sie das dann aber nicht weiter ausgeführt. Könnten Sie noch kurz etwas dazu sagen, was ist das für ein konkretes Gefühl?

Alexander Thomas:
Es gibt Probleme, z. B. im Bereich der Vertrauensbildung; auch im Bereich der Beurteilung eines leistungsfähigen Mitarbeiters. Die Mitarbeiterleistung ist nicht abhängig von der sachbezogenen Leistung, wie bei uns, sondern ist abhängig von persönlichkeitsspezifischen Kompo-

nenten des Mögens, der Zuneigung und der persönlichen Beziehung; man könnte einfach sagen, der Chemie, die zwischen der Führungskraft und dem Mitarbeiter vorhanden ist. Eine deutsche Führungskraft, die einem tschechischen Mitarbeiter eine Anweisung in Form einer Anweisung gibt und keine persönliche Beziehung hergestellt hat und sich auch keine Mühe in die Richtung gemacht hat, kriegt einen Mitarbeiter, der sich vor der Arbeit drückt. Nach außen hin wird er keinen Widerstand leisten; das kann er sich nicht leisten. Er hat ja keine Alternative, aber er macht die Arbeit nicht. Er macht noch nicht mal Dienst nach Vorschrift. Er versucht nichts zu machen. Ich habe immer gesagt, es gibt in den Kulturen Bilder, in denen so etwas drinnen ist; wie z. B. der Soldat Schwejk. Ich behaupte, nur die tschechische Kultur hat überhaupt den Schwejk entwickeln können. Der ist nicht kriminell, er landet nicht im Gefängnis. Er lebt ja noch gerade so in einem Gefüge, aber er hat eine Technik entwickelt, sich der Autorität, wo es nur geht, zu entziehen, soweit das Lebensqualität schafft. Er wird verehrt. Damit identifizieren sich die Tschechen. Das ist nur ein Hinweis.

Unternehmensberater:
    Im Anschluss an die Diskussion habe ich folgende zwei Fragen. Versteht man nicht aus unserer Warte unter interkultureller Handlungskompetenz im Wesentlichen eine Adaption anderer Völker, z. B. der Chinesen selbst in ihrem Land an unsere Kultur oder Denk- oder eben Ethik-Verhältnisse? Man sagt zum Beispiel, sie sollen das Internet öffnen. Die Nichtöffnung des Internets hat für die Chinesen als solches noch einmal eine andere Wertigkeit und einen anderen Charakter als aus der Warte unserer Kultur. Als Zweites: Geht nicht das Thema interkulturelle Handlungskompetenz im Sinne Ihrer Thesen quer durch Europa? Man steht vor dem Problem, dass durch Globalisierung, die auch bei uns im Land stattfindet, Bevölkerungsgruppen einziehen, die eigentlich in einer tiefen Kontroverse mit den so genannten westlichen Kulturen stehen. Das kumuliert nun momentan im Irak, steht auf der einen Seite für die arabische Welt, für den Islam. Auf der anderen Seite aber dient die Religion dem Schaffen von Identität, an der sich die Bevölkerung festhält; das steht aber aus dem nationalen Gefühl heraus automatisch kontrovers zu uns im Land.
    Das war A, jetzt B zu dem Thema. Wenn wir die Sache mit dem Kopftuch diskutieren, bei uns und in Frankreich usw., stehen wir dann nicht gleichzeitig im Sinne internationaler Handlungskompetenz vor dem Problem, dass wir im aufgeklärten Europa und im aufgeklärten

Deutschland für den so genannten religiösen Menschen in seinem religiösen Kollektiv und seinem religiösen Kontext kein Verständnis haben? Kurze Anmerkung dazu: Man wird häufig in der Diskussion gefragt: Geht es auch um die Kutte des Pfarrers, des Paters oder um den Schleier einer Schwester? Das ist eine Uniform einer Gruppe von Berufsträgern, die sich in einer Gemeinde zusammengefunden haben. Das wird auch rechtlich so gehandhabt. Keinesfalls findet man aber bei uns, sozusagen als Ausdruck religiösen Lebens, auch für den Laien, eine bestimmte Innerlichkeit, die sich in Äußerlichkeit zwangsläufig zeigen muss. Es geht hier nicht um Rivalitäten, sondern es geht um Heil für den Moslem, hier wie im Jenseits. – Ist diese Innerlichkeit, die sich in Äußerlichkeit beim religiösen Menschen zeigt, geradezu zwangsläufig?

Alexander Thomas:
Also ich fange einmal bei dem Letzten an. Zunächst sind es juristische Fragen: sowohl die Kopftuch-Angelegenheit als auch die Einwanderungsgesetzgebung. Ich stelle mit Erschrecken fest, dass wir eine – glaube ich – für Deutschland, entscheidende Phase durchzumachen haben. Durch die europäische Integration zeigt sich, Deutschland wird zweifellos schon allein aufgrund der geografischen Lage zu einem Zentrum der Zuwanderung werden. Und uns Deutschen fällt nichts anderes ein, als das auf juristischem Wege zu thematisieren. Ich habe nichts gegen juristische Regelungen. Ich habe nur etwas dagegen, dass zwei solche Fälle in einer Problematik behandelt werden, als glaube man, dass man dadurch lebenswerte Elemente und irgendwie eine lebenswerte Gesellschaft entwickeln könnte. Wir haben einen ganz eigentümlichen Bezug dazu, mehr will ich nicht sagen.

Ich will aber etwas zum Thema Anpassung sagen. Also eines ist sicher: Ohne Anpassung geht es nicht. Aber Anpassung alleine reicht nicht. Interkulturelle Kompetenz zeichnet sich aus durch ihre Fähigkeit, das notwendige Grundmaß an Anpassungsleistung zu erbringen. Das würde beispielsweise schon darin bestehen, dass ich sage, ich kann es mir leisten, auch ohne differenzierte und ausgiebige Sprachkenntnisse wirtschaftlich in China tätig zu sein. Ich kann mir einen Dolmetscher leisten, ich muss nicht erst Sinologie studieren, um in China erfolgreich geschäftlich tätig zu sein, aber ein Mindestmaß an Anpassung auf sprachlicher Ebene sollte schon da sein. Man sollte die Menschen in ihrer Kultur in ihrer Landessprache begrüßen können, man sollte sich bedanken können, ein paar Worte wissen. Das ist Anpassung, das muss man erst mal lernen. Wie weit das geht, kommt auf den Aufgabenbereich an. Derjenige, der glaubt, er müsse sich in China als Deutscher wie ein Chinese verhalten, weniger vom *Outfit* – die Chinesen tragen auch Sakkos – aber vom Gesamtverhalten her, wird eine Karikatur. Die Chinesen lachen sich kaputt. Da gibt es wunderschöne Beispiele, wo Chinesen versucht haben, sich so zu verhalten wie Deutsche. Das ist eine Lachnummer. Und wenn Sie so was mal erlebt haben, dann wird Ihnen klar, dass eine Anpassung, die blind ist und ohne Sensitivität für den Bereich, bis zu dem man gehen kann und die Art, wie man das organisieren kann, nur das Gegenteil erreicht, von dem was erreicht werden soll. Der entscheidende Punkt ist eine Sensibilität, eine Kompetenz, kulturäquivalent auf bestimmte Situationen zu reagieren, ohne voreilige Schlussfolgerungen, die aus nichts anderem resultieren, als aus dem Beibehalt des eigenen kulturellen Orientierungssystems, ohne auch nur ein bisschen von dem System des anderen kennen gelernt zu haben. Das kann vielleicht noch ein paar Ebenen weitergehen, um die Sensibilität und die Fähigkeit zum Organisieren eines interkulturellen Prozesses zu erreichen, der soweit internalisiert ist, dass es automatisch abläuft, dass man z. B. unter Stress, den man im Augenblick erlebt, auch noch funktioniert, wenn man z. B. sagt: „Jetzt geht es mir ‚ans Eingemachte'. Ich ertrage das nicht mehr, was der mit mir macht." Ein Beispiel: das chinesische Schweigen. Chinesen schweigen zu bestimmten Zeitpunkten, in denen der Deutsche meint, er muss jetzt was sagen. Sie wollen den Chinesen umbringen, nur um den zum Reden zu bringen. Das ist schon mal Widersinn in sich, klar, aber soweit sind Sie schon. In dieser Situation dann auch noch in der Lage zu sein, mit Sensitivität zu reagieren, das wäre das Ziel. Ich weiß, das ist ein hohes Anspruchsniveau. Und das Ganze – jetzt sind wir wie immer im Ausland – können wir locker auf unser Land transferieren: Genau das müsste man mit ausländischen Mitbürgern lernen. Und da sind wir meilenweit davon entfernt. Aber der Leidensdruck, der wird steigen. Und dann wird man lernen müssen, mit den schwierigen Situationen umzugehen.

Prof. em. Dr. Helmut Heid
Universität Regensburg

Übertragung von Verantwortung – die Verwandlung fremdbestimmten Sollens in selbstbestimmtes Wollen?

Einleitung

Die Übertragung oder Delegation von Verantwortung gehört zu den wichtigsten „Instrumentarien" betrieblicher Organisations- und Personalentwicklung. Im hier relevanten Alltagsverständnis ist mit der „Delegation von Verantwortung" die Übertragung der Zuständigkeit für die selbständige Erledigung einer Aufgabe gemeint, die in der Regel von demjenigen definiert ist oder wird, der die Verantwortung überträgt. Welche Gründe veranlassen die Unternehmensleitung, Entscheidungsbefugnisse zu delegieren?

Zwecke betrieblicher Verantwortungsübertragung

Die Dezentralisierung von Zuständigkeiten und im Besonderen die Übertragung von Verantwortung ist *in den betrieblichen Funktionserfordernissen begründet.*

- Dynamik, Komplexität und Unvorhersehbarkeit der Entwicklung politischer, technischer und vor allem ökonomischer Rahmenbedingungen unternehmerischen Handelns erfordern dezentrale, hoch flexible und kundennahe Entscheidungen. Zentrale Entscheidungen sind nicht nur (zu) weit von den Orten entfernt, an denen die Entscheidungserfordernisse unter unvorhersehbaren Bedingungskonstellationen auftreten. Zentrale Entscheidungen haben auch oft lange, Kosten verursachende Entscheidungsketten und zeitaufwendige Entscheidungsprozeduren zur Folge.
- Die Übertragung von Verantwortung bezweckt die Senkung des Kontrollaufwandes durch „Verinnerlichung" und damit vielleicht auch die Effektivierung und Verschärfung der Kontrolle. Spranger (1959, S. 191 f.) charakterisiert und moralisiert die damit verbun-

denen Maßnahmen als Wechselverhältnis von Verpflichtung und „Erfüllungskontrolle". „Von da", so seine These und Empfehlung, „ist noch der entscheidende Schritt zu tun bis zur freiwilligen Übernahme von Aufgaben, die kein Vorgesetzter gestellt hat und deren Erfüllung niemand überwacht. Damit wäre dann das *Ethos der Freiheit* erreicht, das so langer, umständlicher Vorbereitung (in Sozialisation und Erziehung) bedarf" (Hervorhebung im Original – kritisch distanziert dazu bereits Durkheim, 1895/1961, S. 108 f.). Betriebswirtschaftlich betrachtet lassen sich dadurch nicht nur die finanziellen Aufwendungen – auch Humanisierungsmaßnahmen betrieblicher Organsationsentwicklung müssen sich rechnen[1] –, sondern auch die so genannten sozialen Kosten senken. Externe Kontrollen werden im Idealfall überflüssig, weil die zu Kontrollierenden sich selbst kontrollieren. Zugleich werden die psychischen Belastungen vermieden, die mit jeder Fremdkontrolle verbunden sind (vgl. dazu Deci & Ryan, 1993, S. 229 ff.).

• Eng damit zusammen hängt die Erwartung, dadurch auch die Leistungsmotivation Beschäftigter positiv beeinflussen zu können; denn die Übertragung von Verantwortung respektiert (oder instrumentalisiert?) die elementaren menschlichen Bedürfnisse nach Autonomie oder Selbstbestimmung und Kompetenzerfahrung oder Wirksamkeit (vgl. Deci & Ryan, 1993)[2]. Kompetenz bedeutet nicht nur Zuständigkeit (= Autonomie), sondern auch jene Tüchtigkeit, die (von den Beschäftigten) selbstwertdienlich als Bedingung der Verantwortungsübertragung interpretiert wird: Verantwortung wird in der Regel nur denen übertragen, die fähig und *bereit* sind, kompetent (richtig und selbständig) und vor allem so zu entscheiden, wie es von denen erwartet wird, die darüber entscheiden, wem wozu Verantwortung übertragen wird. Die „Übernahme von Verantwortung (kommt) auch dem Bedürfnis nach Selbstachtung entgegen, indem sie dem Akteur – realistisch oder illusionär – das Gefühl vermittelt, ge-

---

[1] Allerdings kann man dabei zwei Grundorientierungen unterscheiden: "Verantwortbar ist nur, was sich rechnet." oder "Es geht um die Verantwortbarkeit dessen, was sich rechnet."
[2] Da es keine Autonomie und keine Wirksamkeit an sich oder als solche gibt, bleibt hier offen, in welcher wie und von wem inhaltlich bestimmten Aktivität ein Mensch sein Bedürfnis nach Kompetenzerfahrung und nach Autonomie für erfüllt oder für erfüllbar hält. Insbesondere die Tüchtigkeitskomponente im Kompetenzerlebnis hat die (soziale) Geltung eines wie und von wem auch immer bestimmten Erfolgskriteriums zur Voraussetzung.

braucht zu werden, vielleicht sogar unersetzlich zu sein" (Birnbacher, 1995, S. 165). Auf diese Weise können die produktiven Ressourcen der Beschäftigten vollständiger und intensiver genutzt werden[3].

• Damit verbunden ist schließlich die Erwartung, durch die Übertragung von Verantwortung die Arbeitsproduktivität und die Produktqualität steigern und – wie erwähnt – die Produktionskosten senken zu können. Denn motivierte Mitarbeiter arbeiten nicht nur lieber, sondern auch schneller, länger, mehr und besser als nicht motivierte. Die Denk- und Entscheidungsfreiheit der Mitarbeiter soll nicht mehr als Risiko oder gar als Störgröße, sondern als Leistungspotenzial gesehen und genutzt werden. Jeder einzelne – so die Erwartung – engagiert sich (und haftet) für die Erfüllung seiner Arbeitsaufgabe sowie für seinen Beitrag zur Realisierung des Betriebszwecks[4].

Dieser sehr knappen Darstellung liegt ein (zu) unkritisches Alltagsverständnis von „Verantwortung" zugrunde. Es muss einen Grund haben, dass in diesem Zusammenhang nicht von der Übertragung von „Pflichten", von „Zuständigkeiten" oder von „Befugnissen" die Rede ist, sondern von „Verantwortung". Was ist das Besondere der Verantwortung und was genau wird dabei übertragen?

---

[3] Die einen sehen in unternehmerischen Partizipationsofferten subtile Herrschaftsmittel sowie einen umfassenderen betrieblichen Zugriff auf die personellen Ressourcen. Andere sehen darin das Potenzial für die Ausweitung individueller Bürgerrechte auf den Produktionssektor. Aus der Sicht Beschäftigter sind bzw. definieren (ökonomisch) erfolgreiche Betriebe Bedingungen individueller (ökonomischer) Kompetenzverwertung. Zugleich sind sie Orte individueller Selbstverwirklichung.
[4] Je nach Zweckbestimmung und Realisierungsbedingungen der Verantwortungsübertragung ist damit eine Selbstinstrumentalisierung verbunden. Überdies kommt darin paradoxerweise eine Tendenz zur Monetisierung gerade der humanitaren Komponenten sozialer Beziehungen zur Geltung.

Was „ist"[5] Verantwortung?

Ich verzichte auf definitorische Erörterungen und beginne mit einem
Hinweis auf den Ursprung der Verwendung des Wortes „Verantwortung". Das Wort „Verantwortung" ist relativ jung, das damit Bezeichne-
te jedoch keineswegs. Zu einem „terminus technicus" ethischen Denkens und Argumentierens wurde der Verantwortungsbegriff erst in der
zweiten Hälfte des 19. Jahrhunderts (vgl. dazu Bayertz, 1995, S. 3 f.).

Ursprünglich stammt das Wort „Verantwortung" aus der Sphäre der
Gerichtsbarkeit: Ein Mensch hatte etwas zu verantworten, indem er vor
einem Richter auf Fragen antworten musste. Dabei ging es stets darum,
ob ihm eine strafbare Tat zugerechnet werden konnte (Schwartländer,
1974). An dieser ursprünglichen Bedeutung hat sich nicht viel geändert:
„Den Anlass für die Frage nach der Verantwortung gibt in der Regel ein
schlimmes Ereignis" (Bayertz, 1995, S. 5, S. 22 f.) oder genauer: ein
Ereignis, das als schlimm bewertet wird. Daraus geht bereits hervor,
dass mit diesem Wort kein beobachtbares Verhalten und erst recht keine
übertragbare Sache, sondern die Konsequenz gekennzeichnet wird, die
aus der Interpretation und Beurteilung eines Verhaltens oder eines Ver-
haltenseffekts gezogen wird. Ob irgendein Verhalten oder Handeln zum
Gegenstand der Frage nach seiner Verantwortbarkeit (erklärt) wird, das
ergibt sich nicht aus irgendeinem Sachverhalt an sich, sondern – wie
erwähnt – aus seiner Beurteilung oder aus der Beurteilung seiner (ab-
sehbaren) Effekte.

So sehr man sich aus erkenntnistheoretischen Gründen davor hüten
muss, Verantwortung als ein eigenes, für sich existierendes Verhalten
oder als ein beobachtbares Verhaltensmerkmal anzusehen, so wichtig ist
andererseits, dass es Verantwortlichkeit getrennt von ihrem Inhalt, und
das heißt von einem konkreten Verhalten, überhaupt nicht geben kann.
Verantwortlich kann also jemand nicht „an sich", sondern nur für sein
Verhalten bzw. für die Konsequenzen seines Verhaltens sein. Das gilt
auch dort, wo der Satz sinnvoll verwendet wird, dass ein Mensch nicht
nur für das verantwortlich ist, was er tut, sondern auch für dasjenige,
was er unterlässt. Darauf komme ich zurück.

Für die Verantwortlichkeitszuschreibung sinnvoll ist die erwähnte
Beurteilung eines Verhaltens aber nur dann, wenn zwei Voraussetzun-

---

[5] Von Wolfgang Stegmüller (1969) stammt der Satz: „Eines der wichtigsten
Wörter unserer Sprache ist das Wort ‚ist'. Es ist zugleich eines der philosophisch
gefährlichsten" (S. 67).

gen erfüllt sind. Das Ereignis (Verhalten oder Verhaltenseffekt) muss als Resultat eines *Verursachungsprozesses* begriffen werden und nachweisbar sein. Außerdem muss klar sein oder reflektiert werden, dass der Bewertung ein *entscheidungsabhängiges Bewertungskriterium* zugrunde liegt. Damit sind zugleich die beiden Komponenten einer Beurteilung angesprochen: die *sachliche* (= *Verursachung)* und die *normative* (= *Beurteilung* als „Übel").

Dass wir angesichts eines Übels danach fragen, was oder wer es „*verursacht"* hat und wer in diesem Sinn verantwortlich ist, das ist keineswegs selbstverständlich, sondern eine geistesgeschichtliche Errungenschaft. Vor der „Erfindung" des Kausalitätsprinzips galt ein „Übel" als Schicksal, als Fügung, sogar als Gottes Wille. Den wie auch immer davon Betroffenen blieb günstigstenfalls die Möglichkeit, „damit zu leben" oder mehr noch: darin einen Sinn zu sehen oder zu suchen (vgl. dazu auch Maier, 2004).

Was „ist" ein *Übel?* Es gibt kein Übel an sich und auch kein Übel als Eigenschaft oder Merkmal eines Ereignisses oder eines Sachverhalts. Es gibt nur Ereignisse, die wir mit Bezug auf ein dafür unentbehrliches Beurteilungskriterium als „Übel" oder als „schlimm" bewerten. So ist also auch „das Übel" als Übel keine vorfindliche, beobachtbare Realität, sondern das Resultat der *wertenden* Beurteilung eines Sachverhalts (Verhaltens oder Verhaltenseffektes).

Nun gibt es Ereignisse, die eine Ursache haben und negativ, beispielsweise als „Übel" bewertet werden, ohne dass sie irgendetwas mit Verantwortlichkeit zu tun haben. Kein Mensch käme auf die Idee, jemanden für den Sonnenuntergang oder einen Vulkanausbruch verantwortlich zu „machen". Für die Konstitution von Verantwortlichkeit kommen also nur solche Ereignisse in Betracht, die von menschlichem Handeln abhängen oder beeinflussbar sind. Wenn ein Betrieb in Flammen aufgeht, ist das nur dann ein Problem der Verantwortlichkeit, wenn es erstens jemanden gibt, der das bedauert bzw. negativ bewertet und wenn es zweitens jemanden gibt, der den Brand vorsätzlich oder leichtfertig verursacht hat oder – auch das! – der es versäumt hat, ihn zu verhindern oder sich um einen funktionsfähigen Brandschutz zu kümmern, das Feuer zu löschen oder zumindest eine Feuerversicherung abzuschließen. Ausschlaggebend für die Konstitution von Verantwortlichkeit ist also die *Handlungsabhängigkeit* oder die *Beeinflussbarkeit* eines zu verantwortenden Ereignisses. Erst unter dieser Voraussetzung ist es möglich, denjenigen zu identifizieren und zur Verantwortung zu ziehen,

dem die Ereignisse *zurechenbar* sind, die durch seine Handlung oder
Unterlassung *„verursacht"* wurden.

Zusammenfassend lässt sich folgendes sagen: Für die Konstitution
von Verantwortlichkeit bedeutsam sind

- Ereignisse,
- die von menschlichem Handeln abhängen oder beeinflussbar sind,
  und
- die mit Bezug auf ein entscheidungsabhängiges Bewertungskriterium als
- „Übel" beurteilt werden.

Handlungsabhängigkeit
zu verantwortender Ereignisse

Verantwortlichkeit kann also sinnvoll nur in Bezug auf solche Sachverhalte ein Thema sein, die von menschlichem Handeln abhängen oder
beeinflussbar sind. Als Handeln bezeichne ich *Aktivitäten*, in denen
Menschen Mittel einsetzen, die aufgrund bewährten *Wissens* geeignet
erscheinen, bestimmte *Zwecke* unter gegebenen oder zu gestaltenden
Bedingungen mit kalkulierbarer *Wahrscheinlichkeit* zu erreichen. Jede
dieser Komponenten ist wichtig, aber zwei Komponenten sind für die
Konstitution von Verantwortlichkeit von besonderer Bedeutung, nämlich die *Zweckbestimmung* und das *Wissen*.

Zwecke sind die wichtigsten Bestimmungsgrößen menschlichen
Handelns. Ohne Zwecke bleiben menschliche Aktivitäten orientierungs-
los und ohne Erfolgskriterium. In der Zweckbestimmung wird das beabsichtigte Ergebnis einer Handlung gedanklich vorweggenommen. Dazu
ist Wissen unentbehrlich. Denn Zwecke setzen Menschen sich im Licht
nicht immer reflektierten und auch nicht immer richtigen, aber doch
niemals völlig fehlenden Wissens über die Wahrscheinlichkeit der
Zweckerfüllung unter jeweiligen Realisierungsbedingungen. Andernfalls
gelten Zwecke als unrealistisch oder utopisch. Zwecke verleihen dem
Handeln nicht nur die Richtung, sondern auch die Rationalität. Sie sind
die wichtigste Komponente der Handlungsbegründung.

Schließlich ermöglicht die Bestimmung des Handlungszwecks die
Unterscheidung der Handlungseffekte in Erfolg versus Misserfolg sowie
in beabsichtigte Wirkungen und unbeabsichtigte (Neben-)Wirkungen.

Das zur Konstitution einer Handlung unentbehrliche *Wissen* ermöglicht es dem Handelnden nicht nur, sich realistische Ziele zu setzen. Es ist auch unentbehrlich, um die Wahrscheinlichkeit abschätzen zu können, mit der von bestimmten Aktivitäten intendierte Effekte zu erwarten sind. Außerdem ermöglicht das Wissen die Unterscheidung der Handlungseffekte in vorhersehbare (Verantwortlichkeit konstituierende) und unvorhersehbare (Verantwortlichkeit dispensierende) Handlungseffekte. Die Zurechenbarkeit eines beurteilbaren Handlungseffektes zum „entsprechenden" Handlungszweck ist also in dem Wissen begründet, das es dem Handlungssubjekt ermöglicht (hätte), den kritisierten Effekt einer Handlung mit bewährter und nur insofern argumentativ beanspruchbarer Wahrscheinlichkeit vorherzusehen.

Nun besteht in der gesellschaftlichen, in der betrieblichen wie aber auch zuvor und grundlegend in der pädagogischen Praxis eine Neigung, genau diese beiden wichtigen Komponenten einer menschlichen Handlung, nämlich die Zweckbestimmung und das Wissen, zu vernachlässigen: Wir sanktionieren häufig nach dem Maß des schädigenden Handlungseffektes, ohne nach der Intention und nach dem Wissen zu fragen, das es dem Verursacher des Schadens ermöglicht hätte, die unerwünschten Folgen seines Tuns einigermaßen zuverlässig vorherzusehen.

Je teurer die Vase ist, die beim Spielen zerbrochen wird, desto strenger die Sanktion, desto höher die Strafe, und zwar auch dann, wenn das Kind nie und nimmer die Absicht hatte, die Vase zu zerstören, wenn es keinen Begriff vom Wert der Vase hat und wenn es auch nicht damit rechnen konnte (hier beginnt der Fall komplizierter zu werden), dass das Unbeabsichtigte passiert. Das Kind mag „objektiv" – im Urteil externer Beobachtung und Beurteilung – Verursacher des Effektes seiner Aktivität (gewesen) sein.

Aber dadurch ist das Kind noch nicht Subjekt seines eigenen Handelns und seiner eigenen Handlungskontrolle, die allein geeignet wäre, seine Verantwortlichkeit (im moralischen Sinn) zu begründen.

Konsequenzen der Vernachlässigung wesentlicher Voraussetzungen verantwortlichen Handelns

Auf dieser Sozialisations-Grundlage sowie auf der Basis einer impliziten Geltung des herkömmlich-juridischen (Vor-)Verständnisses von Verantwortung (als Haftung für ein „schlimmes" Ereignis) fällt es leicht, die davon betroffenen Menschen auch im späteren Leben (unbeanstandet) für Effekte von Aktivitäten haftbar zu machen bzw. zur Verantwortung zu ziehen, von deren Zweckbestimmung und Beurteilung sie selbst ausgeschlossen sind.

Diese Praxis hat Konsequenzen. Die ontogenetisch frühe und fortbestehende Vernachlässigung der Frage nach dem Handlungszweck sowie nach dem Wissen, das unentbehrlich ist, um abschätzen zu können, mit welchen Handlungseffekten gerechnet werden kann bzw. muss, begünstigt die Entwicklung oder Festigung folgender Orientierungen:

• Der Heranwachsende lernt nicht, sich selbst als legitimes Subjekt seines eigenen Tuns sowie insbesondere der *Zweckbestimmung* seiner eigenen Aktivitäten zu begreifen. Er lernt nicht, Zwecke zu setzen, zu begründen oder zu beurteilen. Er lernt aber sehr wohl, jene Zwecke gewissenhaft zu erfüllen, für deren Beurteilung er selbst nicht zuständig ist.

• Wenn es bei der Beurteilung verantwortungsrelevanter Aktivitäten und Aktivitätseffekte sowie bei der Sanktionierung des Akteurs nicht (auch) auf die Frage ankommt, ob es dem Akteur möglich war, den beanstandeten Effekt vorherzusehen, dann lernt er auch nicht, die Bedeutung des Erfordernisses einzuschätzen, das für eine verantwortbare Praxis unentbehrliche *Wissen* so zuverlässig und vollständig wie eben möglich zu generieren und bei der Planung und Durchführung seiner Aktivitäten zu berücksichtigen. Es geht dabei um das Wissen über die Wahrscheinlichkeit, mit der das Handeln bewirkt, was es bezweckt sowie um das Wissen über die nicht minder wichtige Absehbarkeit unbeabsichtigter Nebenwirkungen des Handelns.

• Wenn es nicht darauf ankommt, wie der Akteur seine Aktivitäten und die Effekte seiner Aktivitäten selbst *beurteilt*, lernt er seine Abhängigkeit vom Urteil dafür als zuständig Geltender und Anerkannter. Er erfährt, dass von seinen Interessen und Überzeugungen nichts Wesentliches abhängt, dass seine Interessen günstigerenfalls instrumentell (als Mittel) relevant sind und ungünstigerenfalls (vor allem wenn sie sich dem Verwertungszweck nicht fügen) als störend sanktioniert werden. Er lernt, sich als Objekt externaler Handlungsanweisungen, -regulierungen und -bewertungen (-verurteilung) zu begreifen und nicht als Subjekt der Begründung eigenen Wollens, Entscheidens und Handelns, das er aber faktisch unaufhebbar ist (dazu Heid, 1994).

- Auf diese in die lebensweltliche Praxis eingelagerte Weise kommt im Verantwortungsverständnis jenes Herrschaftsverhältnis zur Geltung, das zu den Voraussetzungen dafür gehört, dass Verantwortlichkeit nahezu beliebig übertragen werden kann. Diese Übertragung von Verantwortung bezweckt nicht die Ermöglichung sittlicher Autonomie, sondern die Internalisierung externaler Verpflichtung. Der Adressat der Übertragung von Verantwortung erfährt (und lernt), dass es zwei Klassen von Menschen gibt: solche, die die Zwecke des Handelns setzen und beurteilen (Eltern, Lehrer, Vorgesetzte) und solche, die dafür „verantwortlich" sind bzw. gemacht werden, dasjenige „gewissenhaft" zu denken, zu wollen und zu tun, was von den jeweils dafür Zuständigen verlangt oder auch nur erwartet wird (Kinder, Schüler, Beschäftigte).

- Mehr noch: Heranwachsende lernen beizeiten und nachhaltig, dass es Menschen gibt, die in der wie auch immer begründeten Lage sind, Verantwortung nicht nur zu übertragen, sondern auch vorzuenthalten und wieder zu entziehen. (Was ist das für eine Instanz der Moral- und Handlungsbegründung, mit der man so hantieren kann?) Auf der anderen Seite gibt es Menschen, denen diese Verantwortung übertragen, vorenthalten und entzogen werden kann und die sich der übertragenen Verantwortung als würdig zu erweisen haben. Als würdig erweist sich in der Regel derjenige, der sich die Verwirklichung jener Zwecke zur Gewissensangelegenheit macht, zu denen ihm die Verantwortung übertragen wird. „Es wird jeweils ein bestimmter Auftrag erteilt, und der Zögling wird zur Verantwortung gezogen, wenn er ihn nicht erfüllt. So entsteht ein Katalog von kleinen Pflichten auf der einen, ständiger Erfüllungskontrolle auf der anderen Seite" (Spranger, 1959, S. 191). Wer sich in Elternhäusern, Schulen oder Betrieben – aus welchen (guten) Gründen auch immer – weigert, zur Erfüllung der Zwecke beizutragen, zu denen ihm die Verantwortung übertragen worden ist, und das kann auch heißen: Wer seine Verantwortung für genau dasjenige wahrnimmt, für das er sich aus verallgemeinerbaren Gründen und insofern aus (gewissenhafter) Überzeugung engagiert, der muss damit rechnen, dass ihm die Verantwortung wieder entzogen wird – und dafür gibt es in der familialen, schulischen, militärischen oder betrieblichen Praxis eine Vielzahl von Beispielen. Diesem Dilemma (das übrigens auch mit einer Vergeudung humaner Ressourcen verbunden ist) versucht man zu entgehen, indem man (beispielsweise durch soziale Platzierung in der Hierarchie oder durch Honorierung) die Befriedigung der individuellen Bedürfnisse und Interessen Beschäftigter in den Dienst der Erfüllung des Betriebszwecks stellt – oder indem man die Erfüllung individueller Interessen Beschäftigter an die Bedingung der Erfüllung des Betriebszwecks knüpft. Der berühmte Kulturphilosoph und Pädagoge Eduard Spranger (1959) postuliert in seinem Artikel „Erziehung zum Verantwortungsbewußtsein" die „Verwandlung des Geltungsstrebens in die Bereitschaft zur ... Pflichterfüllung" und meint, „daß die Eigenliebe ... empfänglich sein werde für die Anerkennung des Wertes der eigenen Person". Er verdeutlicht seine Auffassung durch ein Beispiel: „Diese Dynamik funktioniert auch heute noch. Schon ein Hund edler Rasse zeigt an seinem ganzen Gehabe, wie stolz er darauf ist, die Aktentasche seines Herrn im Maul tragen zu dürfen" (S. 189). – Was nach Humanisierung und Moralisierung schulischer oder betrieblicher Praxis aussieht, nämlich die Übertragung von Verantwortung, erweist sich hier nicht als Zweck, sondern als Mittel der Effektivierung externaler Zweckverwirklichung (vgl. dazu bereits Kant, 1785/1956, S. 61 und passim – A 66 f.).

Diese Praxis ist – oberflächlich betrachtet – nur so problematisch, wie die Zwecke problematisch sind, zu deren Verwirklichung Verantwortung übertragen wird. In einem „tieferen" Sinn sind Logik und Praxis der Instrumentalisierung von Verantwortung aber deshalb problematisch, weil und soweit sie mit Menschen rechnen, die gelernt haben oder lernen, selbst zu wollen, was sie nach (ungeprüfter!) Maßgabe externaler Zweckbestimmung wollen sollen (vgl. dazu bereits Durkheim, 1895/-1961, S. 108 f.). Aber das ist das Gegenteil dessen, was in der philosophischen Tradition als Verantwortlichkeit gedacht und postuliert worden ist.

Retrospektive versus prospektive Verantwortlichkeit

Mit diesem vor allem in der juridischen Tradition begründeten, aber auch in der Sozialisation sowie in der gesellschaftlichen, betrieblichen und pädagogischen Praxis dominierenden Verständnis von Verantwortlichkeit (vgl. als Beispiel den bei Heid, 2004, kommentierten Fall) ist ein Problem verbunden: Es handelt sich dabei um die retrospektive Orientierung der Verantwortlichkeit, die von einem *Übel* ausgeht, nach sachlich und zeitlich *zurückliegender* Verursachung und nach *Schuldigen* fragt und die überdies die Entwicklung einer *Kasuistik* begünstigt, sofern dabei das Wissen vernachlässigt wird, das die haftbar Gemachten in die Lage versetzt, die wahrscheinlichen Handlungsfolgen vorherzusehen (Unwissenheit schützt vor Strafe nicht!). Die Haftung für ein „schlimmes" Ereignis eignet sich zur Disziplinierung und Abschreckung.

Das Konzept retrospektiver Verantwortlichkeit „legitimiert" die Erfahrung der Abhängigkeit von externaler Be- und Verurteilung. Es begünstigt die Entwicklung (destruktiver) Ängstlichkeit, etwas (falsch) zu machen, für das man von einer dazu legitimierten Autorität zur Rechenschaft gezogen bzw. haftbar gemacht werden kann. Es begünstigt auch die Entwicklung entscheidungs- und handlungslähmender Risikoscheu. Da es keinen Fehler an sich gibt, sondern der Fehler das Resultat einer Beurteilung ist, die ihrerseits ein Beurteilungskriterium voraussetzt, wird hier überdies die Frage nach dem Subjekt der Bestimmung des Kriteriums wichtig. Darauf komme ich zurück.

Was kommt in dieser retrospektiven Orientierung zu kurz? Die Besorgnis, die aus der Haftung für Fehler oder Schäden resultiert, begünstigt die Vernachlässigung der Aufmerksamkeit und des Interesses für das, was getan werden kann und was getan werden muss. Sie verdrängt das Engagement für die aktive, kreative, selbstbestimmte – eben verantwortliche – Mitwirkung an der Bestimmung, Begründung und Erfüllung einer Aufgabe, die aus jeweiliger Zuständigkeit resultiert. Nicht zuletzt beeinträchtigt sie die Einsicht in das Erfordernis, die dafür vorausgesetzten Kompetenzen, insbesondere die domänenspezifische Urteilskraft zu entwickeln und verantwortlich zu nutzen.

Dass auch diese prospektive Konzeption und Praxis der Übertragung von Verantwortung – wie aus dem Kontext meiner Ausführungen deutlich werden dürfte – ihre Herkunft aus juridischer und sozialisatorischer Tradition nicht immer zu verleugnen vermag, verdient kritische Aufmerksamkeit. Denn sie schließt die Übertragung der Haftung für die Erfüllung fremdbestimmter Zwecke der Verantwortungsübertragung keineswegs aus.

Bedingungen verantwortlichen Handelns

Die Übertragung von Verantwortung erfolgt nicht im luftleeren Raum. Unter den herrschenden familialen, schulischen und betrieblichen Bedingungen der Realisierung dieses Programms begünstigt sie die Perfektionierung der Fremdbestimmung und -kontrolle genau dessen, dem Verantwortung übertragen wird. Solange es möglich ist, Verantwortung zu übertragen und zu entziehen, sind die notwendigen Voraussetzungen verantwortlichen Handelns nicht erfüllt. Wenn die notwendigen individuellen und soziokulturellen Bedingungen der Möglichkeit verantwortlichen Handelns erfüllt sind, dann ist man verantwortlich. Der Verantwortungsappell ist also entbehrlich, wenn diese Voraussetzungen erfüllt sind. Falls jemand verantwortlich gemacht werden kann oder gar muss, sind die Voraussetzungen verantwortlichen Handelns insoweit nicht erfüllt. Es muss sogar befürchtet werden, dass die überaus verbreitete Praxis, Menschen Verantwortung zu übertragen, den (verheimlichten oder unreflektierten) Zweck verfolgt, die Realisierung der notwendigen Bedingungen verantwortlichen Handelns zu erübrigen oder zu verhindern. Was sind die notwendigen Bedingungen verantwortlichen Handelns?

(1) Verantwortlich kann ein Mensch für die Folgen seines Handelns nur in dem Maß sein, in dem es ihm möglich ist, die *Zwecke* seines Handelns selbst zu bestimmen oder zu beeinflussen oder wenigstens sanktionsfrei zu beurteilen. So sehr es dabei auf die Zweckebestimmungen dessen ankommt, der Verantwortung trägt, so wichtig ist andererseits die kritische Reflexion der Tatsache, dass es sich bei der Zuschreibung von Verantwortung um ein interaktives Geschehen handelt. Die verantwortungsthematische Interpretation und Beurteilung des Verhaltens jeweiliger Interaktionspartner erfolgt wohl niemals völlig ohne Bezugnahme auf den unterstellten Zweck, durch den die Rationalität dieses Verhaltens als Handeln erst verständlich und nachvollziehbar wird. Damit ist zweierlei verbunden: zum einen die Mitwirkung des jeweils externen Verhaltensbeobachters und -beurteilers an der Re-Konstruktion des Verhaltens- bzw. Handlungs*zwecks*[6].

Auf der anderen Seite ist damit aber auch die Gefahr verbunden, dass die externale Unterstellung des Handlungszwecks durch denjenigen, der das Handeln bzw. den Handlungseffekt beurteilt, die wichtige Frage erübrigt, ob der zur Verantwortung Gezogene das durch sein Handeln Bewirkte auch tatsächlich beabsichtigt (bezweckt) hat. Eine derartige

---

[6] Als „Verhalten" bezeichne ich den beobachtbaren Ausdruck des nicht unmittelbar beobachtbaren Handelns, für das beispielsweise der ebenfalls nicht unmittelbar beobachtbare Handlungs*zweck* konstitutiv ist.

Praxis würde den Usus vervollständigen, dass es bei der Zuschreibung (oder auch Übertragung) von Verantwortung nicht (primär) darauf ankommt, was der Adressat dieser Zuschreibung selbst denkt und will, sondern viel mehr auf jene Beurteilungskriterien, die sich aus dem Zweck der Verantwortungsübertragung herleiten.

(2) Verantwortlich kann ein Mensch für die Folgen seines Handelns nur sein, wenn er über jenes *Wissen* verfügt, das unentbehrlich ist, damit er bereits bei der Planung seines zu verantwortenden Handelns begründet abschätzen kann, mit welcher Wahrscheinlichkeit vom Einsatz verfügbarer Mittel unter jeweils gegebenen Bedingungen für die Zwecksetzung relevante „Wirkungen" erwartet werden können. Erst dieses Wissen stiftet jenen Zusammenhang, der es erlaubt, bestimmte Ereignisse als (Aus-)Wirkung eines bestimmten Handelns zu begreifen und der Intention des Handelns zuzurechnen. Durch dieses Wissen werden Akteure – wie das häufig ungenau aber einprägsam bezeichnet wird: – „zurechnungsfähig". Dabei kommt es nicht nur auf ein Wissen über die beabsichtigten, sondern in zunehmendem Maß auf ein Wissen auch über unvermeidbare Neben- und Fernwirkungen eines jeweiligen Handelns an. Für nicht intendierte, aber vorhersehbare Folgen seines Handelns kann ein Mensch nur insofern haftbar gemacht werden, als man ihm vorwerfen kann, bereits vorhandenes oder leicht zu beschaffendes Wissen vernachlässigt zu haben (vgl. dazu bereits Kant, 1783/1964, S. 53). Freilich ist es schwierig, im Zweifelsfall und im Detail die Schuldhaftigkeit des Unwissens nachzuweisen. Denn es gibt eben auch unverschuldete Unwissenheit und vor allem die Unzulänglichkeit jeglichen Wissens selbst (vgl. Aristoteles, übers. 1967, S. 44 f.).

> Menschen ... müssen nach ihrem besten Wissen und Gewissen handeln; es gibt dabei keine absolute Sicherheit, aber eine, die für die Zwecke des menschlichen Lebens ausreicht ... Es macht einen beträchtlichen Unterschied, ob wir eine Meinung als wahr voraussetzen, weil sie bei freier Möglichkeit, sie zu bestreiten, nicht widerlegt worden ist, oder ob wir ihre Wahrheit nur deshalb annehmen, weil wir ihre Widerlegung nicht gestatten wollen. Völlige Freiheit des Widerspruchs und der Bestreitung unserer Meinung ist allein die Bedingung, die die Annahme ihrer Wahrheit zu Zwecken der Aktion rechtfertigt. (Mill, 1859/1945, S. 142 f.)

Bei der Formel „Unwissenheit schützt vor Strafe nicht" handelt es sich um eine relativ technische Norm, die die Handhabung des Strafrechtes

erleichtert, die aber nicht mit der moralischen Dimension des Verant-
wortlichkeitsproblems in eine reflektierte und differenzierte Beziehung
gebracht werden kann bzw. darf.

Weil relevantes und möglichst verlässliches Wissen eine der wichtigsten Konstitutionsbedingungen von Verantwortlichkeit ist, kann die
Zumessung, Limitierung oder Manipulation unentbehrlichen Wissens
(vgl. dazu z. B. Mill, 1859/1945) dazu benutzt werden, Verantwortlichkeit zu domestizieren, d. h. den verantwortlich Gemachten auf den impliziten Zweck der Verantwortlichkeitsübertragung zu verpflichten. Für
das Interesse (im „Kleinen" wie im „Großen") jeweils Herrschender an
der Dummheit oder Fehlinformation ihrer (wie „sanft" auch immer)
Beherrschten gibt es aus allen Zeiten ein erdrückendes empirisches Material. Menschen werden veranlasst, in „gutem Glauben" und „guten
Gewissens" zu tun, was im Licht besseren Wissens unverantwortlich ist.
Und sie können auch noch für den „gewissenhaften" Vollzug dieser
Unverantwortlichkeit in dem Sinn verantwortlich gemacht werden, dass
ihnen die Haftung für die unerwünschten (vielleicht kostspieligen) Folgen der Unterlassung unverantwortlichen Handelns angedroht wird.
Dafür ein Beispiel, das keineswegs als Regel, aber auch nicht als bedeu-
tungslose Ausnahme anzusehen ist: Der Beschäftigte, der sein (Insider-)
Wissen über (lebens-)gefährliche Mängel eines Produktionsverfahrens
oder eines Produktes (z. B. einer Fähre oder eines Automobils) veröffentlicht, kann „schlimmstenfalls" für die damit verbundene Ge-
schäftsschädigung haftbar gemacht werden. Günstigerenfalls riskiert
oder opfert er dieser Verantwortlichkeit eine Karriere in seinem Unternehmen (vgl. Baethge, Denkinger & Kadritzke, 1996), das sich ja gegen
Ansprüche versichern kann, die aus einem unerwünschten aber möglichen mangelverursachten Schaden oder Unfall resultieren könnten[7].
Menschen können auch in diesem Sinn zu Adressaten der Übertragung
unverantwortlicher Handlungsaufgaben – und für die Erfüllung genau
dieser Aufgaben verantwortlich gemacht werden.

---

[7] "Durch einen Konstruktionsfehler beim Chevrolet Malibu (Baujahr 1979-1983)
konnte der Mittelklassewagen bei Auffahrunfällen leicht Feuer fangen. Dem
Hersteller General Motors war dieser Mangel bekannt, dennoch wurde er nicht
behoben. Der Grund war eine simple Rechnung: Die Entschädigung wegen
Unfalltods wurden mit 1,98 Euro je produziertes Auto und Jahr veranschlagt.
Den Konstruktionsfehler zu beheben hätte hingegen 7,00 Euro je produziertes
Auto und Jahr gekostet" (Süddeutsche Zeitung, Magazin No. 17 vom 23. 04.
2004, S. 21).

Das Wissen, das außer dem Wollen unentbehrlich ist, um Verantwortlichkeit zu begründen, kann aber auch aus der Sicht des Verursachers „schlimmer" Handlungseffekte strategisch manipuliert werden. Das zeigt sich in strafrechtlich relevanten Belangen, aber auch im Alltag immer dort, wo Unzurechnungsfähigkeit geltend gemacht wird. Man versucht, glaubhaft zu machen, dass man die Verursachung dessen, was als Übel bewertet wird, entweder nicht beabsichtigt habe oder/und nicht habe absehen können.

(3) Eine zwar regelmäßig erwähnte, aber selten sorgfältig befragte Komponente der Konstitution von Verantwortlichkeit ist die *normative bzw. wertende.* Bereits zu Beginn meiner Ausführungen habe ich betont, dass mit dem Wort Verantwortung kein Verhalten und auch keine Verhaltenseigenschaft, sondern das Resultat der Interpretation und Bewertung eines Verhaltens oder eines Verhaltenseffektes bezeichnet wird. Bei der Verantwortung geht es stets um das Einstehen, um die Haftung für das Unerwünschte, Unerlaubte, für das Übel einerseits oder für das Gebotene oder Erwünschte andererseits. Erstaunlich häufig scheint man davon auszugehen, dass es selbstverständlich sei oder sich aus „der Sache" ergebe, was unerwünscht, übel, schädlich ... sei. Diese Auffassung ist weder mit Erkenntnissen der modernen (analytischen) Werttheorie noch mit der Wertungspraxis vereinbar. „Gut" oder „böse", „erwünscht" oder „unerwünscht" sind keine Sachverhalte und auch keine Sachverhaltseigenschaften, sondern Resultate der Bewertung von Sachverhalten oder Sachverhaltseigenschaften. Um eine Sache (z. B. Wasser oder Feuer) oder eine Handlung positiv oder negativ bewerten zu können, benötigt man ein Bewertungskriterium, das sich nicht aus der Sache ergibt, sondern von interessenbestimmten Entscheidungen abhängt. (Des einen Heilkraut ist des anderen Unkraut.) Thematisch relevante Fragen, auf die es im Kontext meiner Ausführungen einige Antworten gibt, lauten deshalb:

• Wer ist das Subjekt der Bestimmung dieses Kriteriums,
• wessen Interessen kommen in diesem Kriterium zur Geltung und wessen Interessen werden dabei missachtet oder gar verletzt,
• was sind die Bedingungen der Möglichkeit, Definitions- und Sanktionsmacht auszuüben sowie Wertungen und die darin zur Geltung kommenden Interessen im Prozess der Konstitution von Verantwortlichkeit durchzusetzen?

(4) Verantwortlich kann ein Mensch für die Folgen seines Handelns nur
in dem Maß sein, in dem er in allen Entscheidungen, die für die Konstitution von Verantwortlichkeit bedeutsam sind, *frei* ist. Wer zu einem
bestimmten Tun oder – zu einer „aktiven" Unterlassung – gezwungen
wird, der kann für dieses Tun (oder für diese Unterlassung) nur in dem
Maß verantwortlich sein, in dem es ihm möglich und zumutbar war bzw.
ist, sich diesem Zwang zu widersetzen. Die Freiheit der Zweckbestimmung, der Mittelwahl und auch der Handlungsbewertung kann unter
zwei Gesichtspunkten betrachtet werden, und zwar einmal unter dem
Gesichtspunkt *subjektiver* Willensfreiheit bzw. nicht domestizierten
Wollens und zum andern unter dem Gesichtspunkt der *objektiven*, sozi-
alstrukturellen Ermöglichung individuellen Wollens, Handelns und
Wertens. Während die Existenz subjektiver Willensfreiheit philosophisch und neurobiologisch umstritten ist (darauf kann ich in diesem
Zusammenhang nicht eingehen[8]), wird die objektive Handlungsfreiheit
häufig auch dort vorenthalten, wo Verantwortlichkeit in hohem Ansehen
steht. Man „stellt frei" zu tun, wozu es außer dem oft folgenreichen (!)
Nichttun keine relevante Alternative gibt. Beispiele dafür gibt es in
sämtlichen Lebensbereichen (vgl. z. B. Heid, 2004).

(5) Nun sind Menschen aber nicht nur für das verantwortlich, was sie
tun, sondern auch für das, was sie unterlassen. Aber was soll das sein?
Es gibt keine Unterlassung an sich oder als solche, und erst recht kann
ein Mensch nicht für alles verantwortlich sein, was er unterlässt. Eine
Unterlassung, die Verantwortlichkeit begründet, muss also spezifiziert
werden. Zu den wesentlichen „Eigenschaften" einer Unterlassung, für
die der „Akteur" dieser Unterlassung verantwortlich ist, gehört ein
Handlungsanspruch, der aus dem *Wissen* resultiert, durch ein Tun die
unerwünschten bzw. unverantwortlichen Konsequenzen einer Unterlassung verhindern oder ausgleichen zu können, mit denen unter gegebenen
Bedingungen gerechnet werden muss. Dadurch wird die Unterlassung
zur Entscheidung. Ob und wie Handelnde ihrer darin begründeten Zuständigkeit gerecht werden, ist erstens eine Frage des *Wissens* über die
Wahrscheinlichkeit der Konsequenzen einer Unterlassung sowie der
Konsequenzen des Handelns, das die Verhinderung der Effekte der

---

[8] Auch die Wortführer unter denjenigen, die der menschlichen Willensfreiheit
mit respektablen Gründen skeptisch gegenüberstehen (z. B. Gerhard Roth,
2003), sehen, dass es Verantwortung ohne die mit ebenso respektablen Gründen
unterstellte Freiheit nicht gibt.

Unterlassung bezweckt. Es ist zweitens eine Frage der *Bewertung* der erwarteten Effekte der Unterlassung sowie der erwarteten Effekte des Handelns, das auf die Verhinderung der befürchteten Effekte der Unterlassung zielt.

(6) Es mag wiederum mit der juridischen Tradition des Verantwortungsbegriffs zusammen hängen, dass Verantwortlichkeit in der Regel *individualistisch* konzipiert und praktiziert wird. Nun ist aber die individuelle Verantwortlichkeit mit der unaufhebbaren Vergesellschaftung individuellen Lebens und Handelns nicht mehr ganz vereinbar. So gut wie jede menschliche Entscheidung und Handlung ist in einem weit verzweigten und eng geknüpften Netz sozialer Bedingtheit angesiedelt.

Das traditionelle Konzept individueller Verantwortlichkeit muss durch ein Konzept kollektiver Verantwortlichkeit relativiert und ergänzt werden. Dazu müssten Voraussetzungen geschaffen werde, auf die ich in diesem Zusammenhang nur stichworthaft eingehen kann: Die professionalisierte Arbeitsteilung wäre als eine Vernetzung komplementär einander zugeordneter Kompetenzen zu begreifen und zu realisieren, in der das Konstrukt der Mitverantwortung einen systematischen Stellenwert erhält. Dafür ein konkretes Beispiel: Der Installateur einer Armatur hätte sich zu bemühen, die Arbeiten des Fliesenlegers nicht nur zu schonen, sondern als Bestandteil der Funktion seiner eigenen Leistung zu begreifen und in die Gewährleistung der Qualität seiner Arbeit einzubeziehen. Jedes Handlungssubjekt müsste sich seiner Zuständigkeit dafür bewusst sein oder werden, zum Gelingen eines (gemeinsamen) „Werks" beizutragen und überdies die Gelegenheit erhalten und wahrnehmen, an der Realisierung der Strukturen, Prozesse und Regeln kollektiver Verantwortlichkeit mitzuwirken. Der Erfolg des Einzelnen lässt sich steigern, wenn der auf die Wahrnehmung seines aktuellen Vorteils verzichtet, wenn – um ein ganz konkretes Beispiel aus dem Fußballspiel zu geben – der Stürmer auf den Torschuss verzichtet und den Ball an den günstiger Platzierten abgibt. Die Konkurrenzorientierung wäre also gegen das Kooperationserfordernis zu balancieren. Die wahrscheinlich wichtigste Voraussetzung kollektiver Verantwortlichkeit dürfte die Begründung des Vertrauens in die Verlässlichkeit jedes „anderen" sein, von dessen Kooperation der Handlungserfolg jedes einzelnen (mit) abhängt.

Problematik aller Versuche, Verantwortungsbereitschaft zu „vermitteln"

Wer – wie es häufig geschieht – Verantwortungsbereitschaft „an sich" fordert und damit von ihrem konkreten Inhalt trennt, der bezweckt damit offensichtlich die Verpflichtung auf ein Engagement, dem die Dignität der Zwecke und Inhalte dieses Engagements gleichgültig zu sein hat. Wer Menschen zur inhaltsunspezifischen Verantwortungsbereitschaft erzieht, der unterlässt es, sie zu befähigen, die Qualität jener Aufgaben selbst kompetent und verallgemeinerbar zu beurteilen, die allein geeignet wären, ihr Engagement zu begründen. Unter dieser Voraussetzung verlernen Menschen systematisch, die Qualitätsfrage zu stellen und den Anspruch auf eine Mitwirkung an allen Entscheidungen geltend zu machen, die überhaupt erst Verantwortlichkeit begründen.

Verantwortlichkeit kann nicht direktes Ziel erzieherischen oder sonst wie motivierten Handelns sein. Verantwortlichkeit lässt sich weder erzeugen noch übertragen, sondern allenfalls ermöglichen und zwar durch Bemühungen um Verwirklichung der notwendigen Voraussetzungen verantwortlichen Handelns. Dazu gehört – auf eine knappe Formel gebracht –, dass Menschen Gelegenheit erhalten, sich als Subjekte ihres eigenen Handelns – also auch der Zwecke ihres Handelns – zu begreifen und zu betätigen. Mit der „Übertragung" von Verantwortung beginnt bereits deren Domestizierung. Man muss bzw. darf auch nicht „dosiert" – wie es gelegentlich formuliert wird – Verantwortung übertragen, z. B. für das Aufräumen des Kinderzimmers, für das Tafelputzen in der Schule, für das Blumengießen im Klassenraum. Man kann schon im Kindesalter von dem ausgehen, was Kindern wichtig ist, ohne sich dem kritiklos zu unterwerfen.

Im Gegenteil: In der gut begründeten Kritik, die die Interessen des Kritisierten respektiert, kann eine Würdigung des Kritisierten liegen. Nur auf diese Weise lernen, begreifen und erfahren Heranwachsende, dass es auf sie ankommt, dass sie selbst zuständig sind, dass sie Subjekte der Regelung ihrer eigenen Verhältnisse und deshalb verantwortlich *sind.*

Weil das Verantwortungskonzept den traditionellen Pflichtbegriff abgelöst, zumindest ergänzt hat und stattdessen die *Selbstbestimmtheit* und Subjekthaftigkeit des Handelns apostrophiert, rechtfertigen die aufgezeigten Gefahren der Domestizierung der Verantwortung besondere Aufmerksamkeit. Denn Selbstbestimmung und kritiklose Unterwerfung unter fremden Willen werden dort nicht (mehr) als Widerspruch empfunden, wo Menschen erfolgreich gelernt haben, selbst zu wollen, was sie nach ungeprüfter externaler Maßgabe wollen sollen (dazu bereits Durkheim, 1895/1961). Dieser Lernerfolg ermöglicht es, Verantwortung unbeanstandet zu übertragen, ohne die notwendigen Bedingungen verantwortlichen Handelns realisieren zu müssen. Damit mögen sich Aufwendungen und Risiken „einsparen" lassen. Diese „Ersparnis" wird aber sehr teuer durch eine gigantische Vergeudung humaner Ressourcen erkauft, die auch ökonomisch keineswegs belanglos sind.

Wer die Weigerung eines Menschen kritisieren oder überwinden will, für die Konsequenzen eigenen Wollens, Tuns und Unterlassens einzustehen, wer ermöglichen will, dass Menschen tun, was sie wollen und wollen, wofür sie gute und verallgemeinerbare Gründe haben, der sollte darauf verzichten, diese Menschen auf das Muster eines wünschenswerten Handelns festzulegen. Statt dessen könnte er sich um die Realisierung der Voraussetzungen dafür bemühen, dass diese Menschen die Fähigkeit entwickeln können, selbst kreativ und verantwortlich an der Bestimmung und Beurteilung jener Zwecke, Inhalte, Verfahren und Effekte menschlichen Handelns folgenreich mitzuwirken, die allgemeine Anerkennung und praktisches Engagement verdienen. Verantwortbar ist ein Handeln nur in dem Maß, in dem der Handelnde Subjekt selbstbestimmten Denkens, Wollens und Handelns ist und darin nicht durch Sanktionen beeinträchtigt wird, zu denen auch die Übertragung von Verantwortung gehört.

Literatur

Aristoteles (1967). *Nikomachische Ethik* (4. Auflage, F. Dirlmeier, Übersetzer). Darmstadt: Wissenschaftliche Buchgemeinschaft.

Baethge, M.; Denkinger, J. & Kadritzke U. (1996, 15. August). Der Querdenker hat im Betrieb kaum eine Karrierechance. *Frankfurter Rundschau*, S. 12.

Bayertz, K. (1995). Eine kurze Geschichte der Herkunft der Verantwortung. In K. Bayertz (Hrsg.), *Verantwortung: Prinzip oder Problem?* (S. 3-71). Darmstadt: Wissenschaftliche Buchgesellschaft.

Birnbacher, D. (1995). Grenzen der Verantwortung. In K. Bayertz (Hrsg.), *Verantwortung: Prinzip oder Problem?* (S. 143-183). Darmstadt: Wissenschaftliche Buchgesellschaft.

Deci, E. L. & Ryan, R. M. (1993). Die Selbstbestimmungstheorie der Motivation und ihre Bedeutung für die Pädagogik. *Zeitschrift für Pädagogik, 39,* 223-238.

Durkheim, E. (1961). *Die Regeln der soziologischen Methode.* Neuwied: Luchterhand. (Originalarbeit erschienen 1895: Les Règles de la méthode sociologique)

Heid, H. (1991). Problematik einer Erziehung zur Verantwortungsbereitschaft. *Neue Sammlung, 31,* 459-481.

Heid, H. (1994). Das Subjekt als Objekt erziehungswissenschaftlicher Forschung? In G. Pollak & H. Heid (Hrsg.), *Von der Erziehungswissenschaft zur Pädagogik?* (S. 133-147). Weinheim: Deutscher Studienverlag.

Heid, H. (2004). Brauchen Kinder Grenzen? In U. Beckmann, H. Brandt & H. Wagner (Hrsg.), *Ein neues Bild vom Lehrerberuf? Pädagogische Professionalität nach PISA* (S. 40-43). Weinheim: Beltz.

Kant, I. (1964). Beantwortung der Frage: Was ist Aufklärung? In I. Kant, *Werke in sechs Bänden* (Band VI, S. 51-61). Darmstadt: Wissenschaftliche Buchgesellschaft. (Originalarbeit erschienen 1783)

Kant, I. (1956). Grundlegung zur Metaphysik der Sitten. In I. Kant, *Werke in sechs Bänden* (Band IV, S. 9-102). Darmstadt: Wissenschaftliche Buchgesellschaft. (Originalarbeit erschienen 1785)

Maier, H. (2004, 26. August). Grenze aller Welt. Das Christentum ermöglicht die Moderne. *Süddeutsche Zeitung,* S. 13.

Mill, J. St. (1945). *Die Freiheit* (A. Grabowsky, Übersetzer). Zürich: Pan. (Originalarbeit erschienen 1859: On liberty)

Roth, G. (2003). *Aus Sicht des Gehirns.* Frankfurt/Main: Suhrkamp

Schwartländer, J. (1974). Verantwortung. In H. Krings, H. M. Baumgartner & C. Wild (Hrsg.), *Handbuch philosophischer Grundbegriffe* (S. 1577-1588). München: Kösel.

Spranger, E. (1959). Erziehung zum Verantwortungsbewußtsein. In *Probleme einer Schulreform. Eine Vortragsreihe* (S. 181-195). Stuttgart: Kröner.

Stegmüller, W. (1969). *Der Phänomenalismus und seine Schwierigkeiten. Sprache und Logik.* Darmstadt: Wissenschaftliche Buchgesellschaft.

Süddeutsche Zeitung (2004, 23. April). *Magazin No. 17,* S. 21.

Diskussion

Unternehmensberaterin:
Wie würden Sie denn auf Grund dieser Systematik, die Sie aufgestellt haben, die Frage beantworten: Sind die Politiker verantwortlich?

Helmut Heid:
Die Politiker bestimmen ihre Zwecke. Und sie haben die Möglichkeit, die Zwecke zu beurteilen, wenn sie von anderen beeinflusst werden, z. B. von der Wirtschaft oder von Interessengruppen. Sie haben die Möglichkeit, zu diesen Zwecken kritisch Stellung zu nehmen. Sie haben das Wissen. Wenn sie es nicht haben, können sie es sich über Experten beschaffen. Politiker sind in der Tat verantwortlich. Da sind die Voraussetzungen verantwortlichen Handelns schon weitgehend erfüllt.

Unternehmensberaterin:
Für mich würde sich die Frage damit beantworten, dass die Politiker nicht verantwortlich sind, weil sie z. B. allein durch diesen Fraktionszwang in ihrer Freiheit eingeengt sind.

Helmut Heid:
Es gibt für jeden Zwänge. Aber die Frage ist, wie man mit dem Zwang umgeht. Wenn man ganz radikal denkt, kann man sogar sagen, es gibt keine Zwänge. Der Zwang ist erst vollendet, wenn der Gezwungene in den Zwang einwilligt. Das ist auch der Zweck des Zwingens. Du sollst das tun, wozu ich dich zwinge. Das aber ist eine sehr rigorose, eine beinahe unmenschliche Schlussfolgerung, die ich hier formuliere. Es gibt Zwänge, aber es gibt eben auch die Möglichkeit, sich einem Zwang zu widersetzen. Das ist immer die Frage, die sich auch in jedem Strafprozess stellt, nämlich: War es zumutbar, sich diesem Zwang zu widersetzen? Das ist eine schwierige Detailfrage. Aber es ist keine Prinzipienfrage; es ist eine Detailfrage. Meine Meinung ist, dass es schon den Anspruch geben muss, sich einem Zwang zu widersetzen, der meiner Überzeugung widerspricht, der mich vergewaltigt, der mich daran hindert, das zu tun, wofür ich dann auch einstehe. Wenn mich jemand daran hindert, darf ich mir das nicht zu leicht machen, sondern ich muss mir dann schon die Frage gefallen lassen: „Warum hast du diesem Zwang nicht widerstanden, warum hast du dich nicht widersetzt?"
Das gilt auch für politische Prozesse. Man darf es sich mit dem Zwang nicht allzu leicht machen; das machen ja viele Politiker aus Sys-

temen, die jetzt überwunden sind. Es gibt die Relativität des Systems, in welchem die Beurteilung stattfindet. Wer in der STASI oder in der NSDAP war, der wird schon nach seiner Zuständigkeit gefragt. Er kann nicht einfach sagen: „Ich bin gezwungen worden." Es gibt Gerichtsakten, aus denen deutlich wird, dass es viele Fälle gab, in denen z. B. auch ein Richter Freiheit hatte und nicht gezwungen war, ein Todesurteil zu fällen; in denen er die Möglichkeit hatte, sich auf übergeordnete Normen zu beziehen und das zu verhindern.

Universitätsprofessor I:

Hier hätte ich ein Gegenargument, denn die Realität ist doch eine andere. Sie kennen den Spruch: „Freiheit ist die Einsicht in die Notwendigkeit." Es ist Freiheit, wenn man es kapiert, oder „1984 [*Titel von George Orwell; Anmerkung der Hrsg.*]. Du wirst erst dann umgebracht, wenn du verstehst, wozu dieses System da ist." Das ist die Realität. Alles andere ist sehr idealistisch gedacht.

Helmut Heid:

Aber ist das die ganze Realität? Was ist notwendig, und wer bestimmt das? Matthias Claudius hat seinem Sohn einen Brief geschrieben, der früher in den Lesebüchern stand. Darin stand der folgende interessante Satz: „Freisein heißt nicht tun, was man will, sondern wollen, was man soll." Einsicht in die Notwendigkeit, das ist die Realität. Aber ich will mich dieser Realität nicht kritiklos unterwerfen.

Universitätsprofessor II:

Also ich kann Ihnen zustimmen, was Sie an Normativität implizit oder explizit vorgestellt haben. Ich möchte zu Ihrem Ansatz noch fragen: Sind die theoretischen Mittel dazu geeignet, die Zwecke zu realisieren, die Sie erreichen wollen? Das richtet sich auf Ihren Handlungsbegriff, der sehr eng und zweckrational, eigentlich instrumentell, ist und mit dem Sie letztlich nicht dazu kommen, die Zwecke selber zu realisieren. Das ist aber gerade ein Anliegen zu sagen, wir müssen zur Bewertung der Zwecke kommen. Wir brauchen theoretische Mittel, um die Illustration der Zwecke voranzutreiben. Müsste man dann den Handlungsbegriff nicht deutlich erweitern, um an die Zwecke heranzukommen, z. B. als normreflektiertes oder -orientiertes Handeln als Form dramaturgischen Handelns?

Helmut Heid:

Über die normative Komponente einer Zweckbestimmung kann man keinen Diskurs führen. Wenn man analysiert, wie solche Diskurse laufen, auch beispielsweise in der Umsetzung von Konzepten der Moralentwicklung bei Kohlberg, dann sieht man, dass sich dieser Diskurs in der deskriptiven Komponente einer Norm abspielt. Das heißt, es wird immer wieder darüber diskutiert, was passiert, wenn man beispielsweise sagt: „Du sollst nicht rauchen!" Man kann fragen: „Wieso eigentlich nicht?" Und dann geht die Diskussion los. Es geht nie um die Entscheidung ja oder nein, sondern es geht immer um die Bedingungen und Konsequenzen der Entscheidung. Der Gegenstand der Beurteilung, sei es nun ein Verhalten oder ein Sachverhalt, wird immer weiter geklärt und in seinen kausalen Beziehungen analysiert, um dem Adressaten dieser Klärung Gelegenheit zu geben, den Gegenstand seiner Beurteilung besser zu kennen und auf dieser Basis dann ein reflektiertes, ein verantwortlicheres Urteil zu fällen. Aber über die reine Präskription lässt sich kein rationaler Diskurs führen. Zu rauchen, obwohl ich weiß, dass es mich und die anderen schädigt, oder dass es mich hässlich macht, ist nicht unlogisch, sondern die Entscheidung liegt auf einer anderen Ebene. Ich kann hier nur in ein paar Sätzen darauf eingehen. Ich teile Ihre Meinung, dass über den Zweck auch ein Diskurs sein muss, nicht nur über die Mittel.

Führungskraft im öffentlichen Dienst:

Darf ich mich gleich anschließen? Natürlich findet in den Betrieben und Unternehmen nach meiner Erfahrung ein Diskurs über den Zweck statt. Und zwar bereits bei der Zielvereinbarung: „Das und das wollen wir erreichen." Man redet darüber, man vereinbart Ziele, man gibt die Ziele ja nicht vor, sondern sagt: „Wir als Unternehmer haben Bedarf; und du als Mitarbeiter hast deine Bedürfnisse. Wie können wir das deckungsgleich maximieren?" Da wird ja durchaus das Risiko der Verantwortung übernommen und abgebildet: durch Vereinbarung, den Diskurs; zweitens natürlich auch durch Sachversicherung. Das geht soweit herunter mittlerweile. Was vielleicht hier doch ein bisschen zu kurz kam, ist die Teilung der Verantwortung. Der Mitarbeiter hat durch Vereinbarung nur eine teilweise Handlungsverantwortung und ist abgesichert durch Diskurs und Versicherung. Die gesamte Handlungsverantwortung bleibt nach wie vor bei mir. Aber insgesamt passt es schon in das Bild, wechselseitig, so wie ich das gelesen habe. Es spricht dafür zu delegieren. Mir hat es sehr gut gefallen. Aber der Aspekt der Verantwortung, die

Last, will ich auch teilen und gemeinsam Ziele erreichen. Denn wir sagen, ich bin dafür verantwortlich, dass der Mitarbeiter tut, was ich will, wie ich will, möglicherweise bis wann er will, weil er es selber will.

Helmut Heid:
Ich möchte gerne zu der Teilung etwas sagen. Das ist ambivalent. Auf der einen Seite kann das ein Instrument der Manipulation sein. Ich habe in einem Max-Planck-Bericht über Verantwortung in der Wissenschaft gelesen, dass nahezu die Hälfte aller Wissenschaftler in der Welt im militärischen Bereich beschäftigt sind, dass aber die Grundsatzentscheidungen auch über den Einsatz neuer Waffen von einer Handvoll Männern unter Ausschluss der Öffentlichkeit gefällt werden. Sogar hoch kompetente Wissenschaftler arbeiten (indirekt) für die Rüstung, oft ohne das selbst zu wissen. Sie arbeiten an einem Detail, sie machen es perfekt und wissen gar nicht, in welchen Verwendungszusammenhängen das alles entwickelt wird.

Ich habe in einer Wissenschaftssendung allen Ernstes folgendes gehört: Amerikaner entwickeln ein Giftgas, ein Massenvernichtungsmittel, das sonst nirgendwo entwickelt werden darf. Amerika darf es. Es wird dort ein Giftgas entwickelt, das seine tödliche Wirkung nicht schon entfaltet, wenn es ausgebracht wird, sondern die tödliche Wirkung erst entfaltet, wenn ein Gegenmittel gegeben wird. Ich persönlich finde es unglaublich, dass ein Hirn auf so eine Idee kommt, so etwas zu entwickeln. Aber mein Problem ist, jeder der daran Beteiligten ist in seinem individuellen wissenschaftlichen Ehrgeiz angesprochen. Das nenne ich „Taylorisierung von Verantwortung". Der Mitarbeiter weiß oft gar nicht, in welchem Zusammenhang das steht, was er macht. Das ist die negative Seite. Aber die positive Seite oder die andere Seite ist: Es geht heute nicht mehr mit individueller Verantwortung. Unsere ganze Praxis ist so vergesellschaftet, dass wir immer in Kontexten stehen, immer. Und mich interessiert eine Konzeption kollektiver Verantwortung, einer Verantwortung, die auf Vertrauen basiert. Jeder Beteiligte lebt von dem Vertrauen, dass der andere mittut. Es gibt tausend Beispiele dafür, dass man auf diese Art der kollektiven Verantwortlichkeit angewiesen ist. Also: Ja, zu dem was Sie sagen, aber die Ambivalenz nicht übersehen; es gibt eben auch Probleme.

Universitätsprofessor III:
Ich leide unter der Diskrepanz in der schönen Welt, die Sie gezeichnet haben.

Helmut Heid:
Ich habe doch eher von einer „schlimmen Welt" gesprochen – oder?

Universitätsprofessor III:
Die Realität ist eine andere. Unternehmen sagen, wir wollen den verantwortungsvollen Mitarbeiter haben. Und Sie sagen, dann haben sie den Befehlsempfänger. Und jetzt frage ich mich, wie kann man mit diesen Ansprüchen, die Sie haben, so wie die Realität nun mal ist, an dieser rütteln.

Sie kennen ja den Automobilbereich noch besser als ich. Die bauen Autos aus Profit. Das sind ihre Zwecke; und dazu sind die auch alle in der Organisation angetreten, diese Zwecke zu erfüllen. Jetzt gibt es Unternehmensleitlinien für die Mitarbeiter und für die Führungskräfte. In diese Unternehmensleitlinien ist bewährtes Wissen kopiert. Jetzt unterstellen wir einmal, es ist ihnen gelungen, diese Leitlinie, diese Idee, die dahinter steht, auch wirklich in der Organisation bis nach unten durchzutragen: durch kleine Gruppen, durch Zirkel, durch 360°-Feedback, Personalförderung, Mitarbeiterbefragung usw. Wer dann noch in dem Unternehmen drin bleiben will, nachdem man diesen ganzen Prozess durchgearbeitet hat, der müsste sich dann eigentlich allmählich diesen Verantwortungsstatus annähern, den Sie gefordert haben. Oder ist er immer noch Befehlsempfänger? Noch immer unterstellt, dass das funktioniert.

Helmut Heid:
Wir haben ein Projekt: Wir leben von einer Zuversicht, einem Wunsch. Das darf ich ruhig mal so sagen. Aber wir lassen dem Wunsch keine Herrschaft gewinnen über unsere Rationalität. Wir leben von dem Wunsch, dass es so etwas wie eine Konvergenz zwischen ökonomischer und pädagogischer Kompetenz oder humanitärer Rationalität geben müsste; dass es auch für Betriebe etwas Tolles wäre, wenn sie die elementaren Bedürfnisse, z. B. nach Autonomie, nach Kompetenz, nach sozialer Anerkennung ernst nähmen, und zwar nicht strategisch. Das ist der Punkt: So können auch Kinder behandelt werden. Sie dürfen nicht strategisch vereinnahmt werden; ihre Autonomie muss authentisch, redlich und ehrlich respektiert werden.

Es gibt übrigens Personalentwickler, die sich darüber sehr viel Gedanken machen. Das ist gar keine Frage. Es ist die Frage: Was ist, wenn es eng wird? Wenn die Margen schmal werden, wo wird dann zuerst oder am meisten gespart? Und wie wird dann mit Menschen umgegangen? Da sind dann wieder die Engpässe und die Probleme.

Universitätsprofessor III:
Noch eine Bemerkung. Ich wäre interessiert, wo funktioniert das überhaupt? Gibt es markante Beispiele? Die Verantwortung setzt immer dann ein, wenn etwas schief gelaufen ist. Es gibt einen Bereich, den finde ich hoch interessant. Das ist nämlich die Vorbereitung der Bundeswehrsoldaten, die in Afghanistan Frieden sichern sollen. Bei denen wird nicht die Verantwortung im Nachhinein in Angriff genommen, sondern vorher trainiert; und zwar der verantwortliche Umgang mit Waffengebrauch für die Situation, in der es keine identifizierbaren Feinde gibt, in der der Feind sich vielleicht urplötzlich als Feind entpuppt, obwohl er vorher ein ganz normaler Mensch war. Und da muss gehandelt werden. Das wird bis zum Exzess trainiert. Ich fände das hochinteressant, das in Ihrem Konzept noch genauer darauf hin zu prüfen: Ist da auch Verantwortlichkeit oder ist da nur Automatismus? Wir stehen hier vor einer ganz schwierigen Frage, wie man das macht, denn hier geht es ja um Leben und Tod. Auch beim Unternehmen geht es um Überleben oder Untergehen.

Angestellte in der freien Wirtschaft:
Es wurde in der Automobil-Industrie Gruppenarbeit in verschiedener Form eingeführt; Gruppenarbeit allerdings in einem sehr minimalistischen Verständnis, in der Fertigung mit ganz geringen Freiräumen. Und man hat ja auch versucht, die ganze Verantwortung an die Mitarbeiter zu übergeben, natürlich mit dem Zweck die Effizienz, die Qualität zu steigern und die Kosten zu senken. Jetzt ist es ja soweit, dass einige Automobilwerke die Gruppenarbeit wieder abschaffen, wieder mehr zurückgehen. Wenn man sagt, der Taylorismus wurde abgeschafft, so versucht man heute, diesen wieder mehr zu implementieren. Und auch andere versuchen ja das zu machen, das stärker zu beleben und die Verantwortung trotzdem an die Mitarbeiter abzugeben. Wie weit ist das überhaupt möglich, in diesem engen Rahmen?

Helmut Heid:
Wenn ich das so genau wüsste, würde ich nicht hier Vorträge halten. Es gibt da die unterschiedlichsten interessanten Sachen. Ich bin Beirat eines Sozialforschungsinstituts. Die haben z. B. herausgefunden, dass Leute, die in Gruppenarbeit eingebunden sind, sich viel stärker ausgebeutet fühlen und Gruppenarbeit trotzdem vorziehen.

Auch ich beute mich aus. Es kommt darauf an, was heißt Ausbeutung, und wer bestimmt? Wenn ich mich selber ausbeute, dann ist das Stress, Eustress. Aber wenn mich ein anderer ausbeutet, ist das Distress. So etwas gibt es. Personalentwickler aus der Automobilindustrie haben mich gefragt: „Erklären Sie mir einmal folgendes Phänomen. Wir haben Leute, denen wir mehr Zuständigkeit, mehr Verantwortung geben möchten. Die sagen, ‚Bitte verschone uns davon. Sag, was wir zu tun haben.‘ " Warum? Weil Verantwortung Haftung heißt. Sie ist riskant. Und sie ist instrumentell. Sie merken ganz genau, es dient der Verbesserung der Produktion. Das ist nicht unbedingt schlimm, aber es geht nicht um mich, sondern es geht um die Produktion. Ich bin nur das Mittel.

Und ich glaube diese Art von Instrumentalisierung ist auch in der Kindererziehung das Problem, wenn man einem Kind Gelegenheit vorenthält, sich selbst ein Urteil zu bilden, etwas selbst zu tun. Anders ist es dort, wo dem Kind die Zuständigkeit übertragen wird, mit der Intention, die Autonomie des Kindes zu stärken. Die kann schon darin bestehen, interessiert zuzuschauen, wie es probiert, etwas selbst zu tun.

Die Alternative heißt: „Mensch, putz dir den Po selber ab, mach dir die Schnürsenkel selber zu – verschon mich davon." Das geht schief und ist hoch problematisch für die Entwicklung, für das Selbstkonzept des Kindes. Denn das ist doch gelogen: Es geht nicht um das Kind; es geht darum, dass die Mutter weniger zu tun hat. Ich will jetzt kein absolutes Ideal postulieren und einräumen, dass jeder die Nerven hat. Es geht darum, die Balance zu finden, zum Pol des Respekts vor der Autonomie des anderen, schon des Kleinkinds, schon des Säuglings. Das ist ein Kapitel, das ich überschlagen habe. Es wird mir immer wieder gesagt, das sei eine rationale Konzeption, die ich habe. Die tauge nur für Erwachsene. Die Konzeption passt auch für Säuglinge. Davon bin ich fest überzeugt. Aber das kann ich jetzt nur behaupten.

Unternehmensberater:
Für mich ist der Begriff Verantwortung ein sehr oszillierender Begriff und eigentlich mehr erklärbar vor dem Hintergrund des Zweckes. Also ich denke mir, Verantwortung ist in seinem oszillierenden Vor-

kommen immer in seinem Ergebnis, oder wie die Verantwortung sanktioniert wird, immer von seinem Zweck her bestimmt. Etwas klarer ausgedrückt: Der deutsche Soldat in Afghanistan, der darauf trainiert wird, nicht zu schnell und nicht zu langsam zu schießen, oder lieber gar nicht zu schießen, um nicht den Falschen zu treffen, sehr wohl aber, sich zu schützen und so weiter. Auf der anderen Seite wird der amerikanische Pilot darauf trainiert, durchaus mit Freude aus hoher Distanz zu treffen – wissend, da geht jetzt eine Stückzahl von Menschen zu Grunde, mit gutem Gewissen. Ein anderes Beispiel, das Dritte Reich: Da übernimmt ein KZ-Aufseher oder ein KZ-Leiter Verantwortung dafür, dass die KZ-Häftlinge nicht entkommen, dass sie so und so behandelt und eingesetzt werden. Es ist vielen anschließend nicht beizubringen gewesen, dass dieses Handeln damals, aus einer global menschlich richtigen Anschauung heraus – in Anführungszeichen – verkehrt war. Damals war sie richtig, heute eben verkehrt. Das heißt, wenn ich das Wort Verantwortung in den Mund nehme, dann ist es a priori ein positiver Begriff. Meine Frage an Sie: Ist er immer vom Zweck oder von seinem soziokulturellen Kontext heraus bestimmt?

Helmut Heid:
Ich kann Ihnen nicht ganz folgen. Es ist die kulturelle Relativität und nicht die normative. Diese ist unaufhebbar, aber ich glaube, dass das Verantwortungskonzept sich davon lösen kann. Das ist das Wissen: Man kann, an die Aufklärung gedacht, sich ein bisschen aus dieser kulturellen Relativität herausziehen, so dass ich ganz stark dafür plädiere, die Urteilskraft des Menschen zu stärken; dem Menschen Gelegenheit zu geben, sich ein Urteil zu bilden.

Es ja auch so, was ich eben ausgeführt habe: Menschen haben einen Kopf; sie haben ein eigenes Denken und ein eigenes Wollen. Deswegen gelingt es auch keinem totalitären System, restlos durchzumanipulieren, das geht nicht. Aber es geht sehr weit.

Kinder können lernen, sich als Objekte von Regulierung zu begreifen und dies zu verinnerlichen. Ich habe es auch in einem Interview gehört, von einem, der ein Buch darüber geschrieben hat. Er schreibt in dem Buch sinngemäß: „Warum haben so wenig Deutsche Juden versteckt und vor der Deportation geschützt, obwohl es kein Straftatbestand war?" Das hätten sie tun können. Und er kam aufgrund der Materialunterlagen zu dem Ergebnis, dass die Deutschen perfekte Pflichterfüller sind. Die tun das, was von ihnen verlangt wird. Und das ist eben das, was ich befürchte, nämlich, dass die Erziehung dazu einen ganz wesentlichen

Beitrag leistet; deswegen stelle ich die Frage nach der Entstehung von moralischer Kompetenz. Da gehört die Frage nach der Pädagogik in der Wirtschaft ganz stark dazu.

Unternehmensberater:
Ich kann es durchaus zusammenbringen. Eine kleine Anmerkung zum Begriff des relevanten Wissens, das Sie immer wieder betont haben: Es ist für manche Leute natürlich praktisch, gar nicht so viel zu wissen. Das ist der erste Punkt. Der zweite Punkt ist, wenn Mitarbeiter viel wissen, würden sie wahrscheinlich zu 95 % gleiche Entscheidungen treffen. Der dritte Punkt ist noch der, was die Verantwortung anbelangt. Es ist natürlich schon so, dass ich als Verantwortlicher für Menschen auch für die Leistung verantwortlich bin, aber auch durchaus im gewissen Maße für die größtmögliche Zufriedenheit. Würde man damit seine Führungsfunktion nicht wahrnehmen, würde die gesamte Zufriedenheit und Leistung mit Sicherheit sinken. Das heißt, es ist schon legitim, in der Hinsicht das Richtige zu machen.

Moderatorin:
Ich habe hier eine Assoziation. Es gibt ja in ganz, ganz vielen Leitbildern in Unternehmen den Ruf nach Verantwortung. Man sagt, unsere Mitarbeiter sollen verantwortungsbewusst sein. Sie sollen vorausschauend die Pflicht erfüllen. Sie sollen eine Art von *Compliance* aufbringen. Es wird ja auch dann so ausgeführt. Ich stelle mir gerade vor, dass es ein Leitbild gibt, da steht drin: „Freude zur Verantwortung". Und es würde weiter heißen: „Wir wünschen uns kritische Mitarbeiter, die loyal sind und gleichzeitig hinterfragen, was sie tun." Ich weiß nicht, ob es so etwas in den Leitbildern gibt. Es wäre eine schöne Forderung.

Helmut Heid:
Kritik hat durchaus etwas Ambivalentes. Die Kritik ist ja erwünscht, der kritische und mündige Mitarbeiter. Aber Kritik sollte doch bitteschön konstruktiv sein. Konstruktiv heißt, Kritik soll so sein, dass sie nicht wehtut. Und eine Kritik, die nicht wehtut, ist nichts wert. Denn entweder sie rennt offene Türen ein; dann ist sie deswegen nichts wert. Oder sie ist schlecht, und man kann sie entkräften. Dann ist sie deswegen nichts wert. Nur wenn sie unbequem ist, wenn sie einen veranlasst, sich zu revidieren, sich zu überprüfen, dann ist sie interessant und wichtig. Das ist die Domestizierung der Kritik über: „Kritik darf nicht missbraucht werden, die Kritik darf nicht destruktiv sein, sie muss konstruk-

tiv sein". Das sind wieder Komponenten der Instrumentalisierung. Dafür muss man sensibel sein. Und das war der Zweck meines Vortrages: für die ebenso effektiven wie subtilen Mechanismen der Vereinnahmung und der Domestizierung zu sensibilisieren.

Prof. Dr. Bernhard Laux
Universität Regensburg

Ökonomische Vernunft und ihr Anderes – oder: Warum baut Nike Kathedralen?

Einleitung

> *Nicht die Kirchen, sondern die Konsumtempel sind der Ort moderner Religiosität. ... Man kann auf diese starken Thesen eine sehr einfache Probe machen, indem man einmal Nike-Town in Chicago besucht – Sport als reiner Kult, Schuhe als Fetische, Basketball-Stars als die Hohenpriester. In Nike-Town einzutreten, ist nicht einfach Shopping, sondern ritueller Vollzug.*
> *Bolz (2000, S. 3)*

Wirtschaft ist eine Veranstaltung zur effizienten Erstellung und Verteilung von Gütern und Dienstleistungen unter Knappheitsbedingungen – so ist man geneigt anzunehmen. Doch wenn Bolz Recht haben sollte und – nicht nur[1] – Nike Kathedralen baut, dann erzeugt die Wirtschaft eher Sinn als Güter. Und wenn sie Sinn produziert, ist dann vielleicht die Theologie die adäquate Reflexionswissenschaft des Wirtschaftsprozesses und nicht die Betriebs- und Volkswirtschaftslehre?

Der Beitrag geht von der These aus, dass Wirtschaft kulturgeprägter und kulturprägender ist, als es auf den ersten Blick und in der üblichen Wahrnehmung erscheint. Und damit ist auch die Wirtschaftswissenschaft mehr von kulturellen und ethischen Themen durchzogen, als sie heute selbst oft wahrnimmt.

Diese These soll im Blick auf das Verhältnis von Wirtschaft und Religion sowie von Wirtschaft und Ethik diskutiert werden.

---

[1] Als Beispiele von VW die Autostadt in Wolfsburg und die gläserne Manufaktur in Dresden: *www.autostadt.de, www.glaesernemanufaktur.de*

Wirtschaft und Religion

Wirtschaft – geprägt von Religion: Die okzidentale Rationalität und die jüdisch-christliche Tradition

Max Weber nennt in der berühmten Vorbemerkung zu seinen religions-soziologischen Aufsätzen rückblickend das Problem, das sein Schaffen – und insbesondere seine religionssoziologischen Arbeiten – durchzieht: die Frage nämlich, warum außerhalb Europas „weder die wissenschaft-liche noch die künstlerische noch die staatliche noch die wirtschaftliche Entwicklung in diejenigen Bahnen der Rationalisierung einlenken, wel-che dem Okzident eigen sind" (Weber, 1920, S. 11).

Die Antwort sucht er – selber nach eigenen Angaben „religiös un-musikalisch" – in der Religion, in religiösen Ideen. Das ungeheuer reichhaltige religionssoziologische Material, das Max Weber zu den Weltreligionen zusammenträgt, komprimiert er unter dieser systemati-schen Fragestellung. Er kommt zum Ergebnis, dass die jüdisch-christ-liche Tradition mit ihrer theozentrischen – und nicht kosmozentrischen – Konzeption im Unterschied zu anderen Weltreligionen eine weltzu-gewandte Weltverneinung, die die Formung der unvollkommenen Welt im Namen der Religion bejaht, hervorbringt. Die asketische Weltzu-wendung, die sich im Handeln in der Welt bewährt, ohne sich ihr gleichzumachen oder anzupassen, führt zu einer aktiven Lebenshaltung und Weltgestaltung, auf denen die okzidentale Rationalität beruht. Über die protestantische Berufsethik und spezifisch die heilsindividualistische calvinistische Gnadenlehre werden moralische Bedingungen für die erfolgsorientierte, zweckrationale Verfolgung eigener Interessen ge-schaffen.

Der Kapitalismus – ich gebrauche den Begriff mit Max Weber „wertfrei" – ist also ein sehr voraussetzungsreiches System, das in sei-ner Entwicklung auf grundlegenden kulturellen, religiös grundierten Denkvoraussetzungen aufruht. Zweckrationalität war von einem umfas-senden Konzept der Lebensorientierung und -führung umfangen. Öko-nomische Rationalität entwickelte sich nicht aus sich selbst heraus, sondern war zu ihrer Entwicklung auf ein Anderes ökonomischer Ver-nunft angewiesen, das ihrer spezifischen Logik Plausibilität verlieh und in einen Gesamtzusammenhang einordnete.

Doch diese religionssoziologische Analyse erhellt nur den Entste-hungszusammenhang, der Geschichte geworden ist. Die spannende Frage ist, wie es mit dem Fortbestehenszusammenhang aussieht. Die ökonomische Rationalität hat sich ja von diesen religiösen Grundlegungszusammenhängen gelöst, so dass sich die Wirtschaft in der Folge als ein auf eigenen Grundlagen stehendes, autonomes, von eigener Rationalität bestimmtes System versteht. Braucht sie kein „Anderes" ökonomischer Vernunft mehr, in dem sie sich situiert? Was passiert, wenn sich ökonomische Logik als losgelöste, „ab-solute" versteht? Sie wird, so ein weiterer Denkstrang, dann selber zur Religion.

Wirtschaft als Religion I:
Kapitalismus- (und Religions-)kritik

> *„Gelt ist auff erden der irdisch got."*
> *Hans Sachs (zitiert nach Simmel,*
> *1920/2001, S. 24)*

Wie das Zitat von Hans Sachs (1494-1576) zeigt, ist der Gedanke, dass Wirtschaftliches die Gottesstelle einnimmt, nicht ganz jung. Ein wichtiges, immer wieder aufgegriffenes Theorieelement ist die Fetischismus-Analyse von Karl Marx. Auch Georg Simmels weitreichende Analyse des Geldes betont nicht nur dessen – durchaus positiv bewertete – „Charakterlosigkeit" als „Träger und Ausdruck der Tauschbarkeit als solcher", sondern stellt fest, dass Geld als „Ausdruck und Äquivalent aller Werte" „in seiner Allmacht" psychologisch als Gott erscheinen kann (vgl. Simmel, 1920/2001, S. 483 und S. 238-242). Ich will den Denkstrang „Wirtschaft als Religion" knapp in einigen Stichpunkten und Personen vorstellen:

Walter Benjamin
Walter Benjamin beschreibt wohl als erster explizit den „Kapitalismus als Religion" (Benjamin, 1991, S. 100-103). In diesem kurzen, thesenförmigen Fragment – wohl ursprünglich aus dem Jahre 1921 –, das teilweise nur Stichwörter und Literaturvermerke enthält, formuliert er zwei Kernaussagen:
1. „Im Kapitalismus ist eine Religion zu erblicken, d. h. der Kapitalismus dient essentiell der Befriedigung derselben Sorgen, Qualen, Unruhen, auf die die ehemals so genannten Religionen Antwort gaben" (S. 100). Vier Züge kennzeichnen den Kapitalismus als Religion:

- „Erstens ist der Kapitalismus eine reine Kultreligion. ... Es hat in ihm alles nur unmittelbar mit Beziehung auf den Kultus Bedeutung" (S. 100).
- „Die permanente Dauer des Kultus. ... Es gibt da keinen ,Wochentag', keinen Tag der nicht Festtag in dem fürchterlichen Sinne der Entfaltung allen sakralen Pompes, der äußersten Anspannung des Verehrenden wäre" (S. 100).
- „Dieser Kultus ist zum dritten verschuldend. Der Kapitalismus ist vermutlich der erste Fall eines nicht entsühnenden, sondern verschuldenden Kultus" (S. 100).
- „Ihr vierter Zug ist, daß ihr Gott verheimlicht werden muß" (S. 101).

2. Die zweite Kernaussage bezieht sich auf das Christentum:
   Der Kapitalismus hat sich – wie nicht allein am Calvinismus, sondern auch an den übrigen orthodoxen christlichen Richtungen zu erweisen sein muss – auf dem Christentum parasitär im Abendland entwickelt, dergestalt, daß zuletzt im wesentlichen seine Geschichte die seines Parasiten, des Kapitalismus ist. ... Das Christentum zur Reformationszeit hat nicht das Aufkommen des Kapitalismus begünstigt, sondern es hat sich in den Kapitalismus umgewandelt. (S. 102)

Theologie der Befreiung
In intensiver Weise wurde die Analyse des Kapitalismus als Religion bzw. des Marktes als Götze von der Theologie der Befreiung durchgeführt. Ihre Vertreter bezogen sich allerdings schwerpunktmäßig nicht auf Benjamin, sondern auf die Fetischismus-Analysen von Karl Marx. Innerhalb der Theologie der Befreiung hat besonders der in Deutschland aufgewachsene, aber in Südamerika lehrende Franz J. Hinkelammert (1985) die Götzenkritik des Kapitalismus prononciert formuliert. Ich will nur einige Stichpunkte nennen:
Die Ökonomie hat religiöse Dimension angenommen. Sie ist die wahrhaft „katholische[2]" Religion, sie umfasst – was dem Christentum nicht gelungen ist – die ganze Welt.
Der Markt ist zu einer Gottheit geworden, die in ihrer unendlichen Weisheit alles so herrlich regieret (reguliert, regelt). Sie verheißt ihr kommendes Reich, wenn nur die Marktgesetze uneingeschränkt herrschen und so die Probleme von Knappheit und Armut überwunden werden. „Die Mechanismen des Marktes wirken, als wären sie ein anderer

---

[2] Aus dem Griechischen: „über den ganzen Erdkreis, weltumspannend".

Name für den ‚Heilsplan Gottes'" (Assmann & Hinkelammert, 1992, S. 106). Bis dahin allerdings fordert sie Opfer, ja auch Menschenopfer, die um der Reinheit der Marktgesetze und der Erlangung des Zieles willen notwendig sind (vgl. Assmann & Hinkelammert, 1992, S. 140 ff.)
     Es gibt eine Ethik und diese Ethik heißt Nächstenliebe. Sie wird allerdings auf eine andere Weise realisiert: Vieles was traditionell Laster war, wird nun zur Tugend. Das Eigeninteresse ist der Weg, um den Mitmenschen zu ihrem Glück zu verhelfen:

> Wer ohne Wenn und Aber den Impulsen seines Eigeninteresses gehorcht und sich unter den Bedingungen des Wettbewerbs auf die Mechanik des Marktes einläßt, kann ruhig und sicher sein, die beste Art und Weise gefunden zu haben, wie man den Mitmenschen Gutes tut. So kann er die Freude genießen, den anderen auf die wirksamste Weise zu dienen. (Assmann & Hinkelammert, 1992, S. 98)

Der Garant dieser Nächstenliebe ist der Markt, demgegenüber – als einer den menschlichen Einzelverstand überschreitenden Rationalität – nach Friedrich A. v. Hayek (1975) Demut angemessen ist. Und wenn der Markt versagt? Mehr Markt!
     Der Theologie der Befreiung geht es in ihrer Beschreibung des Kapitalismus als Religion nicht einfach um die Beschreibung von Strukturähnlichkeiten, um eine Parallelisierung an sich. Zentrales Motiv ist die ethische Problematik: die Verkehrung der Nächstenliebe zum Eigeninteresse und vor allem die Menschenopfer, die der Kapitalismus dadurch fordert. Diese wird nicht als eine ethische Problematik, sie wird auch nicht als *die* ethische Problematik vorgestellt. Sie wird vielmehr als *die zentrale Glaubensfrage* reformuliert: Gott oder Götze, Gottesdienst oder Götzendienst mit seinen Menschenopfern. Die wirtschaftsethische Fragestellung wird so in das Zentrum der Glaubensauseinandersetzung gerückt.
     Ich will mich in diesem Beitrag – da es mir hier nicht um eine Auseinandersetzung mit der Theologie der Befreiung geht – einer weitergehenden Bewertung enthalten: Man kann natürlich mit einigem Recht fragen, ob mit der Analyse von Religionsanalogien die adäquaten analytischen Mittel für die ethische Reflexion des komplexen Handlungsfeldes Wirtschaft bereitgestellt werden. Andererseits – wenn eine Absolutsetzung wirtschaftlicher Gegebenheiten und deren wirtschaftswissenschaftliche „Theologisierung" festzustellen ist, macht dies in der Tat eine religionstheoretisch, theologische Auseinandersetzung damit unabdingbar, die als Idolatriekritik zu führen ist.

Selbst wenn man geneigt ist, den Ansatz der Befreiungstheologie für einen abseitigen oder sehr aufgeladenen und erhitzten Zugang zur Diskussion um ethische Kriterien für eine marktgesteuerte Wirtschaft anzusehen, so muss man feststellen, dass er überraschender Weise in der neuesten Diskussion gewissermaßen von der „Gegenseite" Unterstützung erfährt.

Wirtschaft als Religion II: Kult-Marketing

Im Bereich der Marketingtheorie und -praxis wird der in kritischer Absicht diagnostizierte Religionscharakter der Wirtschaft affirmativ aufgenommen und bewusst gestaltet. Ich will sehr knapp die Analysen der Kommunikations- und Medienwissenschaftler Norbert Bolz und David Bosshart (1995) vorstellen, die den Begriff des „Kult-Marketing" salonfähig gemacht haben. Das gleichnamige Buch ist dem Zeitgeist dicht auf den Fersen; ja wahrscheinlich ist es sein Organ. Der Beitrag überzeugt weniger durch theoretische Tiefenschärfe und Prägnanz, sondern mehr durch assoziative Formulierungskraft.

Der Begriff des Kult-Marketings schließt an die Fetischismus-Analyse von Karl Marx und die These Walter Benjamins an, dass der Kapitalismus Kultreligion ist. Allerdings werden deren Ansätze affirmativ – um nicht zu sagen zynisch – gewendet. Bolz und Bosshart gehen von folgenden Grundaussagen aus:

- Das Bedürfnis nach Religion als einer anthropologischen Grundkonstante ist ungebrochen, auch und gerade in unserer so coolen, scheinbar rationalen und bis zur „Sinnlosigkeit aufgeklärten Welt". Ordnung und Deutung der Welt, Bearbeitung von Enttäuschungen und Sicherung des Weltvertrauens als Leistungen von Religion werden weiterhin benötigt.
- Das vorhandene, sogar wachsende religiöse Bedürfnis lässt sich in den modernen, westlichen Gesellschaften nicht mehr durch das Christentum befriedigen (vgl. S. 375).
- Deshalb müssen an die Stelle Gottes gewissermaßen „Ersatzleute" treten.
  Gegen die Entzauberung der modernen Welt durch Wissenschaft setzt das Kult-Marketing heute auf Strategien der ästhetischen Wiederverzauberung. ... Nun tauchen die Götter, die aus dem Himmel der Religion verschwunden sind, als Idole des Marktes wieder auf. Werbung und Marketing besetzen die vakant gewordenen Stellen des Ideenhimmels. (S. 11 f.)

- Dem kommt entgegen, dass es in der Welt der Werbung und der Waren nicht mehr nur um den Gebrauchswert geht. Sie bedienen nicht mehr Notwendigkeiten, Zwecke, Bedürfnisse, sondern Lifestyle und Lebenssinn. Dies bringt den Vorteil mit sich, dass der Bedarf an Hosen begrenzt sein mag, der Bedarf an Stil und Sinn jedoch grenzenlos. „Die Schöpfergötter der kapitalistischen Konsummärkte produzieren endlos und bringen ihre neuesten Kreationen auf die Umlaufbahn der Sehnsüchte von Konsumentenseelen" (S. 23).

- Nicht mehr die Kirchen, sondern die Konsumtempel, die *Shopping Malls* sind die Orte der modernen Religiosität. Die Werbung entfaltet die Spiritualität des Konsums. „Der Kapitalismus im Stadium gesättigter Konsummärkte wird zur ultimativen ‚letzten' Religion dieser Welt. Der Kapitalismus im Stadium gesättigter Märkte hat die Kraft, Waren ins Zentrum des menschlichen Begehrens zu stellen. Er verbürgt die integrale Übernahme der religiösen Funktionen" (S. 22 f.).

Erstaunlich an diesen Ausführungen von Bolz und Bosshart ist, wie selbstverständlich und selbstbewusst hier der Kapitalismus als „nicht mehr überbietbare" Religion verkündet wird, und nicht länger religiöse Symbolik nur aufgegriffen und benutzt, sondern die Befriedigung religiöser Sehnsucht in Marketing und Konsum in eigener Regie übernommen wird.[3] Es gibt kein Anderes ökonomischer Logik mehr, sie selbst wird total.

Aus theologischer Perspektive muss allerdings doch bezweifelt werden, dass die Erfüllung tief sitzender menschlicher Sehnsucht durch ihre Bedienung mit Waren geleistet werden kann. Die Erfüllung menschlicher Bedürfnisse wird hier mit ihrer Instrumentalisierung verwechselt, Beziehungsgeschehen zu Sachbeziehungen pervertiert, Lebenskunst zu Design degradiert. „Dies läuft letztlich auf eine zynische Affirmation der Entfremdung als höchstem Stadium menschlicher Glückseligkeit hinaus" (Füssel, 2000, S. 32).

---

[3] Vgl. zur Kritik auch Füssel (2002).

Wirtschaft und Ethik

An dieser Stelle soll ein Schnitt gemacht und ein Perspektivenwechsel vorgenommen werden. Das Thema Religion bleibt zunächst liegen, um es am Ende noch einmal kurz aufzugreifen. In den Fokus rückt die Wirtschaftsethik, allerdings unter Weiterführung eines Fadens: absolute oder situierte ökonomische Rationalität?

Ich verstehe Ethik als ein rationales Projekt, als Projekt ethisch-praktischer Vernunft, vertrete also eine kognitive Ethik, die bei allen Problemen und aller Notwendigkeit des Synkretismus dem diskursethischen Ansatz von Jürgen Habermas (1985) am nächsten steht. Dass dies in wirtschaftsethischer Hinsicht zu Positionen führt, die sich an Peter Ulrich (St. Gallen) orientieren, brauche ich zumindest den Insidern des wirtschaftsethischen Geschäfts kaum mehr zu erklären und dürfte im Nachfolgenden auch unübersehbar sein.

Wirtschaftsethik als Verhältnisbestimmung zweier regulativer Ideen

> In der regulativen Idee der ethisch-praktischen Vernunft kristallisiert sich das kulturelle Projekt, die zwischenmenschliche Verbindlichkeit von Moralität rational zu begründen, nämlich mittels der universalistischen Logik der wechselseitigen Anerkennung der Personen als „Wesen gleicher Würde" und entsprechend reziproker moralischer Rechte und Pflichten. (Ulrich, 1998, S. 1)

Auch die ökonomische Rationalität lässt sich als eine regulative Idee verstehen, in deren Licht jedes menschliche Tun, ja der gesamte geschichtliche Rationalisierungsprozess gedeutet werden kann. Die moderne Wirtschaftstheorie ist im Kern als Idealtheorie zu verstehen, die die Logik rationalen Handelns und Kooperierens strikt eigeninteressierter Individuen gestaltet. Hierin sind zwei Implikationen enthalten:
1. Diese Idealtheorie birgt ein „imperialistisches" Potenzial. Es gibt sicherlich gute Gründe, warum die Theorie strikt eigeninteressiert handelnder Individuen ihren genuinen Anwendungsort im Bereich des wirtschaftlichen Handelns hat und im Modell des „homo oeconomicus" ihren prägnantesten Ausdruck findet. Doch sie ist im Grunde nicht Theorie eines bestimmten Handlungsfeldes, sondern einer bestimmten Handlungsweise bzw. -orientierung. Sie muss sich nicht als Theorie eines bestimmten Gesellschaftsbereichs ver-

stehen. Und sie beschränkt sich teilweise auch nicht darauf, sondern erhebt durchaus weitergehenden Anspruch und wird zu einer allgemeinen Handlungs- und Gesellschaftstheorie, die in vielen Fachgebieten angewandet wird; als Beispiele seien nur die ökonomische Demokratietheorie und ökonomische Kalküle in der Fertilitätsforschung genannt. Systematische Konsequenz ist das Theorieprogramm des „Ökonomischen Imperialismus". Es nimmt den kritisch-pejorativ gegen dieses Theorieprogramm vorgebrachten Begriff positiv als Kennzeichen seiner Intention auf. Diese Denkrichtung, die maßgeblich von Gary S. Becker geprägt wurde, wird in der wirtschaftsethischen Diskussion in Deutschland insbesondere von Karl Homann und Mitarbeitern entschieden vertreten. Karl Homann hat insbesondere die Theorie einer ökonomischen Ethik vorangetrieben, also einer Ethikbegründung nur vom Interesse eigeninteressiert handelnder Akteure her (vgl. etwa Homann & Blome-Drees, 1992).

2. Diese Idealtheorie tritt mit normativem Anspruch auf, der allerdings nicht auf den ersten Blick ersichtlich ist. Denn die Ökonomik beginnt ja nicht mit der Behauptung, dass Menschen immer und überall ihre Handlungen so ausrichten (müssen), dass ihre Interessen optimal befriedigt werden, so dass der „homo oeconomicus" der wahre Mensch wäre. Es kann sich dabei um eine axiomatische Ausgangsvoraussetzung, um eine „Als-ob-Betrachtung" handeln, die keinen empirischen Anspruch erhebt, sondern auf dieser axiomatischen Annahme ein Theoriegebäude errichtet, also gewissermaßen schaut, zu welchen Folgen man in theoretischer Hinsicht mit den Grundannahmen kommt. Oder das strikt eigeninteressierte Handlungsmodell wird als Idealmodell verstanden, das wesentliche Aspekte der Realität verstärkend und überzeichnend aufnimmt und andere Aspekte ausblendet, womit dann allerdings der begrenzte empirische Anspruch verbunden wäre, dass dieses Modell der Wirklichkeit im Blick auf die Theorieziele „hinreichend" entspricht. Dass überhaupt kein empirischer Anspruch für das zugrunde liegende Handlungsmodell erhoben wird, ist letztlich nicht plausibel, wenn es um die Erklärung oder Prognose von – vielfach vernetzten – Handlungen und ihren Folgen geht. Wenn im Endpunkt empirische Zielsetzungen stehen, kann der Ausgangspunkt schwerlich völlig empiriefrei sein – auch wenn das logisch nicht unmöglich ist, da angesichts komplexer Handlungsvernetzungen das intentionale Band zwischen individuellen Handlungsmotiven und aggre-

gierten Handlungsfolgen durchschnitten sein kann. Lassen wir empirischen Anspruch dahingestellt, da der normative Charakter hier die eigentlich interessierende Frage ist.

Hier gilt: Das Modell strikt eigeninteressiert handelnder Individuen wird nicht normativ eingeführt. Aber es erhält unter der Hand normativen Charakter. Wenn nämlich aus Erkenntnissen und Ergebnissen, die auf der Grundlage dieses Handlungsmodells gewonnen werden, Handlungsanleitungen gegeben werden, wird zugleich das Modell strikt eigeninteressierten Handelns normativ ausgezeichnet.

> Ebenso wie die Vernunftethik ist also auch die reine Ökonomik in ihrer Axiomatik eine normative Theorie des rationalen Handelns, auch wenn in der Disziplin unter dem diesbezüglich unglücklichen wissenschaftstheoretischen Einfluss des kritischen Rationalismus das … Selbstmissverständnis als eine empirisch-analytische Realwissenschaft verbreitet ist. Die eigentümliche Unschärfe des methodologischen Selbstverständnisses der reinen Ökonomik erklärt übrigens den … Tatbestand ihrer bis heute zu beobachtenden explikativen und normativen Doppelfunktion, also ihres Anspruchs, sowohl die Realität gesellschaftlicher Vorgänge „wertfrei" zu erklären bzw. zu prognostizieren als auch umstandslos die Wirtschafts- und Gesellschaftspolitik normativ beraten zu können. (Ulrich, 1998, S. 2 f.)

Damit lässt sich aber auch das Kernproblem und die Grundaufgabe der Wirtschaftsethik genauer bestimmen. Wirtschaftsethik lässt sich nicht konzipieren als Anwendung einer Vernunftethik auf einen besonderen Praxisbereich,

> der bisher gleichsam von philosophischen, bzw. theoretischen Bemühungen um seine normative oder ethisch-praktische Rationalisierung „unberührt" geblieben wäre. Vielmehr stellt sich das systematische Problem so dar, dass das Verhältnis zwischen zwei konkurrierenden Rationalisierungsprojekten die beidseits eine universale normative Handlungsorientierung bieten zu können beanspruchen, zu klären ist. (Ulrich, 1998, S. 3)

Dass diese Problembestimmung keine akademische Spitzfindigkeit ist, sieht man durchaus in dem gesellschaftlichen Ringen um die Verhältnisbestimmung dieser Rationalitäten, wobei die ökonomische Rationalisierung die stärkeren Bataillone zu besitzen und ökonomische Rationalität in viele Lebensbereiche vorzudringen scheint.[4]

Die Problematik in der Auseinandersetzung mit dem Theorieprogramm des ökonomischen Imperialismus ist also, dass es – was noch zu verdeutlichen ist – zwar grundlegend falsch ist, insbesondere in seinem ethischen Ansatz, dass es im Sinne einer Beschreibung gesellschaftlicher Realität jedoch immer richtiger wird, in seinen Modellen also spiegelt, was gesellschaftlich geschieht. Es spiegelt das Problem, gibt aber keine angemessene Lösung.

Die Grundfrage der Wirtschaftsethik ist dementsprechend, ob die Gesellschaft – und als Gesellschaft sind wir wohl gezwungen auch und zuletzt als Weltgesellschaft zu denken – grundlegend den Funktionsimperativen des Wirtschaftssystems unterworfen und zur totalen Marktgesellschaft werden soll, oder ob umgekehrt das wirtschaftliche System letztlich doch ethisch-vernünftigen Kriterien des guten Lebens und des gerechten Zusammenlebens der Menschen untergeordnet, also die Dynamik des marktwirtschaftlichen Systems in ethisch-politische Legitimationsprozesse eingebunden wird.

Die erste Alternative bedeutet die Auflösung aller Spannung, weil sie ein einlineares ökonomisches Vernunftmodell darstellt, das auf ethisch-praktische Vernunft verzichtet, indem sie sogar die Ethik selbst noch ökonomisch einholt.

Die zweite Alternative kann und will dagegen die Spannung nicht auflösen und ökonomische Rationalität nicht eliminieren. „Vielmehr kommt es an auf eine systematische Vermittlung oder Integration beider Dimensionen, die diese dynamische Spannung konzeptionell bestehen lässt, zugleich aber die zugelassene Eigendynamik des Wirtschaftssystems ethisch-praktischen Legitimationsanforderungen unterwirft" (Ulrich, 1998, S. 5). Das heißt, die Spannung wird nicht aufgelöst, aber sie wird doch eindeutig hierarchisiert. Ethische Vernunft erhält den Primat, innerhalb dessen ökonomische Rationalität zu situieren ist. Denn wer auf den Primat der Ethik verzichtet, verzichtet auf die Möglichkeit, die Eigendynamik des Wirtschaftssystems auf die lebensweltlichen Ge-

---

[4] Dies kann man unschwer an der gegenwärtigen Debatte um die Reform des Sozialstaates sehen, bei der der Gerechtigkeitsdiskurs einen geringen Stellenwert einnimmt, was seinen Umfang, vor allem aber was seine Relevanz und seine Wirksamkeit für die anstehenden Entscheidungen betrifft. Zielsetzung ist eine Entlastung des Marktprozesses von solidarischen Lasten im Sinne der Entlastung von Lohnnebenkosten und damit die reinere Durchsetzung der ökonomischen Logik.

sichtspunkte des guten Lebens und gerechten Zusammenlebens der Menschen auszurichten; sie also lebensdienlich zu strukturieren.

Es geht also um eine solche Wirtschaftsethik – so lässt sich mit Peter Ulrich formulieren – „die sowohl den ethischen Rationalitätsansprüchen ethischer Vernunftethik als auch den funktionalen Rationalitätserfordernissen eines modernen marktwirtschaftlichen Subsystems der Gesellschaft zu genügen vermag, das jedoch die funktionale Systemrationalisierung prinzipiell von der ethisch-konsensuellen Legitimation ihrer Gesamtfolgen abhängig macht" (Ulrich, 1998, S. 6). Es reicht also nicht hin, nach der Möglichkeit der Moral unter den Funktionsbedingungen des marktwirtschaftlichen Systems, sondern es ist zugleich und vorrangig nach den ethischen Voraussetzungen der Funktionsbedingungen zu fragen. Die normativen Bedingungen lebenspraktisch vernünftigen Wirtschaftens unter Nutzung systemischer Koordinationsmechanismen sind also das Thema der Wirtschaftsethik.

> Der Rationalitätsgesichtspunkt der reinen Ökonomik neoklassischer Bauart, die Perspektive des effizienten Umgangs strikt eigeninteressiert handelnder Individuen mit der Knappheit aller Ressourcen und Güter angesichts alternativer Verwendungsmöglichkeiten, wird dabei nicht etwa fallen gelassen, sondern um den ganz anderen, eben ethischen Rationalitätsgesichtspunkt der vernünftigen – und das heißt hier: gerechten – Lösung der sozialen Konflikte um gesellschaftlich knappe Ressourcen erweitert. (Ulrich, 1998, S. 9)

Markt als unzureichender Moralersatz

Wenden wir uns noch kurz der Frage zu, wie man auf den Gedanken kommen kann, Normativität allein nach dem Vorteilskalkül zu konzipieren und dabei den Markt als ausreichenden Moralersatz zu verstehen.

> Der spezifisch ökonomische Weg zur Moralentlastung der Individuen ist der der funktionalen Interessenverschränkung strategisch handelnder Wirtschaftsobjekte in systemischen Anreiz- und Sanktionsstrukturen. Als System der wechselseitigen Verschränkung fungiert dabei der Marktmechanismus. Für die Moralskeptiker ist das deshalb äußerst attraktiv, weil mittels Tauschverträgen auf Märkten zwischen freien, gegenseitig moralisch desinteressierten Wirtschaftsobjekten, die strikt ihren Eigennutzen verfolgen, ein System wechselseitiger Kontrolle in Funktion gebracht werden kann, das zum Vorteil beider Geschäftspartner funktioniert. Die unpersönliche „Systemrationalität" des Marktes besteht im Kern darin, dass dieser scheinbar in unpartei-

licher Weise die Interessen der Beteiligten zum fairen Ausgleich bringt und somit als Substitut ethisch-sozialer Rationalität dienen kann. Der Tauschvertrag ersetzt den ethisch-praktischen Diskurs. (Ulrich, 1998, S. 11)

Doch das gelingt nur scheinbar. Das Zusammenkommen eines Tauschvertrags hängt nämlich einzig und allein davon ab, ob alle Vertragspartner damit einen je privaten Vorteil realisieren. Ist dies der Fall, so wird das Geschäft abgeschlossen. Ein solches erfolgsrationales Agreement der Geschäftspartner ist in zweifacher Hinsicht nicht mit einem ethisch-rationalen Konsens gleichzusetzen:

- Interne Effekte: Die Tatsache, dass sich durch den Vertragsabschluss jeder Beteiligte – zumindest einer der Beteiligten – gemessen an seiner Ausgangssituation besser stellt, besagt nichts über dessen ethische Qualität. Da sich beide Seiten rein strategisch verhalten, widerspiegelt der resultierende Vertrag nur die „gegebenen" Verhandlungspositionen der Vertragspartner, sofern sie klug genug sind, diese optimal zu nutzen. Der Stärkere, der über mehr Ressourcen und Sanktionspotenziale verfügt, kann seine Interessen weitergehend durchsetzen als derjenige in der schwächeren Position. Die ethische Legitimation der sozioökonomischen Beziehungen und Voraussetzungen zwischen den Tauschpartnern ist daher nicht das Ergebnis, sondern schon die Voraussetzung eines fairen Vertrags.

- Externe Effekte: Von einem Tauschvertrag sind außer den direkt Beteiligten häufig auch Dritte betroffen, die nicht am Nutzen partizipieren, wohl aber mit sozialen oder ökologischen Kosten belastet werden. In diesem Fall, der den Normalfall darstellt, verliert das Geschäft seinen privaten Charakter. Die Zumutbarkeit der bei Dritten anfallenden Externalität bedarf daher der ethischen Legitimation im Blick auf alle potenziell Betroffenen, bzw. es muss zumindest legitimiert werden, in welchem Rahmen die am Tauschvertrag beteiligten Parteien von diesen Externalitäten absehen dürfen. Der private Tauschvertrag erzeugt auch seine gesellschaftliche (externe) Legitimation nicht selbst, sondern setzt sie voraus.

Der Tauschvertrag braucht also gerechtfertigte Ausgangsbedingungen. Oder anders ausgedrückt: Dem Tauschvertrag geht der Gesellschaftsvertrag voraus. Dies formulieren auch die Vertreter des ökonomistischen Paradigmas, etwa Karl Homann (1994), ausdrücklich. Die Problematik ihres Ansatzes liegt allerdings darin, dass sie im Blick auf diesen Gesellschaftsvertrag keinerlei ethische Kriterien benennen können bzw. dass sie diesen Gesellschaftsvertrag wiederum ökonomisch insofern konzipieren, als auch er wiederum nach dem Muster strikt ihren Vorteil verfolgender Individuen konzipiert wird, jetzt allerdings im politischen Raum. Sie schreiten letztlich nur fort zur ökonomischen Theorie der Demokratie, nicht aber zu einer anderen – zu einer ethischen – Grundlage. Das Denkmodell der neuen politischen Ökonomie, des ökonomischen Imperialismus, erweist sich also tatsächlich als ein umfassendes Modell des Handelns und der Gesellschaft. Es ist geprägt durch das Menschbild des „homo oeconomicus" als das Modell des Menschen schlechthin; es ist geprägt durch eine bestimmte Geschichtskonzeption – Durchsetzung eines ökonomischen Rationalisierungspfades – und es ist letztlich auch geprägt durch eine „Ethik", die Karl Homann so formuliert: „Wettbewerb ist solidarischer als Teilen. Märkte sind die effizientere Form der Caritas" (Homann, 1994, S. 75).

Einer Ethik im Vollsinn des Wortes wird eine solche Konzeption nur als Deformation von Ethik erscheinen können. Der ungebrochenen Verlängerung der je eigenen Handlungsperspektive in der rationalen Verfolgung der Eigeninteressen setzt eine Gerechtigkeitsethik den Perspektivwechsel entgegen, so dass die Perspektive des/der Anderen den gleichen Stellenwert erhält wie die je eigene, weil die/der Andere als Wesen gleicher Würde und gleicher Rechte wahr und ernst genommen werden. Diese Perspektive, diese Bereitschaft zum Perspektivwechsel zeigt sich biblisch im Gebot der Nächstenliebe: „Du sollst deinen Nächsten lieben wie dich selbst." Sie zeigt sich im kategorischen Imperativ Kants, nachdem nur solche Handlungsabsichten gerechtfertig sind, die als allgemeines Gesetz taugen, die also verallgemeinerbar sind, d. h. aus der Perspektive der Anderen legitimierbar sind. Sie zeigt sich im Grundansatz der Diskursethik, nach der dieser Perspektivwechsel kommunikativ vorzunehmen ist, also in einem Diskurs, in dem die/der Andere seine Perspektive einbringen kann.

Diese Gerechtigkeitsdimension, ohne die wir unsere lebensweltlichen Intuitionen, Institutionen und Diskussionen nicht verstehen können, ist der Verwirklichung der je eigenen Interessen systematisch vorgeordnet, ohne letztere auszublenden oder auszuschließen, sofern sie sich im Gerechtigkeitsdiskurs behaupten können. Es geht also um eine Verständigungsordnung, in deren Rahmen wir unsere Handlungspläne einvernehmlich koordinieren, statt sie gegeneinander strategisch durchzusetzen.

Ein marktgesteuertes Wirtschaftssystem ist in diesem Kontext insofern eine Herausforderung, als es einen Raum eröffnet, in dem die Verfolgung des Eigeninteresses nicht nur legitim, sondern notwendig ist. Der Gerechtigkeitsdiskurs zieht sich wesentlich – aber nicht ausschließlich – auf die Rahmenordnung zurück. In der Institutionalisierung des Wirtschaftsraumes nach ethischen Kriterien soll ermöglicht und erreicht werden, dass dieser Raum interessenrationalen Handelns sowohl um seiner Effizienz und Leistungsfähigkeit willen als auch wegen seiner gerechten Ausgangsbedingungen für alle Betroffenen als legitim erscheint. Also noch einmal: Der politisch-ethische Diskurs geht dem marktrationalen Handeln voraus und gibt ihm seinen Ort und seine Grenzen.

Ich will nach diesen eher grundsätzlichen Überlegungen etwas konkreter auf drei Orte der Moral im Wirtschaftssystem schauen:

Orte der Moral im Wirtschaftssystem

Jede Wirtschaft ist Wirtschaft der Gesellschaft. Eine Gesellschaft hat viele Handlungsbereiche, ein menschliches Leben hat viele Dimensionen, die in ein rechtes Verhältnis zueinander gebracht werden müssen. Die Qualität, die Entwicklung und die Zukunftsfähigkeit der Gesellschaft und das Gelingen menschlichen Lebens in dieser Gesellschaft hängen von diesen verschiedenen Handlungsbereichen und Dimensionen ab, nicht nur von einem. Das Ensemble der verschiedenen „Lebensordnungen" muss stimmig sein und unter ethischen Gesichtspunkten als legitim erscheinen.

In diesem vieldimensionalen Geflecht individuellen und gesellschaftlichen Lebens muss Wirtschaft als ein Handlungsbereich unter anderen institutionalisiert werden. Die Gesellschaft als Ganzes – und spezifisch eine demokratisch gestaltete Politik als der Ort gesamtgesellschaftlich verbindlicher Entscheidungen in der Gesellschaft – bestimmt die Funktionsweise und die Grenzen des Wirtschaftssystems im Rahmen des Gesamtsystems. Sie situiert die Wirtschaft als einen lebensdienlichen Handlungszusammenhang, der die notwendigen Mittel für das individuelle und gesellschaftliche Leben bereitstellt.

Rahmenordnung
Damit sind wir bei der Ebene der Rahmenordnung als dem Instrument, über das die Wirtschaft in der Gesellschaft verankert und institutionali-

siert ist. Sie legt gewissermaßen die Spielregeln fest, nach denen dann
das Spiel der Wirtschaft gespielt werden kann. Diese Rahmenordnung
ist einerseits unter der Perspektive der Ermöglichung der Wirtschaft zu
sehen, weil erst die Verfügungs- und Rechtsordnung Wirtschaft möglich
macht. Sie ist andererseits auch unter dem Aspekt der Einschränkung
des Wirtschaftshandelns zu sehen, weil sie eben die Spielzüge reg-
lementiert.

Mit Homann (1994) stimme ich – abgesehen von seinem problematischen Moralbegriff – darin überein, dass die Rahmenordnung der primäre – nicht der einzige – Ort der Moral im Wirtschaftssystem ist. Über
die Rahmenordnung, wenn man so will über die funktionale Sys-
temsteuerung qua Rahmenordnung, wird marktgesteuerte Wirtschaft als
moralisch legitime Veranstaltung institutionalisiert und Moral implementiert. Weil die Moral in den Spielregeln steckt, können die Spielzüge
von moralischer Reflexion entlastet – aber nicht völlig freigehalten –
werden.

Es ist die Aufgabe der Rahmenordnung: dafür zu sorgen, dass der
freie wirtschaftliche Prozess am Ende zu einem Ergebnis führt, das sowohl effizient als auch im Blick auf die verschiedenen Lebenszusam-
menhänge sozial wünschenswert, legitimierbar und gerecht ist. Insofern
ist die Marktwirtschaft ein soziales, ein kulturelles und vor allem ein
politisches Kunstprodukt, nicht etwa ein Naturprodukt.

Ebene der Person
Wirtschaft ist – trotz aller Rahmenbedingungen – auch auf die individuelle Moral der in ihr Handelnden angewiesen. Man kann es vielleicht am
ehesten am Vertrag deutlich machen: Jeder Vertrag ist auf Voraussetzungen angewiesen, die nicht selber Gegenstand des Vertrages, sondern
eben seine Voraussetzungen sind. Vieles davon ist rechtlich geregelt.
Aber zum Vertrag gehört auch Vorrechtliches wie etwa das wechselseitige Vertrauen in die Vertragstreue des je Anderen. Zwar wird man in
der Regel Vertragseinhaltung rechtlich einklagen und gerichtlich durchsetzen können. Aber wenn alle Transaktionen, alle Verträge nur noch
unter juristischen Gesichtspunkten gesehen, abgesichert und auf dem
Rechtsweg durchgesetzt werden müssen, steigen die Transaktionskosten
ins Unermessliche.

Hinzu kommt das Problem, dass Verträge ja immer auch ein Stück
unbestimmt sind, gerade beim Arbeitsvertrag. Letztlich erwarten Arbeitgeber von Arbeitnehmern eine nicht wirtschaftlich rationale, sondern
eine moralische Handlungsweise. Sie erwarten, dass sie nicht das Ver-

hältnis von Aufwand und Ertrag maximieren, also für möglichst wenig Arbeitsaufwand ihren Lohn erhalten wollen. Denn der Arbeitsvertrag hat einen relativ unbestimmten Charakter und problemlos kontrollierbar ist nur die Anwesenheit der Arbeitnehmer. Arbeitgeber erwarten von ihren Arbeitnehmern ein Arbeitsethos, eine intrinsische Motivation, eine Identifikation mit den Zielen des Unternehmens und Loyalität. Sie erwarten von ihnen mehr, als sie mit den Mitteln des Rechts erzwingen und mit den Mitteln des Geldes erkaufen können. Sie erwarten von ihren Mitarbeitern gerade, dass sie nicht durch Geld zu kaufen sind: dass die Konkurrenten keine Informationen von ihnen kaufen können und sie nicht anfällig sind für Geschäfte zum eigenen Nutzen und zum Nachteil des Unternehmens.

Vertrauen in die moralischen Qualitäten erscheint notwendig, ein Vertrauen in die Vertragstreue, in die Arbeitsmotivation, in Rechtsbefolgung. Jedenfalls ist das Fehlen von Moral ein Faktor, der die Transaktionskosten in die Höhe treibt. Moral ist in diesem Sinn eine wichtige Ressource des Wirtschaftssystems und das Fehlen von Moral teuer.

Im internationalen Vergleich haben Paul Zak und Stephen Knack gezeigt, dass die allgemeine moralische Qualität in einer Gesellschaft und das Maß an Vertrauen, das auf dieser Grundlage möglich ist, außerordentlich wichtig für die ökonomische Leistungsfähigkeit sind (Zak & Knack, 2001).

Moral kann im Wesentlichen nicht im Wirtschaftssystem produziert werden; vielmehr ist es auf intakte gesellschaftliche Lebensformen und Sozialbereiche angewiesen, in denen moralische Sozialisationsprozesse möglich sind. Das bedeutet auch, dass solche Lebensbereiche und ihre nicht interessenrationale Logik geschützt werden müssen gegen Prozesse „ökonomischer Kolonialisierung". Die Eingrenzung ökonomischer Logik liegt also auch im Interesse des Wirtschaftssystems selbst, das sich sonst seine eigene Grundlage untergraben würde. Wichtige Orte einer solchen moralischen Entwicklung und Erziehung sind die Familien, die Kirchen und auch das Bildungssystem. Nehmen wir – gerade angesichts anstehender Reformen – das Bildungssystem als Beispiel: Natürlich ist es wichtig, dass im Bildungssystem die beruflich notwendigen Fertigkeiten und Fähigkeiten entwickelt werden. Aber es wäre auch im Interesse der Wirtschaft verkehrt, wenn im Blick auf das Bildungssystem eine ausschließliche Konzentration auf die beruflich notwendigen Fertigkeiten gefordert würde. Es könnte nämlich sein, dass ein Unternehmen mit einer Rechenschwäche eines Mitarbeiters besser zurecht kommt als mit einer Moralschwäche. Natürlich darf und braucht man diese Aspekte nicht gegeneinander auszuspielen. Aber es ist wichtig, dass im Bildungssystem von der Grundschule bis zu den Universitäten geisteswissenschaftliche, gesellschaftswissenschaftliche, ethische und religiöse Fragestellungen ihren Ort haben. Ebenso muss in der wirtschaftswissenschaftlichen Ausbildung an den Universitäten Reflexion über Ethik ihren Platz haben.

Das Unternehmen als Organisation in seiner Bedeutung für die Moral
Das Unternehmen muss sich auf dem Markt, genauer gesagt auf den Produkt-, Arbeits- und Finanzmärkten behaupten. Unternehmen sind insofern marktorientiert. Erfolg oder Misserfolg, im Extremfall Sein oder Nicht-Sein entscheidet sich auf den Märkten. Unternehmen sind deshalb marktorientiert, aber sie sind nicht marktbestimmt. Mit dieser Unterscheidung will ich zweierlei zum Ausdruck bringen.
1. Trotz der Marktorientierung wird die interne Struktur des Unternehmens nicht vom Markt determiniert; Markterfolg ist mit unterschiedlichen Unternehmensstrukturen und Unternehmenskulturen möglich. Es besteht ein Spielraum für unterschiedliche Gestaltung der Unternehmensorganisation. Der Markt ist systemtheoretisch gesprochen, die Umwelt des sozialen Systems Unternehmung. Aber die Umwelt bestimmt nach den Einsichten der Systemtheorie nicht die Struktur und Eigenschaften eines Systems, sondern nur die Grenzen der Existenzfähigkeit des Systems. Die interne Struktur ist Eigenselektion, Eigenentscheidung, die in den Prozessen des Systems selbst fällt.
2. Dass das Unternehmen nicht marktbestimmt ist, will noch einen zweiten Gesichtspunkt zum Ausdruck bringen: Das Unternehmen intern ist nicht durch Marktbeziehungen bestimmt, sondern es hat den Charakter einer Organisation. Es ist ein soziales Gebilde, das bewusst gestaltet ist und aus generellen Regeln besteht, die situationsübergreifend zu einem bestimmten Handeln veranlassen sollen. Das Unternehmen enthält, ja besteht aus einer Vielzahl von Normen, die ethischer Reflexion zugänglich und ethischer Gestaltung bedürftig sind.

Ökonomische Vernunft und ihr Anderes

Im bisherigen Gang der Überlegungen wurde sichtbar, dass es sowohl in der Wirtschaftspraxis als auch in der Wirtschaftstheorie Tendenzen gibt, Wirtschaft als ultimative Wirklichkeit zu verstehen.

In der Wirtschaftspraxis steht dafür insbesondere die entwickeltste Form von Marketing, die nicht mehr Produkte als Produkte, sondern als Lebenskonzepte und Sinnangebote verkaufen und die Religion beerben will. Und es lassen sich unschwer hierfür Belege zu finden: Die Werbung greift nicht nur religiöse Symbole, Texte und Traditionen auf, sondern verheißt religiöse Erfüllung[5]. Konsumtempel und Industriegebäude vermitteln religiöse Aura im Sinne einer Spiritualität des Konsums.

In der Wirtschaftstheorie gibt es deutliche Tendenzen, die ökonomische Logik explizit oder implizit als die alleinige Logik des Wirtschaftshandelns zu verstehen. Explizit geschieht dies im neoliberalen Paradigma, implizit dort, wo auf die Reflexion der Situierung ökonomischer Rationalität in einem umfassenderen Vernunftkonzept verzichtet wird und umstandslos bei der ökonomischen Logik angesetzt wird. Verschärft wird diese Problematik in Ansätzen der „Neuen politischen Ökonomie", des „ökonomischen Imperialismus", die die ökonomische Logik strikt eigeninteressierten Kosten-Nutzen-Kalküls auf menschliches Handeln schlechthin und damit auf alle Gesellschaftsbereiche ausweiten. In der gesellschaftlichen Realität feststellbare Entwicklungen zu einer „Reinigung" des Wirtschaftsprozesses von allen außerökonomischen *Constraits* im Sinne einer „Deregulierung" machen das neoliberale Modell im empirischen Sinn zwar „wahrer", trotzdem in seinem normativen Gehalt nicht richtiger. Dasselbe gilt für den Ansatz des ökonomischen Imperialismus, dessen empirische Realitätsbasis der Vormarsch ökonomischer Handlungsmuster in alle Lebensbereiche darstellt.

Eine Absolutsetzung der Wirtschaft löst sie aus ihrer Einbindung in die Lebenswelt und ihrer Dienstfunktion für die Lebenswelt – also aus dem Geflecht an Wissen, ethischen Orientierungen und kulturellen und religiösen Deutungen von Welt- und Lebenssinn. Ein ökonomischer Imperialismus muss dann die gesamte Lebensordnung selber ökonomisieren, auf ökonomische Grundlagen stellen. Das bedeutete nicht nur eine Ökonomisierung der Ethik, eine Ökonomisierung der Politik, eine

---

[5] Eine umfangreiche Sammlung von Werbung mit religiösen Ambitionen findet sich unter *www.glauben-und-kaufen.de*.

Ökonomisierung der Bildung, sondern in letzter Konsequenz auch eine Ökonomisierung der grundlegenden Sinn- und Orientierungsfragen, also letztlich eine Ökonomisierung der Religion. Und in diesem Sinn dann auch: eine Ökonomisierung des Baus von Kathedralen.

Ein solcher Gedankengang ist natürlich in gewisser Weise zugespitzt: Sein Wahrheitsgehalt ist, dass Entwicklungstendenzen in diese Richtung erkennbar sind. Falsch wäre es, so zu tun, als hätten wir eine vollständige Ökonomisierung der Gesellschaft, als lebten wir in der totalen Marktgesellschaft. Wir haben in unseren kulturellen Grundlagen und in unseren sozialen Institutionen – hoffentlich ausreichend – Widerstandspotenzial gegen eine solche Entwicklung. Und letztlich ist eine Totalökonomisierung der Gesellschaft nur ein Denkmodell, das eine solche Deformation der Kultur, der sozialen Ordnungen und der Persönlichkeiten bedeuten würde, dass es als Wirklichkeit weder vorstellbar noch lebbar und erst recht nicht lebenswert erscheint. Aber die Tendenzen in diese Richtung sind schon problematisch genug.

Ebenso überspitzt und damit falsch wäre es, der Wirtschaftswissenschaft insgesamt „ökonomischen Imperialismus" zu unterstellen. Mein Eindruck ist eher, dass sie sich in der Breite der Grundlagenfrage nach der Situierung ökonomischer Rationalität im Gesamt der Vernunft nicht stellt und sie offen lässt. Dabei ist zugestanden, dass sich eine Wissenschaft nicht nur mit ihren eigenen Grundlagen, ihrer wissenschaftstheoretischen und methodischen Grundlegung befassen kann, sondern auch „arbeiten" muss. Zugestanden ist auch, dass Wirtschaftswissenschaft sich vielfach in Themenbereichen oder Detailanalysen bewegt, wo die Grundlagenfrage nach der Situierung der ökonomischen Vernunft sich vordergründig nicht stellt. Allerdings bin ich überzeugt, dass sie doch an vielen Stellen implizit virulent ist und dann auch häufig eine implizite Antwort erfährt, die ökonomistischer Natur ist, also ökonomische Logik einfach verlängert.

Als Ertrag kann festgehalten werden: Wirtschaft kann nicht absolut sein, sondern nur eingebunden. Sie braucht das Andere ökonomischer Vernunft. Ökonomische Vernunft ist nur vernünftig, wenn sie um ihre Grenzen weiß, wenn sie also eingebettet ist in der umfassenderen und vorgängigen ethisch-praktischen Vernunft. Dieses Andere ökonomischer Vernunft ist aber nicht bloß dadurch bestimmt, dass es das *Andere* ökonomischer Vernunft ist. Es ist auch *ihr* Anderes, weil nur in Bezug darauf ökonomische Logik zur Vernunft wird, es also unaufgebbar zur ökonomischen Vernunft dazu gehört.

Kirche und Theologie haben in diesem Kontext nun nicht die Aufgabe im Sinne eines „theologischen Imperialismus" der Wirtschaft bzw. der Wirtschaftswissenschaft zu zeigen, „wo es lang geht". Sie haben allerdings im Sinne des grundlegenden Gebotes „Du sollst neben mir keine anderen Götter haben" (Ex 20,2) eine kritische Sensibilität für die Vergötzung menschlicher Produkte einzubringen und ihr zu wehren. Im Sinne des zweiten Grundgebotes „Du sollst deinen Nächsten lieben wie dich selbst" haben sie den Wert, die Würde und die Lebensmöglichkeit aller Menschen – und das konkretisiert sich im Blick auf die „Armen" – in Auseinandersetzung mit wirtschaftlichen und wirtschaftswissenschaftlichen Entwicklungen kritisch und konstruktiv zur Geltung zu bringen.

Indem Theologie den Horizont offen hält, einer Schließung der religiösen Frage mit Waren und einer Schließung der Frage nach Nächstenliebe und Gerechtigkeit durch den Verweis auf den Markt wehrt, erbringt die Theologie auch eine herausfordernde Leistung für die Wirtschaftstheorie. Sie fordert die Wirtschaftswissenschaft heraus, auch ihren Horizont nicht zu eng zu ziehen. Wenn sich ökonomische Reflexion in einem umfassenderen Verständnis von Mensch, Gesellschaft und gesellschaftlicher Entwicklung situiert, kann sie ihre Erkenntnisse in den wissenschaftlichen Diskurs und die Prozesse gesellschaftlicher Verständigung einbringen, statt diese in ökonomischem Reduktionismus ersetzen zu wollen. „Ökonomischer Imperialismus" nämlich ist nicht Ausdruck höchster Potenz ökonomischer Rationalität, sondern wäre Ausdruck ihrer Selbstkastration.

Literatur

Assmann, H. & Hinkelammert, F. J. (1992). *Götze Markt*. Düsseldorf: Patmos.

Benjamin, W. (1991). *Kapitalismus als Religion*. In R. Tiedemann & H. Schweppenhäuser (Hrsg.), Walter Benjamin: Gesammelte Schriften VI (S. 100-103). Frankfurt/Main: Suhrkamp.

Bolz, N. (2000). *Marken – Medien – Mythen*. Verfügbar unter: http://www.uni-essen.de/ikud/bolz/Marken_Medien_Mythen.rtf [16.3.2004].

Bolz, N. & Bosshart, D. (1995). *Kult-Marketing. Die neuen Götter des Marktes*. Düsseldorf: Econ.

Füssel, K. (2000) Einladung ins Paradies. Kult-Marketing über die Geheimnisse der Warenwelt. *Imprimatur, 33*, 28-33.

Füssel, K. (2002, 4. Oktober). *Rückkehr der Rachegottheit. Götzendienst und Fetischfeier*. Freitag, S. 17. Verfügbar unter: http://www.freitag.de/2002/41/02411701.php [16.3.2004].

Habermas, J. (1985). *Theorie des kommunikativen Handelns* (Band 1, 3. Aufl.). Frankfurt/Main: Suhrkamp.

Hayek, F. A. v. (1975). *Die Irrtümer des Konstruktivismus und die Grundlagen legitimer Kritik gesellschaftlicher Gebilde.* Tübingen: Mohr.

Hinkelammert, F. J. (1985). *Die ideologischen Waffen des Todes. Zur Metaphysik des Kapitalismus.* Freiburg (Schweiz): Edition Exodus.

Homann, K. (1994). Das ethische Fundament der Sozialen Marktwirtschaft – Stellungnahme aus Sicht der Wirtschaftsethik. In Bertelsmann Stiftung, Heinz Nixdorf Stiftung & Ludwig-Erhard-Stiftung (Hrsg.), *Markt mit Moral. Das ethische Fundament der sozialen Marktwirtschaft* (S. 73-79). Gütersloh: Verlag Bertelsmann Stiftung.

Homann, K. & Blome-Drees, F. (1992). *Wirtschafts- und Unternehmensethik.* *Göttingen*: Vandenhoeck & Ruprecht.

Simmel, G. (2001). *Philosophie des Geldes.* Köln: Parkland (Nachdruck der Ausgabe von 1920).

Ulrich, P. (1998). *Integrative Wirtschaftsethik als kritische Institutionen-Ethik. Wider die normative Überhöhung der Sachzwänge des Wirtschaftssystems* (Beiträge und Berichte Nr. 62, 3. Aufl.). St. Gallen: Institut für Wirtschaftsethik an der Hochschule St. Gallen für Wirtschafts-, Rechts- und Sozialwissenschaften.

Weber, M. (1920). *Gesammelte Aufsätze zur Religionssoziologie* (Band 1). Tübingen: Mohr.

Zak, P. J. & Knack, S. (2001). Trust and growth. *The Economic Journal, 111* (470), 295-321.

Diskussion

Gewerkschaftler:

Ich bin vor allem der Politik wegen hier. Mich interessiert der Punkt, wo Sie sagten, die moralischen Überlegungen müssten aus einem anderen System kommen und in die Wirtschaft eingebracht werden. Warum höre ich dann bei Verhandlungen der Gewerkschaften mit den Arbeitgebern nichts über diese ethischen Werte, die anknüpfbar wären an dieses Zahlenwerk, das uns da hingestellt wird? Offenbar ist unser System zu unreflektiert produktiv, um die Leistung eines Arbeitnehmers in einer Firma zu bewerten.

Bernhard Laux:

Natürlich sind normative Überlegungen nicht immer empirisch abhebende Überlegungen bzw. Darstellungen der Wirklichkeit. So sind z. B. Fragen des gerechten Lohns auch ethische Fragen. Wir finden in der christlichen Tradition Themen, die unter ähnlichen Gesichtspunkten diskutiert worden sind.

Es gibt jedoch unter den modernen Bedingungen keine Instanz und keine Theorie, nach der ich gerechten Lohn so ohne weiteres bestimmen kann. Er lässt sich nicht rein ethisch ableiten. Es sind natürlich dann auch Verhandlungsprozesse, die stattfinden und die nach dem Muster von Tarifverhandlungen ablaufen. Die Fragen sind: Was kann man durchsetzen, wo sind meine Machtmöglichkeiten, wie viel kann ich realisieren? Das sind Gesichtspunkte, die dort sicher stärker zum Tragen kommen als die ethische Frage, was eine angemessene Teilhabe der Arbeitnehmer am Bruttosozialprodukt ist. Und wie entwickeln sich hier die Ressourcen? Wie laufen möglicherweise auch Unternehmensgewinne und Arbeitnehmerlohn auseinander? Das sind sicherlich kritische Fragen, die zu diskutieren sind, die aber, glaube ich, letztlich Tarifverhandlungen nicht bestimmen.

Gewerkschaftler:

Die kommen auch im Vorfeld bei den Beratungen nicht zur Sprache. Ich bin bei den Vertrauensleuten des DGB. Das ist noch nicht in Angriff genommen. Man befleißigt sich selbst nicht zu der Komplexität von Erfassung, die nötig wäre, das zu bemessen. Ich habe noch nie einen Vertrag gemacht, wo etwas von Moral drinstand, obwohl ich überzeugt bin, dass das sehr wichtig ist.

Bernhard Laux:

Ich sehe auch, dass die moralischen Diskurse innerhalb dieses Systems zu kurz kommen, dass sie also nicht ausreichend geführt werden; zugleich stecken aber gewisse moralische Qualitäten in den Rahmenbedingungen, in dem Versuch, Gewerkschaften und Arbeitnehmerverbände mit einer gewissen Machtgleichheit auszustatten. Tarifverträge werden nicht auf individueller Ebene geschlossen, wo das Machtungleichwicht sehr hoch ist. Es wird aber auf kollektiver Ebene, im kollektiven Arbeitsvertrag, geringer. Es sind Prozesse der Rahmenordnung, die versuchen, hier ein gewisses Machtgleichgewicht herzustellen, so dass dann diese Prozesse in machtorientierten Verhandlungen wenigstens auf gleicher Ebene ausgefochten werden können.

Unternehmensberater:

Ich fand es spannend, wie Sie im Grunde das Konzept oder den Ansatz einer ökonomistischen Reformulierung der Moral und der Ethik vorgestellt haben. Sie haben es ja von Peter Ulrich her eher kritisch gesehen. Ich erlebe es oft in Diskussionen mit Unternehmern aus der Wirtschaft als sehr hilfreich, wenn man deutlich macht, es liegt in eurem wohlverstandenen längerfristigen eigenen Interesse – nicht nur individuell, sondern kollektiv gesehen – dass z. B. bestimmte Regeln eingehalten werden: über *Codes of Conduct* oder Umwelt usw. Was ich dann immer wieder erlebe, ist, dass es kippen kann. Dann merken die Leute irgendwann, wir reden hier nicht nur über Ökonomie, sondern wir reden immer über die Moral oder über Ressourcen, die ganz anders aufgebaut sind. Wir kippen aus der eindimensionalen Logik in ein mehrdimensionales Programm, was Sie auch angedeutet haben. Dann kommen Bildungsaspekte, Bildungssysteme hinein und der Sozialisationsaspekt: Systeme, die ganz anders funktionieren. Ich habe ein bisschen das Gefälle bei Ihnen gesehen: Kritik am Programm der Ökonomisierung. Aber ich denke, wenn man es klug ansetzt, die Ökonomisierung, dass sie sich selbst ad absurdum führte. Das fände ich spannend, diese Logik noch ein bisschen weiter zu verfolgen.

Bernhard Laux:

Ich verfolge dasselbe Ergebnis. Ich diskutiere auch öfter mit Unternehmern. Natürlich setze ich dann auch eher auf den Ansatz zu sagen, dass Moral im langfristigen Interesse des Unternehmens oder der Unternehmer sinnvoll und wünschenswert ist; dass ethische Kriterien zu einem langfristig orientierten Gewinninteresse nicht im Widerspruch stehen. Und es ist auch im Ansatz von Peter Ulrich angelegt, oder im Ansatz der Fokussierung auf die Rahmenordnung, dass die Rahmenordnung nicht eine Gefährdung des Wirtschaftshandelns, sondern die notwendige Begrenzung des Wirtschaftshandelns ist; dass damit auch die Ermöglichung des Wirtschaftshandelns stattfindet, sie aber natürlich auch gelegentlich als Begrenzung wahrgenommen wird. Da würde ich Ihnen natürlich zustimmen wollen. Da bieten sich Spannungslinien, die man argumentativ aufgreifen kann.

Unternehmensberater:
Ich finde, da sind die Unternehmen schon sehr viel weiter als die Ökonomen, die das formulieren. Das finde ich spannend.

Bernhard Laux:
Ich habe von den Unternehmern eine hohe Meinung. Die Menschen sagen auch sehr deutlich: Die sozial-moralische Kompetenz der Mitarbeiter ist für sie ein wesentlich deutlicheres oder höheres Kriterium als das rein Fachliche. Das kann man auch mal nachschulen. Sie betonen die moralischen und sozialen Qualitäten von Mitarbeitern und sagen: „Das kann ich nicht schulen, da bin ich darauf angewiesen, was sie mitbringen." Und Personalauswahl ist ein kritisches Instrument in diesem Bereich.

Moderatorin:
Da würde ich gerne mal einhaken. Es gibt hier ja zwei große Richtungen. Das eine sind bestimmte Wertorientierungen, moralisches Urteil haben Sie angesprochen. Es gibt aber auch etwas Neues am deutschen Markt, was im angelsächsischen Raum schon lange vertreten ist, die so genannten Integritätstests. Integritätstests sind Tests, die messen Risikoneigung, Gewissenhaftigkeit, Planungsverhalten, ob man geneigt ist, mal etwas mitgehen zu lassen, Alkoholkonsum, eine ganze Menge an unethischen Eigenschaften. Wenn man da ein bisschen mit Pater Rupert Lay argumentieren würde, messen sie in erster Linie die sekundären Tugenden, also die Tugenden des guten Soldaten. Ich stelle mich in die Produktionslinie, und ich tue das, was mir gesagt wird, sage immer ja und Amen.
Hier gibt es Studien, die zeigen, dass Integrität, aufgesattelt auf Intelligenz, höchste prognostische Validität für den Arbeitserfolg hat. Ich persönlich finde diese Integritätstests nicht unethisch, wobei sie schon relativ tief hineinfragen in die Persönlichkeit eines Menschen. Aber ich

frage mich, welche Leute holt man sich da in das Unternehmen? Ich würde gerne wissen, wie Sie das bewerten, weil ich der Meinung bin, wenn ich jemanden ins Unternehmen hole, dann möchte ich doch jemanden mit kritischer Loyalität; dann möchte ich ein moralisches Urteilsbewusstsein; dann möchte ich jemanden, der das reflektiert, und nicht so sehr den braven Soldaten, der einfach macht, was ich ihm sage. Aber ich nehme an, weil die Tests ökonomisch einsetzbar sind, werden das die Instrumente der Zukunft sein.

Bernhard Laux:
Das hängt davon ab, wo man im Unternehmen Kompetenz lokalisiert. Wenn ich Kompetenz auf einer höheren Ebene lokalisiere, dann muss ich im Unternehmen nur noch ausführende Organe haben.

Das ist der Taylorismus, der sich doch wohl als problematisch erweist, weil es zu einem erheblichen Kompetenzverlust kommt. Es führt zu einem Nichtausnützen der Kompetenz von Personen. Wenn man Entscheidungs- und Kompetenzprozesse auf einer tieferen Ebene lokalisiert oder dort verstärkt, kann man flexiblere Einheiten schaffen, um auch flexibler auf Anforderungen reagieren zu können. Es hängt davon ab, wie man Unternehmen versteht, oder wie stark man Kompetenz technisch oder organisatorisch zentralisiert. Es spricht sicherlich einiges dafür, Kompetenz auf verschiedenen Ebenen stark zu machen und nur weniges dafür, nur effizient auszuführen.

Das Zweite ist: Ich arbeite auch mit dem Kohlbergschen Konzept der moralischen Urteilsfähigkeit. Das heißt hier auch, dass es moralische Stufen gibt. Auf der Ebene von Gehorsam, praktisch noch präkonventionell, ist man also nur auf Vor- und Nachteil bedacht, anstatt den Sinngehalt im Blickfeld zu haben. Diese Menschen sind in vielen Punkten weniger flexibel und in nicht vorhersehbaren Situationen weniger moralisch, weil das Situationen sind, die sie vor Probleme stellen.

Vertreter des Arbeitskreises Postautistische Ökonomie:
Ich habe eine Anmerkung und eine Frage. Als Erstes: Sie haben relativ stark auf die Einbindung von Wirtschaft in Kultur, in Werteethik geschaut. Aber ich möchte hier auch auf weitere Autoren der Wirtschaftssoziologie verweisen, weil in der neuen Wirtschaftssoziologie in hohem Maße von Einbettung gesprochen wird. Die eigentliche Frage ist: Welchen Gerechtigkeitsbegriff verwenden sie? Karl Homann hat sehr stark auf Buchanan abgehoben. Ich persönlich arbeite eher mit Amartya Sen und John Rawls. Was verstehen Sie unter Gerechtigkeit?

Bernhard Laux:

Als Erstes: Ich sehe keinen Widerspruch zu dem was ich gesagt habe. Ich stehe zu einem diskursethischen Gerechtigkeitsbegriff, wobei ich denke, dass zwischen Habermas und John Rawls die Unterschiede marginal sind. Hier geht es nicht so um die Unterschiede, obwohl Habermas als Linker gesehen wird und Rawls als Liberaler. Diese Unterscheidung ist m. E. nicht richtig. Ich ziehe Habermas vor, weil mir sein Begründungsansatz überzeugender zu sein scheint. Da scheint mir Habermas sauberer zu argumentieren, philosophischer zu sein. Aber die Grundregeln der Gerechtigkeit, die Rawls formuliert, sind überzeugend. Gleiche Rechte für jeden, auf der Ebene der Grundrechte. Und in der materiellen Ebene; nicht unbedingt Gleichverteilung, sondern eine solche Verteilung, die sich am Interesse des am schlechtesten Gestellten orientiert, der sich möglicherweise besser stellt, wenn die Verteilung von der Gleichverteilung abweicht. Das ermöglicht im Sinne der Option für die Armen aus der theologischen Position, auch wirtschaftliche Prozesse aus der Perspektive der am meisten Benachteiligten zu sehen und von daher auch zu beurteilen.

Das bedeutet aber gleichzeitig nicht, dass unsere Ordnung per se dem schlechter Gestellten immer noch die bestmögliche Position ermöglicht. Da muss man sich mit Homann auseinandersetzen und seiner Argumentation, dass der Kapitalismus die beste „Option für die Armen" darstellt. Das ist ein Glaubenssatz, den man auch widerlegen kann, wenn man sich viele Prozesse ansieht. Aber man muss sich auseinandersetzen mit diesem Gedanken.

Unternehmensberater:

Ich habe den Eindruck, dass in dieser Diskussion ein Primat der Ethik über Wirtschaft vorherrscht. Und damit ein Nicht-Konsens oder eine Konkurrenz von Ethik und Wirtschaft bzw. von Ethikproduzenten und Wirtschaft. Nun zeigt sich aber doch – mit Fragezeichen – dass Wirtschaft selbst ein Ethikproduzent ist?

Bernhard Laux:

Das müssten Sie mir erst noch erläutern. Natürlich kann man sich das vorstellen, ich halte aber die gegenteilige These auch für möglich, dass Wirtschaft ein Moralverbraucher ist. Dass Moral auch verbrauchbar ist, wie ein Wertstoff verbrauchbar ist. Diese These gibt es zumindest auch. Was führt Sie zur These, dass Wirtschaft Moral produziert?

Unternehmensberater:

Wirtschaft produziert für mich insofern Moral, als sie Perspektiven setzt, die sie selbst zu entwickeln versteht, nämlich die Perspektive allgemeinen Wohlstands, auch die Perspektive einer speziellen Gerechtigkeit, die in einem Prozess aufscheint: Wo Esser (*ehemaliger Vorstandsvorsitzender der Mannesmann AG; Anm. der Hrsg.*), Zwickel (*ehemaliger Vorsitzender der IG Metall, im Aufsichtsratspräsidium als Vertreter der Gewerkschaft; Anm. der Hrsg.*) und Ackermann (*Vorstandsvorsitzender der Deutschen Bank; Anm. der Hrsg.*) hergehen und sagen, die Bundesrepublik ist die einzige Gesellschaft, wo Menschen die Werte schöpfen – Ackermann meint damit sich – vor Gericht gestellt werden. Das heißt, die Gesellschaft konfrontiert diese Leute mit ihrer eigenen Gerechtigkeit, konfrontiert als Gesellschaft die Elite mit ihrer Gerechtigkeit. Und sie kommen aus einem Segment der Gesellschaft, der Wirtschaft, in der offensichtlich ein dergestalt ethisches Denken sich entwickelt hat oder sich auch entwickelt. Das Einmischen der Wirtschaft in viele Bereiche, man höre z. B. Henkel (*ehemals Vorstand des Bund deutscher Industrieller, BDI, heute Präsident der Leibniz-Wissenschaftsgesellschaft; Anm. der Hrsg.*) und andere Leute und ihre Vorstellungen in Sachen Bildung oder des Bildungsmanagements an den Universitäten, in den Kultusministerien und so weiter. Diese Rationalität in der Wirtschaft, was Bildung betrifft, führt meines Erachtens dazu, dass damit auch Kultur geschaffen wird, auch unter der Perspektive der Ökonomie. Und damit sollte also Kultur der Ort sein, der wesentlich Moral bildend ist, damit auch Ökonomie über diesen Weg Moral bildend wirkt.

Bernhard Laux:

Ich glaube tatsächlich, dass ein Unternehmen im Markt Spielräume hat – also nicht völlig ökonomisch determiniert ist – deswegen wertorientierte Entscheidungen fällen kann und muss, die die Struktur eines Unternehmens bestimmen, und auf moralische Prozesse angewiesen ist. Ich glaube schon, dass ein Unternehmen zumindest ein Ort ist, wo die gesellschaftlichen Moraldiskurse positiv aufgenommen werden, unterstützt und weiterentwickelt werden. Aber da, wo der Ehrliche der Dumme ist, ist diese Moral unter Umständen gefährdet. Dann kommen in den Selbstbehauptungsprozessen Ehrlichkeit und andere Qualitäten nicht mehr zum Tragen. Ich glaube in der Tat, da kann auch Wirtschaft, das Unternehmen, Moral bildend, Moral stärkend sein. Das sehe ich natürlich genau so.

Dann glaube ich natürlich auch, wenn wir diese Prozesse so ansprechen, dass Unternehmer auch nachdenken müssen über die Rahmenbedingungen der Wirtschaft. Dass sie sich also auch als Wirtschaftsbürger verstehen müssen, selber mit einer ethischen Perspektive darüber nachdenken müssen, wie diese Wirtschaft am besten gestaltet werden kann, damit sie nicht in diese ethischen Dilemmasituationen kommen und sie dann nicht mehr richtig auflösen können; sondern, dass diese Rahmenordnung für sie selber auch etwas Wichtiges ist, das dieses ethische Verhalten ermöglicht, vielleicht auch belohnt und nicht bestraft. Da sehe ich schon Bezugspunkte.

Es gibt ja auch generell die kulturellen Widersprüche des Kapitalismus. Der zeigt ja auch, dass es im Kapitalismus bzw. in der Marktwirtschaft zwei Linien gibt; dass im Bereich der Produktion sehr rationales und moralisches Verhalten – Pflicht, Leistung und Disziplin und so etwas – eine Rolle spielen, und dass auf der gleichen Seite dieses Wirtschaftsystem ganz andere Vorstellungen vertritt, wenn es um Marketing geht, den Bereich des Konsums. Derjenige, der als lustorientierter Konsument am Abend auf die Pauke hauen soll, soll sich am Morgen als pflichtorientierter Arbeiter bewegen. Aber es zeigt auch, wie dieses System sich dabei auch in Widersprüche verwickelt, weil es unterschiedliche moralische Botschaften und Anforderungen vorgibt: auf der Produktionsseite einerseits, auf der Konsumseite andererseits. Auch das ist ein Spannungsbogen von Moralförderung und von Moralverbrauch.

Unternehmensberater:
Für mich scheint es einen Unterschied zu geben zwischen dem Appell an individuelle Ethik, auch der Realität individueller Ethik und dem Appell oder Nicht-Appell an kollektive Ethik und der Realität kollektiver Ethik. In sofern ist auch die Wirtschaft Ethik bildend, als die Wirtschaft sozusagen eine transzendente Lehre vermittelt, nämlich die Perspektive dieser Wirtschaft in der Welt. Für meinen Begriff ist das geringere Problem, ob ein Esser oder Ackermann sauber ist oder nicht, die Gerichte werden es entscheiden. Die Gesellschaft wird es so oder so regeln, diese oder ähnliche Bedingungen, ob es eher eine religiös-moralisch organisierte Gesellschaft ist oder nicht. Für mich besteht das größte Problem darin, dass die Ökonomie hergeht, im Sinn des ökonomischen Imperialismus und sagt, Gesellschaft muss sich aus dieser Rationalität heraus so bewegen, wie es die Ökonomie will oder braucht. Das ist im Sinn einer rationalen Definition: Ökonomie braucht die und die Bedingungen, letztendlich sind die und die Bedingungen Moral. Die

Welt muss sich nach uns diesbezüglich ordnen. Die Globalisierung ist dominant. Die Gesellschaften müssen sich dem anschließen.

Bernhard Laux:

Diese ökonomische Logik kann sich gerade auf Weltebene natürlich unkontrolliert und ohne Konkurrenz durchsetzen, weil die Institutionen fehlen, die auf nationaler Ebene die Zähmung des Manchesterkapitalismus ermöglicht haben. Sie haben es ermöglicht, dass das marktwirtschaftliche System in ein soziales Bett gelegt wurde, haben das Schutzrecht für Schwächere ermöglicht, den sozialen Ausgleich ermöglicht, finanzielle Querleistungen ermöglicht und so weiter. Diese Bedingungen fehlen aber auf Weltebene. Es gibt zwar eine Weltöffentlichkeit. Da spielen solche Gruppierungen wie ATTAC (*globalisierungskritische Nichtregierungsorganisation; Anm. der Hrsg.*) oder die NGOs eine Rolle, die sich in dem Punkt einsetzen. Da gibt es natürlich auch schwache, vertragliche Regelungen auf der Weltwirtschaftsebene, aber es ist nicht recht zu erkennen, wie die entsprechende weltpolitische Ebene aufgebaut werden kann. Sie kann letztlich nur auf der Basis vertraglicher Abmachungen zwischen den Nationalstaaten entstehen. Da gibt es als einziges Kontrollinstrument sicher zunächst nur eine Art Weltöffentlichkeit, die sich bilden wird und die schlimmsten Auswüchse, wie Kinderarbeit, begrenzen kann.

Universitätsprofessorin:

Sie sprachen von der Notwendigkeit ethisch-moralischer Schutzräume, z. B. im Bildungssystem, auch im Rahmen vom Studium, weil es eine Möglichkeit geben muss, solche ethisch-moralischen Wertvorstellungen auf individueller Ebene erwerben zu können. Gibt es noch andere Möglichkeiten, oder sind wir auf unser Bildungssystem angewiesen? Wenn wir es da nicht schaffen, dann schaffen wir es nirgendwo? Oder gibt es außerhalb noch Möglichkeiten, die Sie jetzt aus Zeitgründen nicht diskutiert haben?

Bernhard Laux:

Ich glaube, dass die moralische Entwicklung auf Räume angewiesen ist, die im Wesentlichen moralisch und nicht in finanziellen Anreizen strukturiert sind. Da ist die Familie sicher am wichtigsten; das Bildungssystem ist sicherlich ein zweiter Punkt. Für mich sind die Kirchen wichtige Räume, wo diese moralische Reflexion und Selbstverständigung stattfinden kann, und ich glaube auch, dass Kirchen auch Orte sind, wo gesellschaftliche und politische Reflexion stattfindet. Das sind sicher nicht die einzigen, aber ich glaube, es gibt gar nicht mehr so viele soziale Räume, wo politisch-moralische Reflexion stattfinden kann. Das ist eine wichtige Funktion der kirchlichen Gemeinden, von ihrem moralischen Selbstverständnis her.

Moderatorin:
Sie haben den Markt als neue Religion vorgestellt und wunderschöne, symbolgeladene Bilder dazu gebracht. Das hat bei mir eine Frage aufgedrängt: Die Unternehmer sprechen gerne von der Konsumentenethik, und dass der Konsument auch frei ist zu entscheiden, was er kauft. Es wird aber letztendlich auch wieder ein bisschen überhöht, was er an Entscheidungsfreiheit hat. Ich frage, kann es so etwas wie eine Konsumentenethik überhaupt geben, wenn viele Produkte so emotional aufgeladen sind? Letztendlich wird man ja mit ganz vielen Dingen konfrontiert, so dass ein rationaler Entscheidungsprozess auf Seiten der Konsumenten ja fast nicht mehr stattfinden kann. Das unterstelle ich einfach mal so. Sind nicht NGOs einfach auch zum Scheitern verurteilt?

Bernhard Laux:
Das Ziel einer Kaufentscheidung ist das Marketing. Das hat nichts mehr mit Bedürfnissen, mit dem was wir benötigen, zu tun, sondern es sind Dinge, die Sinn tragen. Das hat mit Selbstdefinitionsfragen zu tun. Es sind Entscheidungen, die in hohem Maße aufgeladen sind, oder die man von Seiten des Marketings versucht aufzuladen. Das ist ein Problem; trotzdem glaube ich nicht an totale Außensteuerung. Deshalb meine ich schon, dass eine Steuerung der Wirtschaft von Seiten der Konsumenten eine begrenzte Möglichkeit ist. Aber es ist eine sehr begrenzte Möglichkeit. Natürlich kann ich durch Kaufentscheidungen auch beeinflussen, was produziert wird, das ist sicherlich richtig. Da gibt es auch ethisches oder ökologisch orientiertes Einkaufen. Aber das bedeutet für die Konsumenten selber ein sehr hohes Maß an Informationsarbeit, nämlich zu sagen, ich informiere mich, welches Produkt auf welche Art hergestellt wird. Es ist schon etwas, das man unterstützen muss und das auch Erfolge erzielen kann. Natürlich ist es am einfachsten, wie bei Shell (gut erkennbar, Alternativen leicht erreichbar, punktuelle Problemlage) mit einem Boykott etwas zu erreichen. Es wird meist dadurch komplizierter, dass das Einschränkungen oder eigene Kosten bedeutet. Mündige Konsumenten haben auch die Möglichkeit, auf politischem Wege tätig zu werden. Konsumenten sind ja auch Bürger.

Integration und Ausblick

Monika Eigenstetter, Stefan Dobiasch und Marianne Hammerl

Wirtschafts- und Unternehmensethik: glaubwürdig oder nicht?

Monika Eigenstetter, Friedrich-Schiller-Universität Jena
Stefan Dobiasch, Principium Regensburg
Marianne Hammerl, Universität Regensburg

Wirtschafts- und Unternehmensethik: glaubwürdig oder nicht?

Einleitung

Fast täglich gibt es Meldungen über neue Skandale in der Wirtschaft, und die Unternehmen geraten in der Öffentlichkeit unter Druck. Da ihr wirtschaftlicher Erfolg zum guten Teil darauf beruht, dass sie als integre und vertrauenswürdige Geschäftspartner wahrgenommen werden, beginnen sie zu reagieren. Ethikmanagement heißt das neue Zauberwort. Man gewinnt den Eindruck, die Vorstandsvorsitzenden lägen regelrecht im Wettstreit darüber, wer häufiger und beeindruckender über ethische Standards in ihren Unternehmen reden könne.

Die Erwartungen sind ungemein vielfältig. Wirtschafts- und Unternehmensethik soll die Reputation der Unternehmen verbessern. Sie soll unterschiedlichste globale Probleme wie Kinderarbeit, Korruption oder die Nichteinhaltung sozialer Mindeststandards lösen. Sie soll das Vakuum füllen, das durch den fortschreitenden Verlust an Handlungsmöglichkeiten für die nationale Wirtschafts- und Sozialpolitik entsteht und dem die bestehenden internationalen Institutionen zu wenig entgegen zu setzen haben. Sie soll *Commitment* und Leistung der Mitarbeiter steigern. Sie soll die vertrauensvolle und reibungslose Kooperation in den Wertschöpfungsketten sichern. Die Liste der Erwartungen ist lang. So liegt die Wirtschafts- und Unternehmensethik gerade voll im Trend.

Wirtschafts- und Unternehmensethik – ein Widerspruch in sich? Die im Buchtitel provokativ gestellte Frage zielt auf die Glaubwürdigkeit wirtschaftsethischen Handelns. Diese wird nicht nur in der Öffentlichkeit, sondern oft auch in den Unternehmen selbst in Zweifel gezogen. Wenn Wirtschafts- und Unternehmensethik mehr sein soll als kurzlebige Mode und bloßes Lippenbekenntnis, dann müssen die Unternehmensvertreter diese Zweifel ernst nehmen und entkräften. Sie müssen sicherstellen, dass ihr moralisches Engagement als glaubwürdig erlebt wird. Doch wie entsteht der Eindruck von Glaubwürdigkeit?

Bedingt Uneigennützigkeit Glaubwürdigkeit?

Die moralische Glaubwürdigkeit scheint viel mit der Zuschreibung von Motiven zu tun zu haben. Es werden uneigennützige Motive erwartet. Die Notwendigkeit uneigennütziger Motive betonen nahezu alle Autoren des vorliegenden Bandes. Annette Kleinfeld (in diesem Band) betont, dass ethisch motiviertes Verhalten das für wirtschaftliche Prozesse notwendige *Vertrauen* schafft. Mario von Cranach (in diesem Band) würde es begrüßen, wenn mehr Menschen aus innerem Antrieb als aus strategischem Interesse sozial handelten, auch wenn das in der Praxis oft schwer zu verwirklichen ist. Klaus M. Leisinger (in diesem Band) setzt sich für ethisches Handeln der Unternehmen ein, vor allem weil er es als *richtig* betrachtet. Alexander Thomas (in diesem Band) argumentiert in seinem Beitrag für *Wertschätzung und einen vorurteilsfreien Austausch auf gleicher Basis*, um interkulturelle Verständigung zu ermöglichen. Helmut Heid (in diesem Band) plädiert für *Akzeptanz und Respekt vor anderen um ihrer selbst willen*, um ein Erlernen von Verantwortung zu ermöglichen. Zudem sei kollektive Verantwortung an *Vertrauen* geknüpft. Bernhard Laux (in diesem Band) betont die notwendige *Bereitschaft zum Perspektivenwechsel*, die sich im Gebot der Nächstenliebe sowie im kategorischen Imperativ, der den Menschen als Zweck in sich selbst voraussetze, zeige. Laux verweist ebenfalls auf die Notwendigkeit von *Vertrauen*, um ein weitgehend reibungsfreies Funktionieren von wirtschaftlichen Austauschprozessen zu ermöglichen. Handelt es sich bei dieser Forderung nach uneigennützigen Motiven um eine typische Denkfigur der abendländischen Philosophie? Die Tugendethik lässt sich bis weit in die Antike zurückverfolgen und ist tief im sozialen Wissensbestand verankert. Oder geht es im Kern um regelhafte Mechanismen der sozialen Interaktion? Es zeigt sich jedenfalls immer wieder, dass Menschen sehr sensibel dafür sind, ob ein als ethisch oder altruistisch proklamiertes Verhalten tatsächlich auf uneigennützigen Motiven beruht oder nicht.

So bezweifelt ein Diskutant nach dem Vortrag von Mario von Cranach die Glaubwürdigkeit einer familienfreundlichen Unternehmenspolitik, wenn diese auf Nützlichkeitserwägungen beruhe. Die Mitarbeiter würden, seiner Meinung nach, eine solche Unternehmenspolitik nicht ernst nehmen. Statt moralischer Motive würden sie in dieser nur das strategische Interesse erkennen, die Leistung der Mitarbeiter zu steigern. Der Diskutant verdeutlicht die Entstehung von Glaubwürdigkeit mit einem Gegenbeispiel: Als Führungskraft habe er einem seiner Mitarbeiter im privaten Bereich Unterstützung geleistet, ohne eine Gegenleistung zu fordern. Das ehrliche und uneigennützige Interesse am Problem des Mitarbeiters hätte bei diesem eine Veränderung des Arbeitsverhaltens bewirkt. In Folge dieser Erfahrung habe der Mitarbeiter freiwillig Mehrleistungen angeboten. Das Beispiel zeigt, soziale Mechanismen wie Glaubwürdigkeit und Vertrauen werden in Zusammenhang mit der Arbeitsmotivation von Mitarbeitern wirksam. Die Konzepte des *Organizational Citizenship Behavior* sowie des *psychologischen Vertrags* veranschaulichen diesen Zusammenhang.

Organizational Citizenship Behavior und der psychologische Vertrag

Freiwillige Mehrleistungen im Arbeitskontext, wie im gerade angeführten Beispiel beschrieben, können nicht durch formale Belohnungssysteme eingefordert oder erzwungen werden. Sie werden als *Organizational Citizenship Behavior* (*OCB*) oder auch als positiv motiviertes Extra-Rollenverhalten bezeichnet. OCB beinhaltet Verhaltensweisen wie Altruismus, Gewissenhaftigkeit, Ertragen alltäglicher Ärgernisse, Beteiligung an sozialen Belangen der Organisation (spontane Verbesserungsvorschläge) und Loyalität. OCB zeigt einen positiven Zusammenhang mit der Leistungsfähigkeit *in* und *von* Organisationen sowie mit der Arbeitszufriedenheit, der wahrgenommenen Gerechtigkeit und dem Commitment in Unternehmen. Einen Überblick zur aktuellen Forschung zu OCB geben u. a. Nerdinger (2004) sowie LePine, Erez und Johnson (2002).

OCB entsteht als Reaktion auf kontextuelle Faktoren der Organisation. Austauschtheoretisch betrachtet, kann man die OCB als impliziten *psychologischen Vertrag* zwischen Individuen und der Organisation erklären (Rousseau, 1995; vgl. auch von Cranach in diesem Band). Der psychologische Vertrag beinhaltet das Vertrauen auf Gegenseitigkeit, allerdings ohne dass eine explizite Spezifikation möglicher gegenseitiger Leistungen vorgenommen wird. Da sich nicht immer vorhersehen lässt, welche gegenseitigen Leistungen in der Zukunft notwendig werden, ist eine solche Spezifikation in der Regel auch gar nicht möglich. Dagegen vertrauen die Mitarbeiter darauf, dass Mehrleistungen in irgendeiner Form erstattet sowie gegenseitige Erwartungen berücksichtigt und nicht enttäuscht werden.

Das Konzept des psychologischen Vertrags folgt dem Prinzip, das Cosmides und Tooby (1992) *sozialen Kontrakt* nennen. Ihre Arbeiten befassen sich mit menschlicher Informationsverarbeitung unter evolutionspsychologischer Perspektive. Danach interagieren Menschen, indem sie Kosten und Benefit gegeneinander gewichten nach der Regel: „Wer einen Benefit nutzt, muss auch die Kosten dafür übernehmen". Diese Regel ist auch anders herum gültig, im Sinne von „Wer Kosten im sozialen Austausch trägt, darf dafür auch einen Benefit erwarten".

Übertragen auf den psychologischen Vertrag zwischen Arbeitnehmern und Arbeitgebern kann das z. B. heißen, dass Arbeitsgeber, die Loyalität von ihren Arbeitnehmern fordern, auch bereit sein müssen, diese selbst zu gewährleisten. Dies ist auch anwendbar auf die aktuelle Diskussion über das Ansteigen der Managementgehälter. Wer von Arbeitnehmern fordert, dass zugunsten des wirtschaftlichen Erfolgs des Unternehmens auf Einkommen verzichtet wird, muss dies auch selber leisten. Ansonsten wird dies als Bruch, d. h. eine willentliche Verletzung des psychologischen Vertrages empfunden. Die Arbeitnehmer gewinnen den Eindruck, dass die Manager nicht zum Wohle des ganzen Unternehmens agieren, denn dies würde ja das Wohl der Arbeitnehmer einschließen. Stattdessen orientieren sich die Manager im Namen des Shareholder Value am eigenen Vorteil. Häufige Reaktionen der Mitarbeiter sind in diesem Fall passives Stillhalten oder Empörung. Oft kommt es aber auch zu Leistungsverweigerung und innerer Kündigung mit entsprechend negativen Auswirkungen auf die Wirtschaftlichkeit des Unternehmens. Diejenigen, die über berufliche Alternativen verfügen, ziehen ein Verlassen der Firma in Erwägung. Die moralische Glaubwürdigkeit der Manager ist dahin, das Vertrauensverhältnis zu Mitarbeitern und oft auch den Kunden nachhaltig gestört (Rousseau, 1995).

Vertrauensbasierte Interaktion

Moralische Glaubwürdigkeit bezieht sich auf beobachtetes Verhalten. Sie scheint eine wichtige Voraussetzung zu sein, um *Vertrauen* im Hinblick auf *zukünftige* Interaktionen auszubilden. Glaubwürdigkeit und Vertrauen sind offenbar eng miteinander verknüpft.

Entstehen von Vertrauen

Analysiert man Situationen, die Vertrauen erfordern, dann zeigen sich folgende Merkmale. Es besteht eine gegenseitige Abhängigkeit und eine unvollständige Kontrolle im Hinblick auf zukünftige Ereignisse. Der Vertrauensgeber (z. B. der Mitarbeiter) ist gezwungen, ein Risiko einzugehen und eine riskante Vorleistung erbringen. Diese Vorleistung besteht darin, dass er Kooperationsbereitschaft signalisiert und trotz eines bestehenden Risikos auf Kontrolle verzichtet bzw. verzichten muss. Auf diese Weise schenkt er Vertrauen und verlässt sich darauf, dass der Vertrauensnehmer (z. B. die Führungskraft) dies nicht zum Schaden des Vertrauensgebers ausnutzt.

Vertrauen basiert darauf, dass der Vertrauensgeber dem Vertrauensnehmer bestimmte Eigenschaften zuschreibt. „Trust is an expression of faith and confidence that a person or an institution will be fair, reliable, ethical, competent, and nonthreatening" (Carneval, 1995, S. xi). Ein Interaktionspartner wird demnach aufgrund der Zuschreibungen von Fairness, Ethik, Kompetenz und Verzicht auf Drohungen als *vertrauenswürdig* eingeschätzt. Ähnliche Merkmale führen Mayer, Davis und Schoorman (1995) an. Sie identifizieren Fähigkeit (*Ability*), Wohlwollen (*Benevolence*) und Integrität (*Integrity*) als zentrale Eigenschaften, die dem Vertrauensnehmer zugeschrieben werden. Unter *Fähigkeit* verstehen die Autoren Kompetenzen wie besondere Erfahrungen oder Entscheidungsfähigkeit. Mit *Wohlwollen* meinen sie die wahrgenommene Bereitschaft, einem anderen Gutes zu tun – und zwar unabhängig von äußeren Belohnungen. Unter Wohlwollen subsumieren die Autoren auch Merkmale wie Ehrlichkeit und Altruismus. *Integrität* bedeutet, dass eine Person sich auf stimmige Art und Weise an Prinzipien und Werten orientiert, die auch vom Vertrauensnehmer geteilt und akzeptiert werden. Die Überlegungen von Carneval (1995) sowie von Mayer et al. (1995) verdeutlichen, dass die Zuschreibung uneigennütziger Motive und moralischer Glaubwürdigkeit die Ausbildung von Vertrauen begünstigen. Zudem spielen Wertvorstellungen eine wichtige Rolle.

Übereinstimmungen in den Werteorientierungen fördern die Vertrauensbildung. Dies betonen auch Shapiro, Sheppard und Cheraskin (1992) in ihrem dreistufigen Modell der Vertrauensentwicklung. Die einfachste Form von Vertrauen nennen die Autoren *Detterance-based Trust*. Diese beruht auf beiderseitigem Nutzen und der Möglichkeit von Bestrafung. Die Vertrauenspartner gewähren Vertrauen, weil sie darauf zählen, dass der andere sich nicht um seinen Nutzen bringen will und zudem die Strafe einer Rufschädigung, die bei einem Vertrauensmissbrauch droht, vermeiden möchte. Auf der Stufe des *Knowledge-based Trust* ist über den anderen Akteur Wissen verfügbar. Aufgrund dieses Wissens, das auf vergangenen Erfahrungen beruht, glaubt man, das zukünftige Verhalten des anderen einschätzen zu können. Als qualitativ höchste Stufe des Vertrauens gilt den Autoren jedoch ein auf geteilten Werten beruhendes Vertrauen. Dieses *Identification-based Trust* genannte Vertrauen entsteht, wenn gemeinsame Ziele und ähnliche Denk- und Erlebnisweisen erkannt werden und die Vertrauenspartner sich deshalb miteinander identifizieren können. Aufgrund der ähnlichen Ziele und Werte schätzen die Vertrauenspartner die Wahrscheinlichkeit, dass der andere das eingegangene Risiko zum eigenen Vorteil ausnutzt, als geringer ein.

Die Theorieansätze zum interpersonalen Vertrauen zeigen, wie wichtig geteilte Wertvorstellungen und die Zuschreibung uneigennütziger Motive und moralischer Glaubwürdigkeit für die Ausbildung von Vertrauen sind. Vertrauen wiederum ist nicht nur für die Kooperation zwischen Individuen bedeutsam, sondern bildet auch eine zentrale Voraussetzung für die reibungslose Kooperation *in* und *zwischen* Organisationen.

Vertrauen in und zwischen Organisationen

Die in der Forschung überwiegend im Hinblick auf interpersonale Wahrnehmung formulierten Konzeptionen von Vertrauen lassen sich problemlos auf Gruppen, Organisationen und Gesellschaften übertragen (Kramer & Tyler, 1995; Rousseau, Sitkin, Burt & Camerer, 1998). Kooperationsmechanismen in Organisationen, die auf Vertrauen basieren und – im Sinne des *Identification-based Trust* – auf eine geteilte und in der Organisationskultur verankerte Wertebasis zurückgreifen, sind effektiver, effizienter und langfristig deutlich kostengünstiger als Kontrollsysteme. Dies wirkt sich positiv auf die Implementierung von Managementsystemen aus (Steinmann & Olbrich, 1998). Dieser Zusammenhang lässt sich auch empirisch zeigen. So belegt eine Studie von Finegan (2000) den positiven Zusammenhang zwischen geteilten Werten, insbesondere humanitären Werten wie Fürsorge und Ehrlichkeit, und dem affektiven Commitment der Mitarbeiter, d. h. einer Identifikation mit dem Unternehmen. Leistungsbezogene Werte führen dagegen nicht zu einer affektiven Bindung an das Unternehmen, statt dessen verbleiben die Mitarbeiter aufgrund von Kosten-Nutzen-Überlegungen im Unternehmen.

Etliche Autoren betonen, wie wichtig eine Vertrauenskultur für die Implementierung von Ethikmanagementsystemen ist. Auch Annette Kleinfeld (in diesem Band) streicht diesen Zusammenhang heraus, indem sie ein ethisches Klima in Organisationen fordert, das auf explizierten und geteilten Werten und der intrinsischen Motivation der Mitarbeiter zum Umsetzen des Ethikmanagementsystems basiert. Offensichtlich geht es um das affektive Commitment der Mitarbeiter und um die besondere Form des *Identification-based Trust*. Vertrauen gilt als Voraussetzung für die erfolgreiche Implementierung von Ethikmanagementsystemen. Ethikmanagementsysteme sollen aber auch umgekehrt der Stärkung von Vertrauen dienen.

Vertrauen verspricht durch die Wirkung auf das affektive Commitment der Mitarbeiter und dem damit einhergehenden vermehrten Arbeitseinsatz und einer verringerten Fluktuation guter Mitarbeiter einen ökonomischen Nutzen (Mayer & Schoorman, 1992). In der Zusammenarbeit mit Kunden und Geschäftspartnern wird Vertrauen die Funktion zugesprochen, Transaktionskosten zu reduzieren und Kooperationsgewinne zu erzielen (Grüninger, 2001; Ripperger, 1995). Daher interessiert sich die ökonomische Forschung gerade in den letzten Jahren zunehmend für psychologische Phänomene wie Vertrauen und Werteorientierungen. Indem Organisationen im Rahmen des Ethikmanagements ihre humanitären Werteorientierungen in Leitbildern explizieren und öffentlich machen, zielen sie gerade darauf ab, sich als vertrauenswürdige Geschäftspartner darzustellen und sich den daraus resultierenden ökonomischen Nutzen zu sichern.

Und genau an diesem Punkt setzen die Zweifel an der Glaubwürdigkeit des unternehmensethischen Engagements häufig an. Denn wenn dieses nicht uneigennützig und um seiner selbst willen motiviert ist, sondern nur auf den nüchtern kalkulierten ökonomischen Nutzen abzielt, wie kann es dann glaubwürdig sein? Wer so fragt, gründet seine Frage auf eine andere Logik als die ökonomische Theorie. Die Logik im ökonomischen Kalkül beruht auf der Modellvorstellung des „homo oeconomicus". Danach hat das Handeln des „homo oeconomicus" immer die Maximierung des eigenen Gewinns zum Ziel. Allerdings wird dem „homo oeconomicus" in der Ökonomie kein ontologischer Status zugeschrieben. Es wird also nicht behauptet, reale Menschen würden als einziges Motiv die Maximierung des eigenen Gewinns haben. Stattdessen handelt es sich nur um eine theoretische Annahme mit dem Zweck, das Handeln wirtschaftlicher Akteure mathematisch zu beschreiben. Die Logik der Zuschreibung von moralischer Glaubwürdigkeit basiert dagegen auf Mechanismen psychologischer Informationsverarbeitung.

Glaubwürdigkeit als Prozess der Informationsverarbeitung

Moralische Glaubwürdigkeit ist ein wesentliches, wenn nicht *das* Kriterium, wie Menschen das ethische Engagement von Unternehmen und ihrer Vertreter bewerten. Wie die obigen Überlegungen zum Vertrauen gezeigt haben, ist moralische Glaubwürdigkeit aber auch ein wichtiges Merkmal, anhand dessen Menschen die Vertrauenswürdigkeit potenzieller Kooperationspartner beurteilen. Somit ist die Einschätzung der moralischen Glaubwürdigkeit ein grundlegender kognitiver Prozess bei der Gestaltung sozialer Interaktionen.

Worauf beruht jedoch der Eindruck von moralischer Glaubwürdigkeit? Oben war angeführt worden, es komme auf die Motivation an. Nur wenn diese uneigennützig sei, würde Verhalten als moralisch glaubwürdig gewertet. Ein anderes, sehr häufig anzutreffendes Begriffsverständnis zielt auf die Konsistenz zwischen Worten und Taten. Danach seien Unternehmer und Manager dann moralisch glaubwürdig, wenn sie Unternehmensethik nicht nur predigen, sondern auch entsprechend handeln würden. Nun lässt sich moralische Glaubwürdigkeit aber nicht konkret beobachten, auch wenn das gerade erwähnte Begriffsverständnis dies impliziert. Stattdessen handelt es sich um eine Attribution (Zuschreibung). Die Glaubwürdigkeit lässt sich mit Hilfe der Attributionstheorie von Kelley (1967) analysieren.

Kovariationsprinzip nach Kelley

Kelley (1967) untersucht, wie sich Menschen das Verhalten anderer erklären. Er unterscheidet drei Arten von Attributionen. Die Gründe des beobachteten Verhaltens können entweder der betreffenden Person (Personenattribution) oder der Situation (Situationsattribution) oder dem Stimulus (Stimulusattribution; Stimuli können Personen, Aufgaben oder Gegenstände sein) zugeschrieben werden. Um die genannten Attributionen tätigen zu können, stehen Menschen wiederum drei Arten von Informationen zur Verfügung. *Konsistenz-Informationen* beziehen sich darauf, ob die beobachtete Person in vergleichbaren Situationen genauso handelt. *Distinktheits-Informationen* geben an, ob sich die Person gegenüber verschiedenen Stimuli entsprechend unterschiedlich verhält. *Konsens-Informationen* berücksichtigen unbeteiligte Dritte und ob sich diese in vergleichbaren Situationen ähnlich verhalten. Je nach dem wahrgenommenen Muster der Informationen (Kovariationsprinzip) werden andere Arten von Zuschreibungen vorgenommen. Wenn das Verhalten einer beobachteten Person eine hohe Konsistenz sowie geringe Distinktheit aufweist und gleichzeitig der Konsens gering ist, werden die Gründe des Verhaltens der betreffenden Person und ihrer Motivation zugerechnet. Haben alle drei Arten von Informationen eine hohe Ausprägung, gilt der Stimulus als Grund für das beobachtete Verhalten. Ist die Konsistenz niedrig, wird auf die Situation – die Umstände – attribuiert. Tabelle 1 stellt die verschiedenen Möglichkeiten des Kovariationsprinzips dar.

Tabelle 1: Kovariationsprinzip

	Konsistenz	**Distinktheit**	**Konsens**
	Bei gleichen Stimuli verhält sich die Person gleich.	*Bei verschiedenen Stimuli verhält sich die Person unterschiedlich.*	*Die Anderen verhalten sich genauso.*
Personenattribution	hoch	niedrig	niedrig
Stimulusattribution	hoch	hoch	hoch
Situationsattribution	niedrig	hoch	niedrig

Einige Beispiele sollen die Relevanz der Attributionstheorie von Kelley (1967) für die Glaubwürdigkeit verdeutlichen.

Moralische Glaubwürdigkeit und positiver Differenzierungseffekt

Man stelle sich vor, ein mittelständischer Unternehmer vertritt eine familienfreundliche Personalpolitik. Er wirkt für Mitarbeiter und externe Beobachter als glaubwürdig, wenn ihm – nach dem Muster der Personenattribution – ein persönliches Interesse an diesem Ziel zuerkannt

wird. Dazu muss die Konsistenz seines Verhaltens hoch sein. Die
Distinktheit und der Konsens sollten dagegen niedrig sein.

• Ein mittelständischer Unternehmer hält im Unternehmen in einer
  Vielzahl vergleichbarer Situationen tatsächlich die moralischen
  Vorgaben ein, die er vertritt. So setzt er sich im Alltag systematisch
  für familienfreundliche Maßnahmen ein, wie Telearbeit, Unterstützung der Eltern bei Krankheit der Kinder, besondere Urlaubsrege-
  lungen für Eltern, ein Firmenkindergarten usw. Dies entspricht einer
  hohen Konsistenz.

• Er vertritt eine familienfreundliche Politik nicht nur im Unternehmen selbst. Auch in der Kommune engagiert er sich für familienfreundliche Maßnahmen, z. B. für den Bau eines Kinderhorts. Die
  Distinktheit ist also gering.

• Der Unternehmer unterscheidet sich von anderen. Andere Firmen
  und deren Führung praktizieren keine vergleichbare, familienfreundliche Personalpolitik. Derartige Initiativen sind nicht gängige
  Praxis. Demnach ist der *Konsens* niedrig.

Solche Personenattributionen werden tatsächlich oft vorgenommen. Für
den Bereich Umweltschutz sind beispielsweise der Hersteller von öko-
logischer Babynahrung, Dr. Claus Hipp, oder der Inhaber der ökologi-
schen Brauerei Lammsbräu, Dr. Franz Ehrnsperger, zu nennen. Auch
das soziale und ökologische Engagement Anton Wolfgang Graf von
Faber-Castells, Leiter der Faber-Castell AG, die 2004 den Preis des
Deutschen Netzwerks Wirtschaftsethik erhalten hat, wirkt in diesem
Sinne glaubwürdig. Derartige Unternehmerpersönlichkeiten prägen den
Geist und die wirtschaftliche Tätigkeit ihres Unternehmens in hohem
Maße.

Bei den großen multinationalen Konzernen ist das anders. Der Vorstand wechselt häufiger und hat selten einen so prägenden Einfluss auf
das Unternehmen wie mittelständische Unternehmer, die oft über Jahrzehnte ihr Unternehmen führen. Beobachter achten deshalb bei Großkonzernen stärker auf die Unternehmenspolitik und auf die Umsetzung
von Ethikmanagementsystemen. Trotzdem kann eine Zuschreibung von
Glaubwürdigkeit nach dem Muster der Personenattribution erfolgen.

• Ein Unternehmen setzt sich konsequent für die Einführung und
  Umsetzung eines Ethikmanagements im Unternehmen ein. In allen
  Geschäftsbereichen des Unternehmens werden die Standards umgesetzt, d. h. *alle* Beschäftigten, vom Vorstand bis einfachen Mitarbeiter, engagieren sich für die Einhaltung des Standards. Darüber hin-

aus bemüht sich das Untenehmen, den Standard auch bei allen Zulieferern in der gesamten Wertschöpfungskette (*Supply Chain*) zu etablieren. Demnach ist die *Konsistenz* hoch.

- Über das Ethikmanagement hinaus zeigt das Unternehmen seit langem ein umfassendes Engagement für das Thema Ethik. Dies zeigt sich beispielsweise in der Gründung einer gemeinnützigen Stiftung sowie in anderem bürgerschaftlichen Engagement (*Corporate Citizenship*). Zudem verficht die Firma in verschiedenen nationalen und internationalen Gremien die Etablierung von ethischen Standards in der Wirtschaft. Die *Distinktheit* ist also niedrig.

- Andere Unternehmen verhalten sich anders und zeigen kein vergleichbares Engagement für das Thema Ethik. Der *Konsens* ist deshalb gering.

In beiden Fällen heben sich die Untenehmen von ihren Konkurrenten auf dem Markt ab. Sie sind glaubwürdig, weil sie sich konsequent, kontinuierlich und auf vielfältige Art für das Thema Ethik einsetzen und im Vergleich zu ihren Konkurrenten eine Vorreiterrolle übernehmen. Man kann also von Glaubwürdigkeit aufgrund eines positiven Differenzierungseffekts sprechen.

Moralische Glaubwürdigkeit und allgemein verbindliche Standards

Die Zuschreibung von Glaubwürdigkeit kann aber auch nach dem Muster der Stimulusattribution erfolgen. Dies lässt sich am Beispiel eines Umweltmanagementsystems, z. B. dem internationalen Standard ISO 14001 verdeutlichen.

- Ein Unternehmen lässt nach ISO 14001 zertifizieren und hält diese Norm, unter Mitwirkung aller Beschäftigten, konsequent in allen Geschäftsbereichen ein. Die *Konsistenz* ist hoch.

- Über den Standard ISO 14001 hinaus bemüht sich das Unternehmen nicht, weiteren ökologischen und moralischen Ansprüchen gerecht zu werden. Die *Distinktheit* ist also in diesem Fall ebenfalls hoch.

- Mit diesem Verhalten steht die Firma nicht allein. Auch die Konkurrenten halten sich an den Standard ISO 14001, bemühen sich darüber hinaus aber nicht um die Durchsetzung weiterer ökologischer und moralischer Ansprüche in der Wirtschaft. Der *Konsens* ist demnach hoch.

Im beschriebenen Beispiel wird die ISO 14001 als allgemeiner Standard anerkannt und konsequent umgesetzt. Weitergehende Ansprüche an das Unternehmen werden aber nicht umgesetzt. Die Umsetzung des Standards ISO 14001 wird jedoch als glaubwürdig erlebt.

Zweifel an der moralischen Glaubwürdigkeit von Unternehmen

Zweifel an der moralischen Glaubwürdigkeit von Unternehmen entstehen, weil ihr Verhalten nicht als konsistent erlebt wird. Das erste Ziel aller Unternehmensführung ist der wirtschaftliche Erfolg des Unternehmens. Die Bedingung der Gewinnmaximierung wird von der Mehrzahl der Theorien zur Wirtschafts- und Unternehmensethik anerkannt (vgl. Kapitel 1). Meist werden erst im Konfliktfall moralische Ansprüche anerkannt und mit ökonomischen Zielen in Einklang gebracht. Damit wirkt unter attributionstheoretischer Perspektive ausschließlich das gewinnorientierte Handeln der Unternehmen als glaubwürdig, da nur dieses *konsistent* über alle Situationen hinweg umgesetzt wird. Wenn sich Unternehmen dagegen für moralische Anliegen stark machen, wird dies überwiegend – im Sinne einer Situationsattribution – den *Umständen*, z. B. den Protesten der Bürgern oder der Wirkung eines Produktboykotts, zugeschrieben.

Beobachter gewinnen den Eindruck, dass im Regelfall eben doch die Maxime des Profits über die Moral gestellt wird. Dies ist im Grunde ein Dilemma für Unternehmen. So reagiert die Öffentlichkeit irritiert, wenn Automobilunternehmen ökologisches Handeln in ihren Leitbildern versprechen, aber gleichzeitig verhindern, dass Russfilter serienmäßig eingebaut werden oder eine Recyclingverordnung für Altautos zügig umgesetzt wird. Es wird ebenso wenig als stimmig empfunden, wenn Unternehmen zwar vollmundig für soziale Verantwortung und Nachhaltigkeit eintreten, sich medienwirksam als Sponsoren darstellen oder Führungskräfte für soziale Aktivitäten in Kinder- und Altersheime senden, aber die eigene Wertschöpfungskette nicht an sozialen und ökologischen Standards ausrichten (Sywottek, 2004).

Das heißt folglich, dass sich weder eine kritische Öffentlichkeit noch die eigenen Mitarbeiter von Ethik-Leitbildern von aufwändig gedruckten Hochglanzbroschüren beeindrucken lassen. Stattdessen schauen die Menschen offenbar sehr genau hin. Werden Ethik-Leitbilder als unglaubwürdig erlebt, dann sind sie im günstigsten Fall einfach irrelevant, im ungünstigen Fall, und wahrscheinlich weitaus häufigerem Fall, werden sie zum Gegenstand zynischer oder abfälliger Kommentare. Umgekehrt lässt sich feststellen, dass unternehmensethisches Engagement v. a. dann zu einem ökonomischen Nutzen führt, wenn ein Unternehmen eine moralische Vorreiterrolle übernimmt und somit ein positiver Differenzierungseffekt auftritt. Aber auch moralische Leitlinien und verbindliche, internationale Standards können glaubwürdig wirken und damit auch ökonomischen Nutzen erbringen, sofern sie *konsistent* von allen Akteuren im Unternehmen umgesetzt werden. Die Etablierung solcher internationaler Standards und vor allem die Kontrolle ihrer Umsetzung sind demnach wünschenswert.

Einschränkungen der rationalen Informationsverarbeitung

Natürlich ist der Prozess der Attribution von Glaubwürdigkeit nicht frei von Verzerrungen. So kann ein „fundamentaler Attributionsfehler" dazu führen, dass situative Einflussfaktoren kaum beachtet und die Gründe für das beobachtete Verhalten ganz der jeweiligen Person zugeschrieben werden (Ross, 1977; vgl. auch Heid in diesem Band). Auch mit selbstwertdienlichen Verzerrungen (*egocentric bias*) sowie mit Verzerrungen aufgrund einer zu positiven Sicht der eigenen Bezugsgruppe (*group centric bias*) ist zu rechnen, weil Fehlverhalten eher anderen als der eigenen Bezugsgruppe zugeschrieben werde. Darüber hinaus wird bei unvollständigen Informationen oft auf vorhandene Schemata ausgewichen, z. B. auf das Schema, dass Unternehmer und Manager vor allem ihre Gewinne *maximieren* wollen. In Einzelfällen können Schemata, wie das gerade angesprochene, so dominant werden, dass alle anderen Informationen ausgeblendet werden. Dies zeigt sich z. B. in der Diskussion des Studentischen SprecherInnenrates mit Annette Kleinfeld (in diesem Band).

Eine weitere Verzerrung rationaler Informationsverarbeitung ist der Versuch, die wahrgenommene Dissonanz von Informationen zu reduzieren (Festinger, 1957). So wird bei einer schon bestehenden Meinung aktiv nach bestätigenden Informationen gesucht. Widersprechende Informationen werden unterdrückt oder uminterpretiert. Der Vergleich zwischen *Non Governmental Organizations* (*NGOs*) und Unternehmensvertretern zeigt, wie sehr politische Ziele und Wertvorstellungen die rationale Informationsverarbeitung beeinflussen können. Beispielsweise bemühen sich Mitglieder von NGOs oft nicht ausreichend um

Informationen, die belegen, dass viele der Großunternehmen höhere und bessere Sozial- und Umweltstandards in Schwellenländer bringen, als sie dort üblich sind. Viele Unternehmensvertreter verhalten sich umgekehrt ähnlich gegenüber den NGOs.

Die moralische Glaubwürdigkeit von Unternehmen und NGOs im Vergleich

Der Vergleich zwischen NGOs und Unternehmensvertretern ist in weiterer Hinsicht aufschlussreich. Wegen des dominierenden Prinzips der Gewinnmaximierung in der Marktwirtschaft, schreiben Menschen den Unternehmen und ihren Vertretern meist eine eigennützige Motivation zu. Dies führt, wie oben dargelegt, zu einem grundlegenden und permanenten Zweifel an der moralischen Glaubwürdigkeit der Unternehmen, der nur dann ausgeräumt werden kann, wenn es verbindliche, internationale Standards gibt, an die sich tatsächlich alle halten oder wenn ein Unternehmen eine moralische Vorreiterrolle übernimmt.

Demgegenüber haben NGOs in der Öffentlichkeit einen Vertrauensvorschuss. Sie erscheinen als uneigennützig, weil sie sich an idealistischen Werten und nicht an Gewinnen orientieren. Man nimmt den Vertretern von NGOs ab, dass sich ihre Motivation aus einem verletzten Gerechtigkeitsempfinden oder Mitgefühl speist. Attributionstheoretisch betrachtet, machen sie alles richtig. Das Engagement bekannter NGOs für den Schutz der Umwelt oder gegen Kinderarbeit u. ä. wird systematisch und über lange Zeiträume aufrechterhalten (*hohe Konsistenz*). Viele Gruppen zielen auf verschiedene moralische Problemlagen, z. B. Kinderarbeit, Entschuldung der ärmsten Länder, Umwelthandeln (*niedrige Distinktheit*). Die NGOs unterscheiden sich sehr von anderen gesellschaftspolitischen Akteuren. Viele Argumente werden nur von Vertretern der NGOs vorgebracht (*niedriger Konsens*). Somit wird den NGOs eine hohe moralische Glaubwürdigkeit aufgrund einer intrinsischen Motivation zugeschrieben.

Trotzdem werden NGOs von Unternehmensvertretern häufig mit viel Misstrauen betrachtet. Sie erfahren die Zuschreibung, dass sie naiv altruistisch und nicht an partnerschaftlichen Beziehungen sowie einer konstruktiven Problembewältigung interessiert seien (Palazzo, 2004; Pies & Sardison, 2001). Gegenüber den Unternehmensvertretern haben die NGOs ein Glaubwürdigkeitsproblem. Dies mag an konfligierenden politischen Zielen und Wertvorstellungen liegen, die alles andere überlagern. Aber auch ein weiterer Grund ist denkbar, der sich aus den obigen attributionstheoretischen Überlegungen ableiten lässt. Zwar handeln die NGOs im öffentlichen Auftreten mit *hoher Konsistenz, geringer Distinktheit* und *geringem Konsens*. Agieren sie als Gesprächs- und Verhandlungspartner von Unternehmen, mag jedoch ein ganz anderer Eindruck entstehen. Da es in vielen NGOs in der Regel keine Hierarchien und entsprechende Weisungsbefugnisse gibt, können die NGO-internen Entscheidungsprozesse und die daraus resultierenden Verhandlungsstrategien und Aktivitäten für die Unternehmen leicht als unberechenbar wirken. In den NGOs wollen sich die einen auf eine partnerschaftliche Zusammenarbeit mit den Unternehmen einlassen, um bestehende Probleme gemeinsam zu lösen. Die anderen wollen dies nicht, um die Glaubwürdigkeit und Schlagkraft ihrer medienwirksamen Kampagnen – und damit die Grundlage ihrer Existenz als NGO – nicht zu gefährden. So wird die *Konsistenz* der NGO-Vertreter von Seiten der Unternehmen als niedrig erlebt und damit wird von Unternehmensseite die Glaubwürdigkeit der NGOs in Frage gestellt.

Glaubwürdigkeit ist also kein objektiver Sachverhalt, sondern ein Resultat sozialer Wahrnehmung. Ob Akteure als glaubwürdig erlebt werden, hängt von der jeweiligen Perspektive des Betrachters ab. So bekommt die Öffentlichkeit über die Medien ein homogenes Bild von NGOs und ihren Aktivitäten vermittelt. Unternehmensvertreter, die sich konkret um eine Auseinandersetzung mit NGOs bemühen, sind dagegen mit Strukturen konfrontiert, die nicht ihren eigenen entsprechen und reagieren entsprechend verunsichert oder ablehnend.

Fazit: Ein Widerspruch bleibt, aber die Aussichten sind vielversprechend

Wenn die Wirtschafts- und Unternehmensethik erfolgreich umgesetzt wird, dann hat sie Potenzial. Sie kann die vertrauensvolle und reibungslose Zusammenarbeit *in* und *zwischen* Organisationen verbessern. Sie kann die Motivation und das Commitment der Organisationsmitglieder steigern. Sie kann die Reputation des Unternehmens und seine Chancen im wirtschaftlichen Wettbewerb stärken. Zwar kann sie vermutlich viele der drängenden Probleme, die im Zusammenhang mit der Globalisierung entstehen, nicht lösen. Aber sie kann das Problembewusstsein schärfen und die Entfaltung von Lösungskompetenzen unterstützen. Die

Aussichten sind vielversprechend – vorausgesetzt, die Umsetzung ist erfolgreich und glaubwürdig.

Bleibt die Rede von der Wirtschafts- und Unternehmensethik als eine im Trend liegende Marketing-Maßnahme, dann ist das unternehmensethische Engagement zum Scheitern verurteilt. Dann werden entsprechende Maßnahmen im günstigen Falle bedeutungslos. Im ungünstigen Falle besteht die Gefahr, dass die Reputation durch zynische und abfällige Kommentare Schaden nimmt. Stattdessen müssen den Worten Taten folgen. Es kommt darauf an, ethische Leitlinien ernst zu nehmen und sie zu einem festen Bestandteil des täglichen operativen Geschäfts zu machen. Alle Organisationsmitglieder müssen sich daran halten, vom Vorstand bis zum einfachen Mitarbeiter.

Es ist wie beim Autobau. Schöngeistige Absichten, gute Autos bauen zu wollen, genügen nicht. Egal, was der jeweilige Hersteller unter guten Autos versteht, ob diese schnell und edel sein sollten oder sparsam und umweltschonend, in jedem Fall muss er alle verfügbare Kompetenz und Kreativität bündeln und zur Entfaltung bringen. Er muss exzellente Autos tatsächlich *bauen*.

Die Wirtschafts- und Unternehmensethik kämpft mit einem Paradox. Um glaubwürdig zu sein, soll sie in den Augen vieler Menschen uneigennützig motiviert sein. Nun befassen sich die Unternehmen mit dem Thema Ethik aber nicht aus purer Selbstlosigkeit, sondern weil sie die Bedeutung der Ethik für ihren wirtschaftlichen Erfolg erkennen.

Ist die Wirtschafts- und Unternehmensethik damit von vorn herein gescheitert? Wieder ist die Analogie zum Autobau aufschlussreich. Es kommt auf die Zielsetzung des Unternehmens an und wie diese über Jahre und Jahrzehnte unter Wettbewerbsbedingungen verfolgt wird. Wenn es das primäre Ziel ist, möglichst viel Profit zu machen, bleibt die Produktion guter Autos mittel- und langfristig auf der Strecke. Steht dagegen das Ziel, gute Autos zu bauen, im Mittelpunkt, dann wird dies durch dauerhaften wirtschaftlichen Erfolg honoriert. Das Unternehmen wird als ernst zu nehmender Autobauer wahrgenommen und nicht als gewissenloser Geldhai, für den die Herstellung hochwertiger Autos und die Zufriedenheit der Kunden im Grunde zweitrangig sind. Ähnlich verhält es sich mit Aktivitäten zur Wirtschafts- und Unternehmensethik. Dass sie sich rechnet, das ist eine – wenn auch wichtige – Nebensache. Es kommt darauf an, sie *konsistent*, dauerhaft und nachprüfbar in *allen* unternehmerischen Entscheidungs- und Steuerungsprozessen zu verankern. Das wird wahrgenommen und das Glaubwürdigkeitsproblem ist lösbar!

Literatur

Carneval, D. G. (1995). *Trustworthy government: Leadership and management strategies for building trust and high performance.* San Francisco: Jossey-Bass.

Cosmides, L. & Tooby, J. (1992). Cognitive adaptions for social exchange. In J. H. Barkow, L. Cosmides & J. Tooby (Eds.), *The adapted mind* (pp. 163-228). Oxford: University Press.

Festinger, L. (1957). *A theory of cognitive dissonance.* Stanford, CA: Stanford University Press.

Finegan, J. E. (2000). The impact of person and organizational values on organizational commitment. *Occupational and Organizational Psychology, 73,* 149-169.

Grüninger (2001). *Vertrauensmanagement: Kooperation, Moral und Governance.* Marburg: Metropolis.

Kelley, H. H. (1967). Attribution theory in social psychology. In D. Levine (Ed.), *Nebraska symposium on motivation* (Vol. 15, pp. 192-238). Lincoln, NE: University of Nebraska Press.

Kramer, M. & Tyler, T. (Eds.). (1995). *Trust in organizations. Frontiers of theory and research.* Thousand Oaks, CA: Sage.

LePine, J., Erez, A. & Johnson, D. (2002). The nature and dimensionality of organizational citizenship behavior: a critical review and metanalysis. *Journal of Applied Psychology, 87,* 52-65.

Mayer, R. C. & Schoorman, F. D. (1992). Precidicting participation and production outcomes through a two-dimensional model of organizational commitment. *Academy of Management Journal, 35,* 671-684.

Mayer, R. C., Davis, J. H. & Schoormann, F. D. (1995). An integrative model of organizational trust. *Academy of Management Review, 20,* 709-734.

Nerdinger, F. (2004). Organizational Citizenship Behavior und Extra-Rollenverhalten. In N. Birbaumer, D. Frey, J. Kuhl & H. Schuler (Hrsg.), *Enzyklopädie der Psychologie, Band 3: Organisationspsychologie* (S. 293-333). Göttingen: Hogrefe.

Palazzo, G. (2004). Identität versus Interessen. Die Governanceethik unter Dissensdruck. In J. Wieland (Hrsg.), *Governanceethik im Diskurs* (S. 42-61). Marburg: Metropolis.

Pies, I. & Sardison, M. (2001). *Ethik der Globalisierung: Global Governance erfordert einen Paradigmawechsel vom Machtkampf zum Lernprozess. Diskussionspapier Nr. 04-1.* Verfügbar unter: http://www.wcge.org/service/publications/pube6.html [19.01.2004].

Rippberger, T. (1995). *Ökonomik des Vertrauens.* Tübingen: Mohr Siebeck

Ross, L. (1977). The intuitive psychologist and his shortcomings: Distortions in the attribution process. In L. Berkowitz (Ed.), *Advances in experimental social psychology* (Vol. 10, pp. 173-220). Orlando, FL: Academic Press.

Rousseau, D. (1995). *Psychological contracts in organizations. Understanding Written and Unwritten Agreements.* Thousand Oaks, CA: Sage.

Rousseau, D. M., Sitkin, S. B., Burt, R. S. & Camerer, C. (1998). Not so different at all. A cross-discipline view of trust. *Academy of Management Review*, *23*, 393-404.

Shapiro, D. Sheppard, B. H. & Cheraskin, L. (1992). Business on handshake. *Negotiation Journal*, *8*, 365-377.

Steinmann, H. & Olbrich, T. (1998). Ethik-Management: Integrierte Steuerung ethischer und ökonomischer Prozesse. In G. Blickle (Hrsg.), *Ethik in Organisationen* (S. 95-116). Göttingen: Verlag für angewandte Psychologie.

Sywottek, C. (2004). Mach's gut. *Brand eins*, *6 (10)*, S. 64-70.

Autorinnen und Autoren

Prof. Dr. em. Mario von Cranach
Präsident des „Netzwerks für sozial verantwortliche Wirtschaft NSW/RSE", bis 1996 Professor für Psychologie, Universität Bern; Gastprofessuren an den Universitäten Erlangen, Bolognia, Leipzig, Mexico City sowie an der „Ecole des Haute Etudes en Sciences Sociales" in Paris (*www.nsw-rse.ch*)

Dipl.-Psych. Stefan Dobiasch
Sprecherzieher (Univ./DGSS), Promotion über Ethikmanagementsysteme, Trainer und Berater in den Bereichen Führung, Kommunikation und Führungsethik, geschäftsführender Gesellschafter der PRINCIPIUM Organisationsberatung & Training (*www.principium.info*)

Dipl.-Psych. Monika Eigenstetter
wissenschaftliche Mitarbeiterin an der Friedrich-Schiller-Universität Jena, Promotion über Verantwortungsvolles Handeln, geschäftsführende Gesellschafterin der PRINCIPIUM Organisationsberatung & Training (*www.principium.info*)

Prof. Dr. Marianne Hammerl
Inhaberin des Lehrstuhls für Psychologie V (Sozialpsychologie und Arbeits- und Organisationspsychologie), Philosophische Fakultät II der Universität Regensburg, Vertrauensdozentin der Bayerischen Elite-Akademie (*www-hammerl.uni-regensburg.de*)

Prof. em. Dr. Helmut Heid
bis 2002 Inhaber des Lehrstuhls für Pädagogik der Universität Regensburg, ehemals Vorsitzender der Deutschen Gesellschaft für Erziehungswissenschaft, Vorsitzender des Fachausschusses Pädagogik der DFG, ass. Mitglied des nationalen PISA-Konsortiums (*www.uni-regensburg.de/ Fakultaeten/phil_Fak_II/Paedagogik/heid/lheid.htm*)

Prof. Dr. Bernhard Laux
Professor für Theologische Anthropologie und Wertorientierung, Katholisch-Theologische Fakultät der Universität Regensburg, Diplom-Theologe, Diplom-Soziologe, Diplom-Pädagoge (*www.uni-regensburg. de/Fakultaeten/Theologie/TAWO*)

Dr. Annette Kleinfeld
Gründungsmitglied im Vorstand des Deutschen Netzwerk Wirtschaftsethik, Vorstandsmitglied des European Business Ethics Network (EBEN),
Mitglied von Transparency International, Philosophin, Geschäftsführung
der Dr. Kleinfeld und Partner Corporate Excellence Consultancy
(*www.kleinfeld-cec.com*)

Prof. Dr. Klaus M. Leisinger
Präsident und Geschäftsführer der Novartisstiftung für nachhaltige Entwicklung, Professor für Entwicklungssoziologie an der Universität Basel,
Mitglied der Europäischen Akademie der Wissenschaften (*www.novar-
tisfoundation.com*)

Prof. Dr. Alexander Thomas
bis 2005 Professor für Psychologie (Handlungspsychologie, Psychologie
interkulturellen Handelns, Kulturvergleichende Psychologie, Organisationspsychologie), Philosophische Fakultät II der Universität Regensburg
(*www.psychologie.uni-regensburg.de/Thomas*)

Sachregister